培力、參與、社會工作

Empowerment, Participation and Social Work

Robert Adams◇著

陳秋山◇譯

Empowerment, Participation and Social Work

Robert Adams

fourth edition

目　次

作者簡介　　　　　　　　　　　　　　　　　　　　　　　ii

譯者簡介　　　　　　　　　　　　　　　　　　　　　　　iii

緒論　　　　　　　　　　　　　　　　　　　　　　　　　iv

張序　　　　　　　　　　　　　　　　　　　　　　　　　vii

王序：為社會工作重新掌握基進的「培力」論述　　　　　　ix

譯序：嘗試建構培力實踐之文化模式　　　　　　　　　　　xi

專有名詞解釋　　　　　　　　　　　　　　　　　　　　　xxi

PART ❶｜培力實踐的理論、模式與方法

CHAPTER 1　認識培力　　　　　　　　　　　　　　　　　3

CHAPTER 2　認識服務使用者與照顧者的參與　　　　　　　37

CHAPTER 3　培力架構　　　　　　　　　　　　　　　　　65

PART ❷｜培力的種種實踐

CHAPTER 4　自我培力　　　　　　　　　　　　　　　　　105

CHAPTER 5　個體培力　　　　　　　　　　　　　　　　　123

CHAPTER 6　團體培力　　　　　　　　　　　　　　　　　149

CHAPTER 7　組織培力　　　　　　　　　　　　　　　　　177

CHAPTER 8　社群培力與政治體系培力　　　　　　　　　　199

CHAPTER 9　培力式研究　　　　　　　　　　　　　　　　225

CHAPTER 10　在社會工作中實現培力　　　　　　　　　　253

參考文獻　　　　　　　　　　　　　　　　　　　　　　　277

作者簡介

Robert Adams 是 Teesside 大學社會工作系的教授，已經在社會工作與刑事正義領域耕耘多年，擁有幾本自己的著作，例如：《社會工作的社會政策》（*Social Policy for Social Work*）；他也是《社會工作：論題、議題與批判性辯論》（*Social Work: Themes, Issues and Critical Debates*/2nd ed.）、《社會工作中的批判性實踐》（*Critical Practice in Social Work*）以及《社會工作的未來》（*Social Work Futures*）這最暢銷的三部曲的共同編者（也是由 Palgrave 所出版）。

譯者簡介

　　陳秋山，慈濟大學社會工作學研究所畢業，目前就讀國立交通大學社會與文化研究所博士班。曾任慈濟大學推廣教育中心兼任講師、實踐大學社工系兼任講師；於柬埔寨、泰國從事國際人道援助工作多年；慈濟文化中心中文期刊部企畫組長；詞曲創作者。曾代表服務機構參與聯合國難民事務高級專員公署（United Nations High Commissioner for Refugees）與國際移民組織（International Organization for Migration）之國際性會議。譯有《社會工作督導——脈絡與概念》、《社會工作實務的全球觀點》（與萬育維合譯）、《社工質性研究》（與王玉馨合譯）。

緒　論

　　非常高興，出版社邀請我寫這本書的第四版，讓這個更具有國際性視野的版本得以問世。本書自一九九○年首次出版以來，已受益於一些重大的改變，更振奮人心的是，仍然不斷有來自全世界不同地方受到本書鼓舞的讀者回饋給我的訊息；現在這本書已被翻譯成不同的語言，特別是日語與韓語。從一再變更的書名即能得知，這本書不斷經過質變與歷史更迭：第一版的書名是《社會工作、自助與培力》（*Social Work, Self-help and Empowerment*）；第二版和第三版則命名為《社會工作與培力》（*Social Work and Empowerment*）；在經過擴充並且在很大的程度上重寫之後，就成為展現在讀者眼前的這本《培力、參與、社會工作》（*Empowerment, Participation and Social Work*）。這裡所論及的參與者（participants），是那些應該受益於社會工作者之實踐的服務使用者、案主或照顧者。早年我曾經做過一個重大的預言，那就是，使用服務的民眾在服務中的參與度會提高，他們的力量會增長，這預言果然應驗了。我們不能自滿地大談他們的培力，因為在某些領域，修辭仍會言過其實，許多事尚待完成，但至少有關如何使其實現的辯論現正熱烈展開中，而不再被冷落於實務工作的邊緣位置。

　　這本書的成長，部分源自於我個人的自助經驗，因為我需要協助照顧我自己的親戚；一部分則來自於我致力於支持心靈「Mind」自助

團體的創立，以及之後擔任該團體在 Yorkshire 與 Humberside 的倡導委員會主席。多虧 Norman Jepson 與後來 John Crowley 的情義相挺，我才有那個機會進入精神衛生的培力政治領域。我在 Leeds 的關照自身（Mind Your Self）團體中的參與，以及與該團體創始人 Gael Lindenfield 的通力合作，使得幾本書和其他文章的發表成為可能。這本書的另一部分緣起是基於這種警覺：儘管有愈來愈多的自助手冊，但還是需要一本明白易懂又兼具批判性的教科書提供架構，以協助專業人員與自助者之間發展有效的關係。

　　幾年之後，在研究休假期間，我開始針對一系列的拜訪進行書寫，這些受訪對象是遍及英國的各種不同自助團體與組織。我應該在這裡表達我對許多人的感激之情，他們在這過程中與我討論本書的題材。雖然要感謝的名單實在太長，無法一一提及，但我還是要感謝 Helen Allison、Mike Archer、Don Barton、已故的 David Brandon、Francis Conway、Gilly Craddock、Dave Crenson、Parul Desai、Nick Ellerby、John Errington、Alec Gosling、John Harman、Gerry Lynch、Peter McGavin、Sam McTaggart、Jim Pearson、Tom Rhodenberg、Alan Robinson、Gill Thorpe、Bob Welburn 以及 Tom Woolley。多虧 Julia Phillipson（1992）的著作，對本書第四章後半部有關如何處理壓迫的問題貢獻良多。有關社區需求評估的許多想法，要感謝 Mark Baldwin，我在這領域的閱讀一再受到他的激勵。我對於參與和培力的思考，則受益於許許多多在這段時間與我會談的照顧者和服務使用者，還有與服務使用者和照顧者組織代表，以及與我大學同事 Wade Tovey 和 Pat Watson 所進行的諸多會議與討論。我也要特別感激：Dorothy Whitaker 和 Terence O'Sullivan 對於本書第一版初期草稿的評論；Paddy Hall 提供他對於社區教育的見解；Raymond Jack 和 Jane Thompson 博士對於本書第二版草稿的閱讀與評論。許多年前與我通力合作完成

本書第一版的 Jo Campling，以及 Palgrave Macmillan 出版公司的 Catherine Gray，始終給我不變的支持與鼓勵。令人極度悲痛的是，Jo 殁於二〇〇六年夏天，無法目睹這第四版的出版；這二十多年來，我受惠於她的友誼與支持。同樣地，還要歸功於家人對我的恩情。感謝以上所有人對本書內容的貢獻，但本書中所表達的所有見解和任何錯誤，則由本人負完全的責任。

Robert Adams

張　序

　　仍然記得二〇〇三年秋山於慈濟大學就讀研究所時曾經以增權、培力理論為題，用來看待與分析他在國際援助工作中國際救援組織與當地組織工作的關係，而我也和他分享我在醫院工作時和醫療人員及病友家屬合作發展自助團體的經驗，對於慈濟的慈善工作也從培力與參與的觀點做了許多的討論。

　　如今經由秋山譯手引介這本淺顯易懂又兼具批判性的教科書，舊曆年年假間有幸翻閱，多次與我心共鳴。本書作者 Robert Adams 提供許多的實務經驗、理論參考架構與工作方法上的指引，可以幫助專業工作者反省與受助、自助者間的工作關係。Adams 將培力與參與之概念深入淺出予以描繪，並將之與實務工作上推動之範例相互對照，涵蓋健康照護、精神醫療、長期照顧、身心失能、兒童、青少年、老人、婦女、家庭等全面與多元領域；從培力基本之權力基礎開始，進而兼顧心理與社會培力之探討，提醒讀者自我培力同等適用於社工人員與服務使用者；特別是社工人員通常對組織的敏感、參與與貼近度較為欠缺，本書對組織培力層面的介紹相信會進一步補足專業社工人員對組織的認知，是一本理論與實務兼具的好書。

　　在社會工作學術概念上，增權、培力、參與語言充斥，而回觀專業工作人員在實務作為上卻有很大的落差，無論是在社工人員專業角色地位、工作能力培育、服務使用者之對待、團體和組織、社區的發

展上，培力一詞說得容易，實踐卻是相當高的境界，需要專業工作人員相當程度的反身省察、虛懷放下，以及對自己、個體、團體、組織能量的感受和看見，對改變和潛能的信任，這對個人及組織都是終身修行的挑戰。

秋山在博士學位進修期間，對學術經典之引介翻譯一直努力不輟，他的自我培力之路也和他的譯著一樣精彩，秋山這次介紹了《培力、參與、社會工作》這本書，十分榮幸能先睹為快，並為之推薦。

張淑英

慈濟大學社會工作學研究所所長

王 序

為社會工作重新掌握基進的
「培力」論述

「Empowerment」作為社工新興的概念，已經成為一種時尚的語彙，多樣的詮釋一如它的中譯名詞，但這本書適時地對這種時髦語彙現象做了精準的分析：「專業人員可能會拿掉人們對培力所賦予的意義，再以被弱化的培力意義還給人們，以致於人們實際上感受到的是反培力。」與其說「培力」這個概念的定義混雜，不如將「培力」視為一個語言的場域，各種權力關係都競逐對培力的詮釋權。作者 Robert Adams 以「被弱化的／未弱化的培力」的區隔來分類目前混雜的培力定義，他期待我們穿透語言的魔障，回到社工實踐的在地場景，去檢視我們如何運用「培力」這個時髦的語言對案主所產生的效果，到底是讓案主更有能力，還是讓案主更沒有力量解決自己的問題？回到案主最大利益，其實才是檢視「培力」這個概念最關鍵的試金石。Adams 這個評論對台灣社工界對培力一詞的使用同樣一針見血。

九〇年代之後的社工界充斥著「充權」、「優點模式」、「培力」、「參與」這些進步性語言，但是只要檢視這些被語言包裝過的工作模式與方案，進一步探問其是否真的讓社工與案主進入更真實的溝通與對話過程，彼此相互從中成長？或是讓案主無力的障礙是否在過程中消除？我們就會發現，這些「培力」語言的使用反而常常讓基層社工與案主更為無力。當學術概念以權威的語言被引進時，它應該

提供實務工作者新的思考養分，面對工作經驗；但是我們常常發現，這些權威語言常常只是魔障，讓真正的問題更模糊，甚至讓既有權力結構更加穩固。這種學術殖民經驗讓我們對不斷被引進的社工新名詞應更具警覺心。我們必須要看清楚社工在台灣此時所面對的結構性挑戰：國家體制的吸納、民營化體制中國家對人民責信度的消失、管理主義下社工專業被工具化的危險、證照主義下社工知識被殖民的隱憂、社工專業人力被階層化集體團結的消融，這些都需要我們更清楚地從「培力」觀點的再次澄清，讓培力成為社工專業提升的力量。培力的基進性需要重新被詮釋，Adams 的這本書提供一個這樣的分析觀點，這是我很推崇的一點。

譯者陳秋山是我在慈濟大學社工所兼課時的學生。他文采豐沛，雖不是社工背景，卻因為從事國際援助踏入社工領域，從自身經驗中體會與詮釋自身一套助人的藝術，讓他不易墮入語言的迷障，反而一路保持為弱勢發言的清明。雖然目前身在交通大學社會與文化研究所攻讀博士，但仍奮力翻譯多本具有基進性的社工英文文獻給國內讀者，這本譯著更見其翻譯能力的成熟。他這份用心值得鼓勵，也讓身為老師的我，與有榮焉，特此為序。

王增勇

政治大學社會工作研究所副教授

譯 序

嘗試建構培力實踐之文化模式

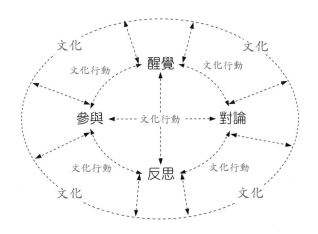

此培力實踐之文化模式（如上圖），提取自本譯著中的幾個關鍵概念構作而成，既作為展開本譯序之根據，也作為對本譯著的一個補充性整理，特別是對本書原文作者 Robert Adams 在第三章所提出的兩個培力實踐架構[1]的補充。

在 Adams 的這兩個培力實踐架構中，我們可以清楚看到培力實踐所涉入的範域（場域）關聯性與整體性：任何一個培力實踐發生的特定範域（場域），必然牽動著此特定範域（場域）也參與構成之整體的其他範域（場域）。牽一髮而動全身意味著，培力實踐過程與這

1　本譯著，頁 97-101。

些範域（場域）之間交錯而緊密地同時發生關聯性的整體結構，其本身內在的建構性，可以在不斷的培力動態過程中持續發生轉變，這說明透過這些結構動態地構築而成的社會本身具有改變的可能性；培力實踐，正是讓這可能性發生的積極作為。

　　無論是從哪一個範域（場域）切入，培力實踐都有賴於四個向度的批判性實踐之間的相互牽動、相互作用：參與、醒覺、反思、對論。這四個向度是以置身於集體中之個體為主要能動者的批判性實踐，以一種敏覺到己身嵌埋在既有文化當中的現實理解，積極而有意識地對既有文化（在個體、團體、社群、組織，乃至於更大的社會中所反映出來的文化）產生持續不斷的創造性影響。簡言之，培力實踐者在培力的實踐過程中逐漸意識到個體或集體是在一個構成性的文化整體當中，透過這四個向度的批判性實踐，對既有的文化構成產生程度或大或小的鬆動、轉化、改變。透過這四個向度的批判性實踐，不斷碰撞與鬆動既有文化的培力實踐，形成一種具有 Paulo Freire 之「對論性文化行動」的、不斷轉化與發展的「培力文化」。

文化[2]

　　Adams 指出「發展適切的文化敏覺度」對培力的重要性[3]，可惜

---

[2]　討論文化容易，定義文化難，較常見的定義可參考筆者的另一本譯著《社會工作督導——脈絡與概念》頁 44-47 之整理。本序的文化觀點，主要是從 Jaan Valsiner 的文化心理學角度出發，承認人類經驗中的文化組織性，並肯定個人的主觀性對於文化的創造性影響。其符號學取向，有助於研究者對於文化中的各種象徵符號進行解構性分析；其行動取向，則有助於個人及社群對各種慣性的文化實踐進行批判性反思，且從反思中產生對社會改變有促進作用的行動方案。（Jaan Valsiner, *Culture in Minds and Societies: Foundations of Cultural Psychology*, London: Sage Publications, 2007）

他未能對此展開進一步的討論。但我們可以據此進一步指出，培力實踐在承認文化對人的影響之同時，也肯定人的能動性對文化之轉變所能產生的積極作用。人身處於文化之中，人是文化人。人與文化的關係，同時表現在人對文化的慣性反應與創造性作為上，這反映出文化人的存有狀態，如同 Freire 所言，一方面受各種限制所決定，一方面又有其自身的自由，人類就存在於這兩者之間的辯證關係當中[4]。人不僅被動而習慣性地回應文化的召喚，也積極主動地參與文化的創造。內化與外化，是人在面對文化、回應文化召喚的兩種精神運作。透過對社會文化的內化，人成為文化人，成為習慣某特定思考方式、生活方式，因而具有某種特定世界觀與價值觀的人，對於這種特定性，我們就如此這般地接受、視為理所當然、習以為常，不予以質疑；透過外化，我們不僅將我們所內化的東西以具有個體性的方式展現出來，展現在我們對於既有文化的回應當中，同時，我們也可能透過批判性地參與、醒覺、反思與對論，在既有的文化基礎上改變文化、積極地創造新的文化。

參與

如前所述，我們一出生就被拋入某文化世界當中，在家庭、社區、學校、各種社團組織、大社會等共同支撐著構築起此文化世界的實踐機制中，參與（自身的、他人的）文化人養成活動；這種習慣性的文化參與，往往發揮著鞏固特定文化秩序、強化既有權力結構的作用[5]。而培力實踐所強調的「民主式參與」，卻「勢必會挑戰到家庭、團體、組織和社會中傳統的、甚至是壓迫性的權力結構，並且能提供

3　本譯著，頁 30。

4　Paulo Freire, *Pedagogy of the Oppressed,* trans. Myra Bergman Ramos, London: Continuum, (1970) 2000, 99-102.

受排除和鮮為人知的民眾行使權力的入徑」[6]，同時，在參與中，「人們發揮比較積極的作用、有比較大的選擇、行使比較多的權力，並且對於決策與管理有重大的貢獻」[7]。我們從中看到文化人在培力實踐當中參與文化的積極轉向：從慣性的文化參與，轉向創造性的文化參與。這種在個體與集體之中發生的積極轉向，涉及對傳統壓迫性之權力結構的質疑、抵抗與挑戰，從慣性的參與轉為批判性的參與[8]。

醒覺

「醒覺」一詞，是對 Paulo Freire 的 conscientization 或 consciousness raising 的過度翻譯。我在此譯著中依其意義翻譯成「提高批判意識」，而在此要進一步說明的是，就經驗而言，「提高批判意識」更需要一種個體隨時處於面向世界、面對自己的持續「醒覺」過程；在醒覺之中，個體得以對自身、對世界投以清醒的批判性意識與覺察。在 Freire 的脈絡裡，這種批判意識的提高，必然是在個體面向世界的持續醒覺當中發生，也就是對於個體與其所身處之社會世界產生一種關係性的了解，而不再以單子式的存有者來覺察個體，尤其是把個體

5　這種文化參與類似 Freire 所謂的文化侵略（cultural invasion）或文化征服（cultural conquest），既是宰制的工具，也是宰制的結果。當家庭與學校在壓迫性的社會結構中，作為促動宰制結構運轉的機制之一二發揮功能時，家庭與學校就在培養未來的文化侵略者，這相當值得作為 Freire 所指「善意的專業人員」（well-intentioned professionals）的我們深思。（Paulo Freire, *Pedagogy of the Oppressed*, 152-158）

6　本譯著，頁 40。

7　本譯著，頁 41。

8　這種積極的轉向意味著，我們「善意的專業人員」不再自認為高人一等，願意與民眾同在，放棄置入性的文化侵略與征服，與民眾共同進入提高批判意識、對論與反思的持續不斷的轉化過程。

各種「習得之無助」的心理過程與人際互動所在的那個結構性脈絡（由政治的、經濟的、社會的、知識的結構所構成的文化整體）放在一起，進而對於「習得之無助」的壓迫性條件及其鋪天蓋地的存在能夠進行社會性、歷史性、心理性的理解與反思，並且不斷地去質疑與試圖改變我們所從屬的無力狀態，對現實中的各種壓迫性條件進行抵抗。反思與對論，推進個體醒覺意識的持續轉變。

反思

　　根據 Donald Schön，反思是在行動中針對行動進行思考，其所提出的「在行動中反思」[9] 對社會工作實踐而言，是「在行動開展的同時，不斷重新形成工作的目標與方法」[10]，其「涉及在實踐當中對自己或他人進行點點滴滴累積的了解、描述與詮釋」[11]。這不僅關乎前述關於個體醒覺（提高批判意識）的推進，關乎實踐者與其同儕或民眾在與他人對論的遭逢中，對個體醒覺所朝向的、對論所指向的世界進行批判性思考，同時，也關乎深化自我覺察與自我批判的反身性運動。

　　「反身性涉及我們自身的那些領域，包括價值、知識、思考、感覺、敏覺度、自我覺察……我們使用這些覺受和自知之明，來幫助我們了解我們所接收到的訊息，並對其進行批判性的反思與行動」[12]。

9　在 Freire 那裡，反思與行動是在對論的話語（word）中所發現的兩個面向。缺乏行動的話語容易變成咬文嚼字（verbalism）、廢話（blah）；缺乏反思的行動，只是為行動而行動，則易淪為輕舉妄動（activism），背離真切的實踐與可能的對論。（Paulo Freire, *Pedagogy of the Oppressed*, 87-88）

10　本譯著，頁 90。

11　本譯著，頁 117。可見，Schön 的「在行動中反思」涉及理解、描述與詮釋，同樣得透過 Freire 所謂的話語、在話語中實踐。

亦即，反身性運動的自我覺察與自我批判，不是個人主義式的自我歸咎、自我負責，而是對「自己的」行動、價值、知識、思考與感覺方式等保持一種持續的醒覺距離，醒覺我們可能慣常指為「自己的」那些東西所具有的歷史暨社會文化建構性，那些由具有歷史性與社會文化性的自身所無意識地參與建構而成的「慣性我」、「慣性我所」[13]，如何由總是如此這般感覺、說話、思考、行動的實踐者以怎樣的方式展演出來？從實踐者如此這般的慣性展演方式中，從寓於特定文化環境中的人對文化的慣性回應中，去進行歷史化的考掘，剖析社會文化以怎樣的方式在實踐者身上銘刻下交錯縱橫的痕跡。

對論

Freire 認為，超克壓迫與培力民眾的實質過程，其關鍵在於人與人之間的對論[14]。那是在人與人之間以世界為中介的遭逢，其目的在於命名世界[15]。愛、謙卑、信心、互信與批判性思考，不僅作為對論、作為溝通的基礎，也隨著對論性溝通的進展更加深化[16]。在對論的遭逢中，參與對論的對論者聯合地指向必須被轉變與人性化的世界，對此世界、其可能的轉變以及造成其轉變所可能採取的行動進行反思性的論說，在論說的過程中，每個對論者，在相互的激盪中、在不受彼此宰制的關係中、在對任何簡便觀念的批判性理解中，對共同指向的世界進行創造性的命名[17]，而「我們」的遭逢——彼此生命歷

12　本譯著，頁 118，表 4.4。

13　「我所」，採借佛教語彙，意即被我認為我所擁有的一切，包括物質性的與精神性的擁有，我的汽車、家人、著作、思想、感覺等等。

14　本譯著，頁 132-133。

15　Paulo Freire, *Pedagogy of the Oppressed*, 88.

16　Paulo Freire, *Pedagogy of the Oppressed*, 89-93.

程的相互照見，以及集體行動的可能性，在這種對論的創造性活動中
產生。如同本書所舉的例子，某婦女團體提高批判意識的醒覺過程，
發生在婦女成員在團體中分享彼此生命故事的相互對論，使其了解到
有關性別的結構性因素（某種文化），如何強加在她們過往的教育過
程中，因而限制她們往後人生的發展[18]。

再從 Jaan Valsiner 的文化心理學[19]來看，文化人活在兩種對論的
過程中：與他人對論（包括想像中的他人）以及與自己對論。對他人
說話的同時，我們也聽到自己所說的話，這會成為自我對論的一部
分；我們從某人的話語中聽到某個訊息，經由自我對論之後，可能改
變原本訊息的意義，放在心中或再傳出去。任何的對論都是在不同的
訊息之間進行溝通，自我對論是自我參與到多重多音的對論過程中，
其中對論自我（dialogical self）具有在多種位置之間移動的可能性，
而不是世界以其為中心的核心自我。在對論自我中的每一個「我位」
（I-position）所代表的每一種聲音或見解（voice），都與發自其他各
個我位的聲音或見解保持著對論的動態關係。任何的對論關係，都必
然有自我中心的能動者的主動投入、參與，才讓對論活動成為可能，
但這種自我中心的人不是唯我獨尊的全能者，而是處於持續地感知世
界、在世界中行動以及在與世界的關係中建構意義的文化人、社會
人。

17　人們寓居於其中的文化世界是一個由各種意義交織而成的世界，說話中
　　的人們在彼此的交談話語中，不僅回應著對彼此而言可感可悟的意義，
　　也同時回應著與這些話語聯繫地綻現著的文化意義及其世界。文化人在
　　對論中藉著對世界的創造性命名，不僅是身為人類尋找、實現其存在意
　　義的必要性活動，還是改變世界之關鍵，顯見創造性地命名世界的力量。

18　本譯著，頁 173。

19　Jaan Valsiner , *Culture in Minds and Societies: Foundations of Cultural Psychology*, 147-153.

文化行動

Freire 指出:「文化行動總是一種有系統、經過深思熟慮的行動形式,運作於特定的社會結構基礎上,其目標若非維繫該社會結構,就是反過來促進其轉變。[20]」這番說明呼應前述有關人與文化之關係、人之文化參與的兩面性。我們總是活在文化行動當中,差別在於行動的目標指向:宰制或解放,以及行動的性質:反對論或對論[21]。「反對論行動的目標,無論明的暗的,都是在社會結構內部維繫著推動該社會結構得以運轉之代理者的有利局面……絕不可能接受該結構完全徹底的轉變……其目標是宰制;但是對論的文化行動……其目標是解放。[22]」這些辯證地對立的、不同形式的文化行動,在社會結構中形成恆持(permanence)與變化(change)之間的辯證關係,對論的文化行動無意取消這種辯證關係,反而試圖從這種持續不斷的辯證中克服社會結構內部的對立矛盾,實現人的解放。Freire 以「文化綜合」(cultural synthesis)[23],命名這種在持續對立的辯證關係中進行的對論文化行動,並且以此與所謂的文化侵略進行比較,整理改寫如下[24]:

---

20 Paulo Freire, *Pedagogy of the Oppressed*, 179.

21 同前註。

22 Paulo Freire, *Pedagogy of the Oppressed*, 179-180.

23 這不是黑格爾在《精神現象學》中所指出的意識經驗的辯證運動,其意識運動過程只取決於一個中心,既不涉及真正的外在現實,其正反合的「合」最後也在絕對精神裡告終。Freire 的文化綜合,是一個發生在活生生的對論者之間,以世界為中介進行話語交流的反思與行動,是對論者在個別意識、現實世界,以及在現實世界中遭逢他人的反覆來回中的創造過程。

24 Paulo Freire, *Pedagogy of the Oppressed*, 180-183.

面向	文化侵略	文化綜合
目的	操控、征服、宰制群眾	組織群眾、解放群眾
立場	鞏固具有壓迫性的既有權力結構，維繫特定的文化秩序	在對現實的批判分析中行動，克服宰制性的異化文化，打開文化創新的可能性
現實觀	現實是為了鞏固行動者之既得利益而隨意擺置的客體或對象	對現實的改造，是為了實現人的解放
行動課題	提取自行動者自身的意識型態與價值，以其自身的世界為起點，入侵他人的（異文化的）世界	來自不同世界的行動者進入民眾所處的世界，不是來教導、傳達或是施予任何東西，而是與民眾一起學習，學習了解有關民眾世界的一切
行動者與民眾的關係	隨著科技的進步，行動者甚至無須親臨被侵略的文化，就能將自己的文化強加於民眾，被安排的民眾則冷眼旁觀，或只是作為相對於行動者主體的客體而存在	沒有置身事外的旁觀者，行動者與民眾整合在一起，民眾是行動的共同開創者，雙方根據現實世界的狀況採取行動
行動的創造性	透過異化，使被侵略者變得無望、害怕冒險性的嘗試，扼殺被侵略者的創造性熱情	在與民眾對自身、對現實世界進行探究、分析的過程中，持續發展創造性氣圍，開展創造性行動
與知識的關係	被侵略者很少超越侵略者所規定、所賦予的知識模式，與知識之間的關係是異化的	行動者與民眾之間相互認同，共同創造行動綱領與行動計畫，在持續的集體行動與反思中所生產的知識，是切身、有血有肉的

　　前述針對培力實踐的文化模式之提出所做的闡釋性說明，是一次階段性的學習整理，其來自翻譯 Adams 這本書的啟發，也來自個人培力實踐的經驗與知識，提供實踐者一個實踐理論的參照架構。其賴

以構成的知識條件與經驗視野同時也是其限制，需要覺得有話要說的讀者朋友參與反思與對論。

陳秋山

2010.6.13 於新竹交大

chiusan0919@yahoo.com

專有名詞解釋

專有名詞在內文中以**粗體字**標示，以強調其重要性。

能力培育（Capacity building）：增進能力、技巧，以及改善個體、團體、組織與社區相關資源的種種方式，使人們都能盡責達成自己以及他人想要滿足的需要。

照顧者（Carer）：提供非正式、無償之照顧的照顧者，通常是受照顧者的伴侶、其他家庭成員、朋友和鄰居。

公民締結（Citizen engagement）：在投入過程的初期階段，公民與政府官員保持定期或持續的互動，這樣的互動在公民看來具有重要的意義。

公民身分（Citizenship）：公民的身分地位，及其在社會、政治與社區各方面投入和參與的相關權利、憲法保障的基本權利、權力、義務與責任。

通力合作（Collaboration）：人們在一起工作，並且共享權力與共同決策。

社區能力培育（Community capacity building）：根據社區現有的知識、技能和專門技術，將社區建立起來、使其獲得發展的方法，以便滿足社區成員所認定的不可或缺的需要與因應當務之急。

社區概況評估（Community profile）：在當地人生活的社區層面，由當地人參與而詳細規劃的需求評估。

社區工作（**Community work**）：根據生活在社區中的人們所確認的
目標，與他們一起工作，使其能實現這些目標。

諮詢（**Consultation**）：徵求人們的看法，以此作為影響決定、政策
與實務作為的一個根據。

解構（**Deconstruction**）：對論述中的一個概念進行徹底的考掘，以
便在有助於形成這些論述的優勢或普遍見解之外，進行徹底探
索，以找出超乎這些論述或在這些論述背後的那些條件。

論述（**Discourse**）：一個有關信念與實踐的系統，該系統藉由在社會
中的諸多個體、團體與組織之間的傳遞而獲得維繫，並且有助於
建構被人們視為現實的社會安排。

培力（**Empowerment**）：個體、團體和（或）社區掌管其境況、行
使其權力與實現其自己目標的能力，以及個體或集體地藉此使自
己有能力幫助自己與他人盡可能增進生活品質的過程。

在實踐中培力（**Empowerment in practice**）：在批判性反思與培力實
踐之間持續不斷的相互影響，也就是在反思─行動─評估之中持
續不斷進與出的循環過程，以及在思考與實行之間的相互影響。

排除（**Exclusion**）：個體、團體與社區被隔離在主流的社會與經濟生
活之外，無法參與其中。

治理（**Governance**）：在實踐中持續落實政策的方法。

奠基結構（**Infrastructure**）：為了支持工作人員的工作能順利進行而
建立的系統、程序與過程。

投入（**Involvement**）：參與程度有別的整個連續過程；從僅一次性
的諮詢，經過平等的夥伴關係，到最後掌管自己的命運。

學習型組織（**Learning organization**）：能在工作實踐中適應瞬息萬
變狀況的組織，這些適應變化的鍛鍊使其更有能力來處理許多議
題與難題。

互助（**Mutual help**）：個體、團體或組織藉以聚集起來，並且以嘉惠個體或互惠的觀點來分享經驗或難題的方法。

參與（**Participation**）：投入的諸種形式，人們在這些投入的形式中發揮比較積極的作用、有比較重大的選擇、行使比較多的權力，並且對於決策與管理有重大的貢獻。

參與式文化（**Participatory culture**）：將參與置於組織功能發揮的核心與基礎的文化。

質性方法論（**Qualitative methodology**）：以非傳統的研究方法蒐集非量化資料，並對其進行分析。質性方法論可能根據批判社會科學的假定，透過在研究過程中的主觀涉入，研究者可以成為一個研究工具。

反身性（**Reflexivity**）：利用某個處境或經驗對某人自身的影響，增進其對未來行動之理解與學習。

網絡建構者（**Reticulists**）：透過他們在跨組織藩籬、跨專業界線方面的技能，致力於實現改變的人；他們同時強化現有的網絡，形成包含個體與團體的新網絡。

自我培力（**Self-empowerment**）：人們掌握決定自己生活的權力。

自助（**Self-help**）：人們藉以幫助自己的方法。

服務使用者（**Service user**）：在法律上有資格從專業人員或透過直接付費使她或他能購買這些服務，而獲得社會照顧與社會工作服務的人。

利益當事者（**Stakeholder**）：與某項政策、方案、組織、服務或活動有利益關係或對其有影響力的人。

PART

1

培力實踐的理論、
模式與方法

CHAPTER 1

認識培力

曾在某個貧困的城市地區出席一場婦女會議，婦女們自己開辦方案，為她們五歲以下的孩子提供飲食等基本生活所需。有幾個婦女在會議中表達她們的挫折，她們說，她們在這個方案裡的經驗無法成為她們培力的途徑，無法讓她們有資格和這個婦女方案中的專業工作者平起平坐，無法讓她們成為可發揮影響力的工作者。會中有位在地的專業人員發表看法，他說，對這些婦女而言，經歷培力方式的工作過程，就像達成培力的結果一樣有效；他還說，她們有感覺比較好應該就夠了，而不見得要在專業角色上取得實質性的進展。在他離開這個會議之後，這些婦女的回應果然直指這名專業人員所陷入的陷阱，他將培力看成只是可切割成幾個區塊的某個區塊，而這個區塊並不影響任何其他區塊。這讓我開始思考培力作為一個爭議性概念的問題，它提醒我兩個決定性的現實狀況：

- 有意以培力的方式與人們共事的專業人員，可能會拿掉人們對培力所賦予的意義，再以被弱化的培力意義還給人們，以致於人們實際上感受到的是反培力（disempowered）。

- 一本有關實踐的培力和參與的書必須是全人的（holistic），並且要涵蓋所有面向：從個人、人際、團體的觀點，貫穿到組織、社區和政治的觀點。若只試圖致力於某個層面，並將此層面與其他層面分開，這是在冒門面象徵主義（tokenism）與失敗的巨大風險。

引　言

　　本書要在適當的價值脈絡中，提供社會工作員一個結合批判性理解、知識與技巧的架構，以進行有目的、自我批判、培力的實踐。本章探討「培力」（empowerment）一詞的多重意義，檢視其與自助（self-help）、參與（participation）以及使用者導向活動（user-led activities）等近似概念的關係。

　　培力這個概念的意義具有多面性，且因人而異，這可以從它和學術、修辭與基變（radical）的關聯性來看。在學術上，培力被用以理論化人們在社會中與權力和無力的關係（Humphries, 1996; Rees, 1991）；在修辭上，培力可能被用來說明人們贏得權力與主張擁有權力的實例。對某些人而言，培力已經成為危險和基變的同義詞，因為照顧者與服務使用者在各種正式的討論會、會議與工作小組中主張他們擁有權力，這種日漸抬頭的價值觀讓機構管理者感到威脅，使培力成為不受機構管理者喜愛的麻煩事。

　　然而，以上見解皆不具主導性，以致於不可能有決定性的、所謂「權威性的」（authoritative）培力定義。雖然培力與所有的社會工作方法都有所關聯，但它並不與某個單一、現存的社會工作方法完全一致，不是專門從以個體為基礎、個人中心或問題中心、社會或環境等社會工作取向而來的方法，雖然在所有這些工作取徑中，都可以發現

培力的例子。服務使用者可能辯稱，定義培力的權威不應該落在學者與專業從業人員的著書立說中；他們也可能主張，培力概念的不斷重新定義與重新建構，不該只由專業人員來決定，而應該也要透過那些憑經驗練就而成的專家，尤其是那些想要對其所受到的服務有更大掌管力的弱勢者與受社會排除者，藉由他們的行動與切身的語言文字來形成。培力定義的真確性應該源自於服務使用者的生存境況，而不是來自那些受委任而提供服務、管理服務與傳輸服務的人，或得自於那些針對服務進行研究、書寫與授課的人。以下這個實務案例說明，專業實踐可能在施恩者的姿態下，造成反培力的影響。

實務研討

Kiri，六十一歲，罹患初期老年失智症（presenile demential）。她今天早上諸事不順，並且感到神智混亂，這種感覺來得太突然，以致於她自己也說不上來是怎麼一回事，她為此感到生氣，後來甚至忍無可忍。當她那位每天都來家裡看她、為她打理家事的姊姊，在家裡與社會工作員會談的時候，她們自顧自地談論著評估過程的初期階段，好像 Kiri 並不在場。因為 Kiri 已經開始會忘記將前一晚的食物放進冰箱，她的姊姊想要安排她搬進收容之家。今天，就在社會工作員要離開之前，她轉向Kiri說：「親愛的，別擔心，我們將先設法確保妳不會有事，之後，我會給妳機會陳述妳的看法。」

評論

在這個例子中，有四個與培力有關的重點。第一，培力是一個為了改善 Kiri 社會照顧品質的一個手段，培力本身並不是目的，而是社會工作員已經規劃好需要核對的工作清單中必須完成

的一個項目。第二，培力只是被象徵性地附加於不適當的作法，而不是為了讓整個實務工作有所不同。

第三，雖然培力對社會工作能否有圓滿的結果至關重要，但其地位並不明確，或者啟人疑竇。就其最強烈的立場而言，這個概念挑戰不公義的社會，其表明要極力為那些在社會上擁有最少、被最不公義地對待的人們爭取權力，並且起而反抗不公不義之事，反抗那些壓迫者與具壓迫性的各種結構。就其最無說服力的狀況而言，它可能完全受控於有影響力的專業人員與其他當權者，或者被他們弱化，以致於它能恰到好處、不傷和氣地與專業架構合模，並且對於人們接受服務的方式是處於被控制、被管理、被評估和被對待的被動處境，不採取任何改變的作為。

第四，培力也是實務工作中的一個弔詭面向，實務工作的從業人員為了要培力某人，就需要有所行動，即使這行動是協力（facilitation）而不是介入（intervention）（Burke & Dalrymple, 2002）。Parsloe（1996, p. xxi）承認：

> 培力不能總是作為社會工作行動的主要目標。有時候，兒童、老人、病人以及那些心智障礙者實際上都需要保護，社會工作員試圖採取的行動方式將會提供必要的保護，並且針對個體進行培力。以年幼的兒童案例來說，就是培力其雙親，使其盡可能掌管好自己的生活，但最重要的可能是將風險降到最低。

然而，實務工作的從業人員如何處理在「將風險降到最低」與「個體培力」之間所產生的拉扯？風險管理可能反培力，這要看風險管理的計畫與執行，是在專業人員代理服務使用者的情況

下，還是在由雙方共事下進行而定。也許會有人希望有權利繼續活在較高風險的處境中，以便保有較大的獨立性，並且在其他方面享受比較好的生活品質。

在進一步討論實務工作之前，讓我們先釐清培力的意涵。

培力在社會工作中的重要性與日俱增

一九九〇年以前，在英國標準的社會工作教科書中，幾乎未提到「培力」（可參見 Coulshed, 1991）；但自從一九九〇年代開始，培力就備受矚目，那些指出研究者、政策制訂者以及實務從業人員有意願將培力的概念運用於各種人群服務的不同面向的出版品，如雨後春筍般湧現（可參見的例子包括：Adams, 1991, 1994, 1996, 1997, 1998a, 1998b; Braye & Preston-Shoot, 1995; Charlton, 2000; Clarke & Stewart, 1992; Green, 1991; Gutierrez et al., 2003; Holdsworth, 1991; Jack, 1995; Kemshall & Littlechild, 2000; Parsloe, 1996; Perkins & Zimmerman, 1995; Ramcharan et al., 1997; Shera & Wells, 1999; Shor, 1992; Simon, 1994; Sleeter, 1991; Stewart, 1994; Thompson & Thompson, 2004; Wolfendale, 1992）。「解放」（emancipation）一詞有時候被用來指涉培力，並且可能與女性主義有關（例如 Dominelli, 1997, p. 47）。在英國，解放與透過選舉權爭取政治平等的婦女運動有關；在社會工作方面，解放則意味著讓一個人從壓迫中，或從不希望受到的身體的、法律的、道德的或靈性的約束與義務中釋放出來，獲得自由。

諷刺又弔詭的是，培力對於服務使用者以及實務從業人員的這種特有的吸引力，使培力更加有可能被專業化；而且，從服務使用者的觀點來看，培力更有可能被弱化、扭曲和利用為研究者或學生的一個

主題，或成為一個利益團體，像社區照顧的管理者或實務從業人員，所主宰的領域。透過由國家機構所雇用的社會工作員，以他們在科層組織中從事社會工作的方式來培力民眾，本來就是一件矛盾的事，因為評鑑這種實踐方式的標準根據來源於法規，而不是來自某專業團體所產生的原則，更遑論向使用者的經驗取經。

培力與自助：基變或反動？

一九八〇年代後期，培力在英國的發展尚未成熟（Adams, 1990, p. 2），還進展得相當緩慢；甚至可以說，在一九九〇年代中期，無論是在理解上作為一個批判性的概念，還是在實踐上作為一個反思性的行動，它都還必須更加完備（Baistow, 1994）。在英國的社會工作文獻中，培力主要有八個根源：

1. 社會行動主義（social activism）引進自美國一九六〇年代的黑人公民權運動與群眾抗議，當時對此進行學理論述的領導先驅是 Barbara Solomon，她所著的有關黑人培力與社會工作的書，在一九七六年首度出版。Solomon 的著作（1976, 1986）激起美國一九八〇年代的倡導運動與培力運動（Payne, 1997, p. 267）。

2. 由個體致力於非正規教育、鄰里行動以及管理民主化等諸多觀念，是受到美國 Mary Parker Follett（1868-1933）的影響，既是社會工作員又是作家的她，後來在成人教育、管理發展與組織中權力研究等方面，「重新被發掘」（rediscovered）為具有啟發性的人物。

3. 「培力」一詞的使用與兒童權和親權產生關聯，是開始於一九八〇年代後期某些國際性兒童照顧的慈善行動，有作家以其直接的親身經歷著述，讓像「拯救兒童」（Save the Children）這

樣的英國組織能夠接觸到某些相關的觀念與實踐。

4. 同樣重要的是，英國的培力概念無論是觀念或實踐，都不是衍生自美國，而是承襲自一種自助與互助的傳統（Burns et al., 2004, pp. 6-11）。這種傳統表現在十八世紀以來許多友愛的社團或互助會（mutual societies）（向會員收取小額會費，誰有難，就給付金錢協助他紓困）的建立，現在還保留在存款互助會（credit unions）這樣的組織型態中。存款互助會（如同為窮人設立的銀行）開始於一八五〇年代中期的德國，接著很快就流傳到英國，一九〇〇年進展到加拿大，並且在十年內傳到美國。現今，有些存款互助會仍以金融合作社的形式，在其成員的擁有與掌管下展現榮景（www.abcul.org）。培力的產生與發展得益於十九世紀中葉起，人們愈來愈相信自行創業成功的自助行動、慈善政策，以及為窮人提供的社會工作支持，這樣的例子可見於 Yorkshire 企業創辦人 Samuel Smiles 的著作（1875, 1890）。Smiles（1890）作品的時代背景是維多利亞中期的英國，他將自助視為一種個人主義的表達，因為它所彰顯的是個體和小團體藉以處理其問題的行動。專業人員的角色大部分被限制在激勵人們扛起責任，以解決他們自己的問題，其所提供的些許物質和精神的支持，是針對那些能證明他們夠努力而配獲得這些支持的人。然而，這些觀念從來就不是西方國家的專利。無政府主義運動的理論先驅 Kropotkin（1842-1921），曾居住在英國的 Bromley 從事寫作長達三十年，但在那之前，他曾在俄國和法國受到監禁。他認為，自助所產生的集體性利益是以成就整個民族的健全共同體（a nationally healthy community）為目的，其目標在於滿足個體，並提供安全保障，以預防人們喪失他們對自身生活的掌管，其方法是增進人們於在地

社區的參與（Kropotkin, 1902）。此外，他覺得自助應該著力於增進個體的自覺（self-awareness）。就某種意義而言，自助一直是通俗的，一如 Tax（1976, p. 448）所指出的，自助與互助的歷史很可能與人類群居的歷史同樣悠久。但在英國，卻有人認為它們是柴契爾政策（Thatcherism）的副產品；也有人認為，是從過去五十年來，在美國蓬勃發展並已成氣候的自助觀念進口的舶來品。自助團體雖然有可能只被視為互助的各種完全過時的形式，但比較準確的理解方式，也許是將自助團體視為傳統的「常民」（folk）活動與完全專業的服務之間的轉渡階段（midway）（Killilea, 1976, p. 47）。

5. 在英國，自從一九六〇年代以來，各種基變與社會主義的政治社會反抗行動的不同傳統，受到女性主義理論與實踐非常大的影響，加速政治壓力團體以及社區與社會行動之發展。自從一九九〇年代起，大規模的抗爭以及諸如「還我路權」（Reclaim the Streets）[1] 這樣的組織，已經以行動證明，人們可以透過集體發揮力量來影響政策。抗爭行動利用行動電話與網際網路所形成的網絡，抵制不合理的政策，特別是反對那些覷觀秀麗的鄉間景色，或基於特殊的科技利益，計畫在農村興建新幹線道路的開發案。

1　譯註：Reclaim the Streets 簡稱 RTS，網址：http://rts.gn.apc.org/。這是一個參與式的非組織（participatory disorganisation），其主要理念是，在人的整個文化適應經驗中，街道被建構成與人疏離的非久留之地，以維繫資本主義得以恣意發展的秩序。街道就因此成為資本主義秩序與人際關係疏離的象徵，四通八達的道路交通像活絡資本主義經濟活動的命脈，同時將人們原本賴以生存的土地與空間切割得支離破碎。「還我路權」鼓勵大家上街狂歡撒野的同時，將反資本、反開發的地方性議題帶上街頭，試圖改變社會、拒絕被資本主義秩序整體化。

6. 在英國，聽到 R. D. Laing 與 Cooper 就會聯想起「反精神病學」（anti-psychiatry），在他們及其他精神醫師的驅使下，專門治療領域中的各種培力運動紛紛出現。這些培力運動所擷取的理念，從佛教到女性主義都有，為婦女治療團體這類團體注入激發的動力，以支持病人或案主，使其有力量。

7. 由無薪資報酬、不具專業資格，但肩負照顧伴侶或親戚的照顧者，已經形成各種團體與組織，集體表達出他們所關心的重要事項。

8. 愈來愈多某類別之健康與福利服務的接收者們，代表「服務使用者」（service user）或「消費者」（consumer）組織起來，大聲疾呼自己的觀點，身障者、年長者，以及精神病學服務的康復者都是這類運動的佼佼者，他們的成長與消費者保護運動並進。消費者保護運動創始於一九六六年的美國，由在費城創立消費者教育與保護協會（Consumer Education and Protective Association）的 Garland Dempsey 所帶動而起。此外，他們也善用資訊與通訊科技，在全世界呈現多樣化的組織團體，如「檳城消費者協會」（Consumers Association of Penang）與「第三世界網絡」（Third World Network）（Hilton, 2003; Hilton et al., 2006）。

概括而論，當代在已開發及開發中世界的許多地方所呈現的各種培力形式，是靠著反性別歧視（anti-sexist）、反種族歧視（anti-racist）、反身障歧視（anti-disablist），也就是各種批判性的反壓迫運動而發展起來的，但其歷史根源部分來自於維多利亞時代中期的自助傳統，那是一種可以表現出像美國這樣的西方國家之信仰的顯要價值。

自從一九七〇年代晚期開始，在 Milton Friedman 自由企業的經濟理論基礎上，以及在美國的各種刊物和英國柴契爾保守政府

（1979-1997）對此理論的信奉擁護下，美國和英國開始珍視自助的價值，將其凸顯為促進經濟發展的重要因素。但同時，社會主義者與民主主義者仍保有從自助這個概念而來的各種互助觀點。

自助的性質

自助（self-help）可被定義為人們藉以幫助自己的方法，因此，自助可被視為培力的一種形式，同時，它也拉出一種反智主義（anti-intellectualism）的特殊張力。在英國，反智主義混合了效益論哲學（utilitarian philosophy），它偏好業餘主義（amateurism）與慈善的施予，並以此對抗根植於理論與社會科學，而圍困著當今社會工作教育、訓練與實踐的專業主義（professionalism）。就自助承襲自業餘主義與志願之力這相當根深柢固的傳統而論，與自助首先產生連結的脈絡是，在英國維多利亞時代中期，透過慈善組織會社（Charity Organisation Society）推展開來的慈善事業（philanthropy），但由於這一百五十多年來，自助所反映出的通常是中產階級社會的價值，因此受到批評。在十九世紀後期，Smiles 提出一種根本上的布爾喬亞觀點（bourgeois view），他從自身所在的中產階級的體面位置出發而宣說：「貧窮常常能淨化我們，並且激發人的道德。」（Smiles, 1875, p. 361）慈善施予（charity）為人詬病的害處在於只是給予，對照之下，設想較多的所謂有用的慈善事業（useful philanthropy）（Smiles, 1875, p. 324），則相信透過克己（self-denial）、節儉（thrift）、個體的自我改善與克己的經濟，努力工作，才得以超克貧窮：

> 自助的精神是在個體方面一切真正成長的根源；而且，
> 如果這種精神能透過許多人的生命彰顯出來，就得以構成整
> 個國家活力與實力的真正來源。（Smiles, 1890, p. 1）

這些見解的正面意義是，在英國的慈善事業傳統與志願行動中，自助仍占有一席之地，自助的運動並未隨著十九世紀的結束而終結；而負面的意義則是，持續存在的個人主義傾向，訴求以自助與私人執業的服務（private provision）來取代法定的服務（statutory service），而非只是補充或增補法定服務的不足，像健康照護與社區照顧就是最好的例子。

在健康照護與社會工作上愈來愈強調自助，可能與幾個社會與經濟的因素有關：

1. 在精神衛生方面制量的趨勢（減少安置機構的住院人數，讓原本居住在安置機構中的人遷出而回歸社區，「希望」他們能在社區的支持系統中獲得支持）。

2. 愈來愈多對於傳統醫療與臨床實務的期待破滅與質疑。

3. 另類與補充式的健康概念與實踐愈來愈引人注目。

4. 某些服務使用者的意識提高，不再只是將自己的處境視為污名化的「案主」（stigmatized "clients"）。

5. 對於在健康服務與社會服務方面益加熱中於專業者的權力與決策的這種趨勢，予以更具批判性的檢視。

6. 在某些實務從業人員的積極推動下，善用社區中多種助人活動裡的健康服務與社會服務使用者網絡。

自助與志願行動

在過去的五十年中，自助從志願運動所增強的實力中取得進展，至少在英國是如此。但應該注意的是，雖然自助通常涉及志願性的活動，但它並非志願部門（voluntary sector）的同義詞；相反地，一九四〇年代之後對於福利國家的熱中，不但未造成志願活動與自助的消退，事實上，一九五〇年代還見證了許多自助團體與壓力團體的增

長。有一份針對一九六〇年代末期志願服務者之角色的報告（Aves, 1969），強化了志願部門的根基，而當今對於許多自助的進取精神與創造行動，志願部門仍然提供支持與鼓勵。雖然志願主義（voluntarism）從一九六〇年代就持續累積實力，但後來還是經過了十年，直到 Wolfenden Report（1978）為自助定調，特別重新強調其重要性，從那個時候開始，自助才在英國凝聚起氣勢。Wolfenden 強調，在個體、非正式的支持網絡、志願性團體以及法定機構之間夥伴關係的發展中，志願部門有其不可抹滅的重要性。

　　一方面，我們可以了解到，根植於自助的培力如何與政治的保守主義產生關聯；另一方面，我們也可以看到，自從一九八〇年代晚期開始，更加民主、平等與左翼的培力要素，如何受惠於解放、權利與社會行動主義等運動，這些運動又如何受到反種族主義、女性主義以及對不平等與壓迫之批判的強化，而這些批判性的行動則產生於社會階級、年齡、身障、性、宗教，及其他方面的各種差異。雖然倡導與培力不應該必然被視為服務提供者與服務使用者之間的專用橋引（exclusive bridge）（the User-Centred Services Group, 1993），但是這兩者仍然與使用者的權益與使用者參與有所關聯（Brandon & Brandon, 1988, 2001）。實際上，使用者與工作者之間的夥伴關係可能混淆倡導者的角色，並且逐漸損害培力，或甚至與培力有所矛盾。

　　透過自助而產生的培力，已經找到進入健康服務領域的門路，原本這個領域在很大的程度上一直是由醫療模式所主導。有關健康服務導向最早先的培力例子，主要可以在婦女健康運動與先進的精神醫學中發現。

　　在健康方面，有另一個通往培力的向度，涉及對醫療模式的挑戰。在精神醫學方面，我們有必要追溯幾個世紀，回到在柏克萊基變精神醫學中心（Berkeley Radical Psychiatry Centre）有系統地闡述與

提出的基變精神醫學（radical psychiatry），以取得更徹底的培力途徑，這樣的取徑強調人們要採取行動解放自己，而不是仰望治療師與社會工作員，等待著被拯救。當意識到人們的問題是政治性的，這樣的意識就會導致一種政治性的教學，也就是把政治的價值當作問題解決的一部分，並且當作脫離壓迫的出路。Claude Steiner（1975, pp. 80-105）堅決主張，拯救並不培力，反而使壓迫永遠存在；拯救與人們的無力感之間，有著一種共謀關係。以下這個例子改寫自他的著作以及他所提到的 Hogie Wyckoff 的作品。

案例

培力實踐——解放，而非拯救

　　案主（受害者）對社工員堅持說，身為一個被父母親虐待的主體這麼多年，已經不可能和其他任何成年人建立起積極的關係，遑論長久的關係；又因為雙親在應該對此進行彌補前就已過世，使得這樣的困難永遠無解。最初，社工員還傾向於傾聽、安慰這位案主，延長悲傷與自憐，並且以這樣的結論呼應說，一切都無法改變（宛如拯救者）。之後，社工員決定與這位「受害者」共同合作，朝向自我解放來努力。圖 1.1 顯示，這位社工員讓這個人有能力進行自我培力，而不是執迷於透過某種形式的協助去拯救這個人，是多麼必要的一件事。

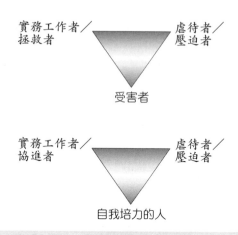

圖 1.1　解放，而非拯救

自助的培力要素

我們已經看到，自助與培力的團體和組織所採取和反映出的觀點範圍很廣，從極端保守到基變的都有。根據 Gartner 與 Riessman（1977, pp. 13-14），自助的哲學是「更加行動主義的、以消費者為中心的、非正式的、開放的和花費不多的」，它強調非專業的主題：「具體實在的、主觀的、經驗的和直覺的，以對照專業所強調的距離、觀點、反思，以及系統性的知識與理解。」（見表 1.1）

以下有關自助的要素皆有助於培力：

- 倡導與自我倡導
- 自我管理
- 反科層體制
- 合作
- 共通的經驗

表 1.1　自助與專業導向的實務之比較

特徵別	自助	專業實務
實務工作者與案主之間的關係	民主的	有意義性的社會距離
實務工作者—「案主」關係的正式程度	非正式的	正式的
活動的焦點	以消費者／使用者為中心	以機構、以服務為中心
實務工作者與案主之間溝通的形式	開放的	有所保留的
知識的基礎	日常性的支持俗民的知識與技巧	專業知識採取某特定觀點
應用的方式	直覺的	系統性的應用與反思
花費程度	花費不多	工作人員與服務的全額費用

以下針對上頁所列要素進行討論。

倡導與自我倡導

由專業人員所進行的倡導源於法律的倡導，法律的倡導是由初級律師（solicitors）與出庭律師（barristers）提供給當事人（Payne, 1997, p. 267），而 Brandon（1995, p. 1）所稱可由任何公民所提出之「業餘的倡導」（amateur advocacy），則可以追溯到基督教信仰的起源。倡導是代表某人進行協商或代理的活動，Brandon 將倡導的定義關聯於缺乏行為能力（disability），當：

> 一個人（或眾人），不管是缺乏行為能力的一個個體或團體，或者是他們的代理人，在有影響力的他人協助下提出

他們的現實情形，迫切地指出直接衝擊他們的處境；或者更常見的是，試圖預防因某些計畫而讓他們的狀況變得更糟的改變。（Brandon, 1995, p. 1）

倡導可以有不同的形式，例如自我倡導或團體倡導，並且可被視為培力的進一步形式，Beresford 與 Croft（1993, p. 85）將它描述為一種過程，藉由這個過程，「人們被賦予先前不被給予的發言權，將他們理論上應得的權利實現為可行的權利。」Brandon（1995, p. 1）區分了三種倡導：由受衝擊的當事人所發起的倡導；由律師、會計師或工會幹事所推動的有報酬倡導或專業倡導；以及無報酬倡導或業餘倡導。Payne（1991, p. 225）對個案倡導（case advocacy）與目標倡導（cause advocacy）進行區別，前者是指工作者試圖促進服務對人們的可近性而進行的倡導，後者則是試圖為人們所來自的某些社會團體推動社會改變。Rees（1991, p. 146）則認為，與單一個體利益有關的倡導，有別於攸關許多個體利益的倡導，後者可能要追求一個共同的目標。

倡導與自我倡導的各個方面都具有培力的潛力。自我倡導的起源，一般認為是從學習障礙領域中的倡導開始的（Lawson, 1991, p. 70）。自我倡導是當事人代表他或她自己提出意見的過程，而會在第四章進一步討論的集體自我倡導，則涉及由人們自己組成的團體所進行的自助活動。因此，自助、自我倡導與培力都是相互連結的。傳統觀點認為，專業人員提供服務給案主，自我倡導者則翻轉這種傳統的看法。自我倡導者是轉變成實務從業人員的案主，是靠自己努力而成功的自成倡導者（self-made advocate）。自我倡導不僅培力案主，而且越過專業人員走出自己的路，它證明，在案主可能需要協助的時候，可以在不仰賴實務從業人員的情況下獲得奧援。自我倡導也取消

了對中間人、協調者與協力者的需要。自我倡導確立了當事人的權利。在社會工作中,自我倡導最引人注目的成就,表現在案主被邊緣化或被差別對待的地方,例如身障者、老人或精神障礙者,在這些領域裡,案主們設法做到確立自己,並且在自己的境況中實現一些改變。

自我管理

自我管理涉及兩個方面:一個方面是對諸個體與各個小團體所嚮往之事物的共同情感,這是人們透過面對面或網絡,與藉由在家就可進行聯繫交往的電子郵件或郵政,所建立起來的連結;另一個方面則是相信問題管理(problem management)。大部分的自助團體和組織會認為,無論是透過個別的自我管理、團體領導或其他方式,參與者都具有實現自助的潛力。

反科層體制

自助團體和自助組織通常會主張,必須發展出一些可以將他們彼此組織起來的方式,而這些組織方式不同於那些在接觸中將他們視為案主的許多組織;這經常會強調要避免科層式與官僚式的組織模式。

合作

強調互助(mutual help)或共同關照(joint care)(Wilson,1988),在很大的程度上,是將自助的活動區別於自私自利的個人主義,這樣的強調所表達出來的信念是:民主、在團體內或組織內的地位與權力平等、在決策上共同領導與合作。有些自助的積極行動大多是以合作社的形式開始的。**互助**〔或互援(mutual aid)〕是以個別或相互利益為目的,是各個個體、團體或組織藉以聚集,並且共享經

驗與問題的方式。

共通的經驗

自助團體或自助組織的參與者，通常必須願意以該團體或組織所定義的共通經驗為基礎，而作為組織或團體的成員，則必須共同分享某些議題，共同承擔某些問題；這也意味著，要避免在團體或組織內部形成專家與外行成員之間、治療者與案主之間，有所分裂與區別的群組。雖然有些自助行動是真的支持反專業主義，但並非所有自助團體都是如此。比較常被信守的原則是，決定自助過程的開始與進行不應該只是專業人員的所有權，任何參與者都應該有能力發起和參與這樣的過程。雖然自助涉及對專業活動的深刻批判（Gartner & Riessman, 1977, p. 12），但根據研究顯示，就整體而言，自助團體傾向於接受與專業人員建立關係，而不是予以拒絕（Lieberman & Borman, 1976）。

社會工作中的培力：不斷改變中的論述

自從一九八〇年代開始，社會工作中的培力論述就已經有所改變。一套論述（discourse）是包含著信念與實踐的整個系統，它藉由在社會中的個體之間、團體之間與組織之間傳遞而得以維繫，並且有助於建構起人們視之為現實的社會安排。在一九八〇年代的英國，社會工作在柴契爾的個人主義背景下失去根基，其信用也因為各種醜聞與質疑而受到諸多抨擊。一九九〇年代，消費主義主導著為健康服務與社會照顧服務傳輸而新創、新制的準市場（quasi-market）。在二十一世紀，培力也許會被視為超越這些社會性、政治性和政策性等諸多限制的方法，並且讓工作者與服務使用者都得到解放；但是，它也

可能被視為一種在修辭上浮誇的姿態，一種統治的謀略，好讓福利體系中的消費者在等候獲得失業救濟金、社會安全、私人保健與福利，以及國家樂透彩金的大排長龍中，各就各位。根據 Mullender 與 Ward（1991, p. 1），培力這個詞是「用來正當化那些在根本上代表著各種不同意識型態立場與政治立場的訴求」，而這些訴求「對於重大的差異缺乏明確的說明與註解」；培力「像『社會煙霧劑』（social aerosol）般發揮著作用，掩蓋起由衝突與概念分歧而來的令人困擾的跡象」。

培力式的實踐必須有目的性，並且是具有批判性的實踐。在發展這種培力實踐的過程中，首要任務是釐清培力的概念，並將之關聯到其他同類的概念；然後，在後續的章節中，再對培力的各個方面進行比較仔細的檢視。

培力的操作性定義

Schön 強調，內在於培力的這種令人疑難的性質，也是在社會工作某種不安全與不穩定的更大格局中的一部分（1991, p. 23）。社會工作並沒有為其實踐提供研究完備、看法一致的事實基礎：這種知識基礎有系統地發展起來、禁得起科學檢驗，而且符合資格與執業的社會工作員所採取的價值、技術與技巧，部分是從公眾與專業看法一致的意見中取得。

這些不確定性擴及我們所稱之為接受社會服務的當事人。我們是否使用「消費者」、「案主」或「使用者」這些詞來指稱他們？這些詞像咒語一般召喚出不同的形象。「消費者」提醒我們的是，一位購買商品與服務的買主；「案主」，經常保留給專業服務的接受者；「使用者」，則可能被應用在有藥物或酗酒問題的人身上，也可以用

來指稱接受社會服務的人。

雖然培力對不同的人有不同的意思，但我們需要有個操作性定義才能開始。《社會工作辭典》（*Dictionary of Social Work*）將培力與自助做連結：

> 培力可以關聯到服務中的使用者參與以及一般的自助運動，在這些活動中，各團體代表他們自己採取行動，可以與法定的服務合作，也可以獨立於法定的服務之外。（Thomas & Pierson, 1995, pp. 134-5）

按照字面的意義，培力意味著「變得有力」，但在社會工作中，培力的意義更甚於此，它涵蓋理論與方法。根據《社會工作辭典》，培力是：

> 理論，它關乎人們如何可能為其生命取得集體的掌控，以便達成整個團體的利益；也是方法，社會工作藉其試圖提高缺乏力量的民眾的力量。（Thomas & Pierson, 1995, p. 134）

將這些陳述擺在一起，**培力**也許可被定義成：個體、團體與／或社群掌管其境況、行使其權力並達成其自己的目的的能力，以及個別和集體地，能夠藉此幫助自己與他人將生命的品質提高到最大限度的過程。

重要的是要認識到，我們的定義包含了三個要素：人們的能力、他們藉以行使權力的過程，以及他們的成就；這三個要素不只是在個體身上個別地發生，而且是在透過與他人的培力經驗中，在彼此之間

相互產生。自我培力並不只是個別地發生，也不只是自我導向，而是涉及培力他人的相互支持。為了培力，人們需要力量來改變其環境的各個重要面向，並且需要了解他們自己，也需要有動機願意以個體與集體的努力來進行改變（Lord & Hutchison, 1993, p. 3）。

　　培力是一個政治性的概念，雖然對那些涉入其中的人而言，這是顯而易見的，但其範圍仍要依人們的取徑，以及培力的工作在其中發生的境況而定。培力概念的政治性向度並非政黨的政治性，因為其行動主義者調性超越了政黨政治；它也不是一個衍生自法律的法定術語〔例如中度照護（intermediate care）、社區照顧（community care）等等〕。它是一個被專業人員立即占為己有的概念，這當然會有將服務使用者邊緣化，使其永遠被排除的風險；它是一個總稱的一般性概念，可以附屬於社會工作的任何一個領域，例如身障、精神衛生，以及反種族歧視實踐與反性別歧視實踐。根據 Mullender 與 Ward（1991, p. 6）：

> 　　培力實踐，就像它所撐持的使用者運動所要求的，不僅要透過爭取權力（winning power）──讓那些被壓迫的人得以掌管自身的遭遇，也要透過轉變權力來追求改變。

　　在「有感覺到被培力就夠了」與「培力的結果是重要的」這兩種觀點之間，存在著一種張力。Ruth Alsop 與 Nina Heinsohn 的報告提供了有用的標準（2005, p. 4），讓培力可以被衡量，他們主張，培力是「一個人做出有效選擇的能力（以及）……將選擇轉變成渴望的行動與結果的能力」。他們主張，這種個體的培力受到兩種因素的影響：個人的動力與機會。個人的動力由以下有利條件所組成：心理的、資訊的、組織的、物質的、社會的、財力的，以及人的各項資

產;而一個人所擁有的機會,則受到立法、各種管理的架構與規則,以及社會中管束行為的社會規範所影響。換言之,「培力的程度,要藉由選擇的存在、選擇的使用,以及選擇所達成的結果來衡量」(Alsop & Heinsohn, 2005, p. 4)。

相關的概念

培力概念的多面性質,讓我們覺得有必要設法對它進行解構。**解構**(deconstruction)的意思是,針對論述中的一個概念進行深刻的考掘,以便在助長這些論述的支配性或普遍性意見之外進行探查,而能發現在這些論述背後或超乎這些論述之外的東西。培力是全人的,並且是非科層的;培力是有關取得掌控、實現自我引導,尋求一種根植於與他人的經驗相連結的包容性(inclusiveness)。培力關乎個體的成就與社會的行動,每個方面都彼此相輔相成。在對此進行探討之前,讓我們先來發掘在培力書寫與實踐上的一些最重要的主題。

民主化

培力以一種重要的方式涉及參與。在英國的服務使用者參與中,Beresford 與 Croft 是最著名人物中的二位代表,而這似乎是與培力的過程有所連結。他們的兩個早期方案是研究在地管轄的(patch-based)福利服務輸送(Beresford & Croft, 1986)與調查由 Joseph Rowntree 基金會所資助的公民投入,這兩個研究方案大大地促進了培力這個領域。後面的這個調查以實例說明了參與的障礙,但朝向參與的目標往前邁進的艱苦奮鬥仍然持續進行著。Sainsbury(1989, pp. 105-6)也寫道,在促進人們參與的社會工作角色與保護人們的社會工作角色之間,不要創造一種錯誤的二分法,這兩者在社會工作中都

是必要的。他告誡，不要對社會工作有不切實際的期待，不要期待社會工作能夠有效地逆社會之勢，促使大家看到人與人之間在收入與權力上的懸殊差距。他指明，這在現階段可能是做不到的，因為假如公民的社會權利等同於基於社會公義原則的資源分配系統，那麼只有通過實現平等，才有可能追求公義。

正常化／社會角色的穩定化

正常化與社會角色穩定化指的是一些身障者與有心理衛生難題者經歷的過程，經由這些過程，他們埋頭苦幹，希望能實現維持與促進自己的獨立性，並且得以經營自己的生活（Sinclair, 1988, quoted in Payne, 1991, p. 226; Towell, 1988; Wolfensberger, 1972, 1982）。

反身性與批判性

就其性質而言，培力是一種批判性的活動。自我培力與自我倡導使個體的反身性成為必要。**反身性**（reflexivity）涉及使用某種對某人有所衝擊的處境或經驗，以促進理解，並提供未來活動所需之資糧。

提高批判意識

雖然在文獻中，培力並不總是被明確地認為與提高批判意識有關，但提高批判意識一直隱含在培力的過程中。以婦女治療團體運動為例，個體在過程中受惠於療癒，而且也對她們的問題的社會脈絡有所體認，並發展出因應這些問題與脈絡的方式。另一個例子是社區工作，儘管從一九七〇年代中期以來，社區工作在地方政府資助的實務中經過艱難的歷史（Jacobs & Popple, 1994），但它卻在二〇〇〇年代開始展現風采。

照顧者與服務使用者導向的實務

這一小節的標題所涵蓋的範圍，包括傳統與新近的、保守與基變的方法取徑。從一九七〇年代開始就已經有一種趨勢，福利服務、健康服務和個人社會服務的受惠者，對於提供給他們的服務要求要有更多的掌握。一如 Craig 所指明的，這樣的趨勢發生在較貧窮者的社區行動這個更廣的脈絡中（Craig, 1989），也在於一方面政府鼓勵服務使用者參與，而另一方面卻缺乏資源來支持這類參與，這之間的落差（Craig, 1992）。積極地致力於使用者導向的活動，當然是實現自我培力和他人培力的一條途徑，但是必須區分客觀判斷與主觀經驗之間的差別。客觀判斷指的是，投入在一個使用者團體中，一個人可能會判斷另一個人必然會被培力，而主觀經驗則是指那個被培力者的經驗。例如，一位家庭照顧者參與某個夥伴關係委員會（這個委員會聚集專業人員、學習障礙者以及障礙者的照顧者一起來討論並改善他們的服務），或者一位成人照顧者參與某個照顧者自助團體，都有可能會在最初強化被排除、被孤立和無力的經驗，直到當事人有所改變，開始採取正面的行動去處理這些問題。

基變社會工作

當我們說培力是基變的，我們必須小心謹慎，清楚知道我們在說什麼。要在培力與其他概念之間建立起關聯性，那是一件困難的事，例如那些根源於基變範圍中的概念。「基變主義」（radicalism）是一個總稱，它所涵蓋的觀點甚廣，我們在此只能約略提及。「基變」（radical）這個字的拉丁字源意指「根基」（a root），因此，基變就關乎對現存的社會安排進行追根究柢的發掘工作。但是，在一個脈絡中的基變性放到另一個脈絡中，也許就不是基變的了。在一個保守的

環境中，社會主義是基變的，反之亦然。在傳統的背景下，改變是基變的，但傳統主義者——如美國的 Homer Lane（1875-1925），他於一九一三年在英國的 Dorset 率先為各城鎮的「問題」兒童創設了 Little Commonwealth 兒童照顧社區——在當時也是基變的，因為他們設法取代當時存在的社會安排（在他的時代，這些社會安排是救濟院、少年感化院，以及收容窮困兒童的孤兒院），他們擁有一種烏托邦的願景，試圖成立自我治理的社區，因為他們想像，在工業社會引起都市諸多社會問題之前，人們可能過的理想生活方式。

　　馬克思主義者的社會主義觀點可被視為是基變的，一般而言，這樣的觀點也想將培力當作促進社會矛盾的手段，最終目的是要能獲致改變（Payne, 1991, p. 225）。提出相關主張的 Rojek（1986）認為，倡導與培力起源於根本上不同的目標，但這些目標都來自於與它們密切相關的馬克思主義觀點與基變觀點。基變社會工作的擁護者將培力列為解決問題的方法，在實踐中的集體行動有一種變化形式，是與較明確的社會主義主張有關，例如在 Walker 與 Beaumont 詳細解釋下的馬克思主義觀點（1981, pp. 174-95）。這個對於緩刑的監督工作提出基變性批判的評論，相當倚重社會與環境的解釋來理解人們的問題，相對於那些針對個人進行個別解釋的方法，它是非主流的（Walker & Beaumont, 1981, pp. 89-93）。Thompson（1993, p. 32）將培力與基變社會工作聯繫起來，將培力描述為：

　　　　一種社會工作的方法取徑，試圖將案主所經驗到的問題
　　置放在一個更廣的社會脈絡裡，其中包括的結構性問題有：
　　不平等、貧窮、不適當的福利措施、差別待遇與壓迫。它將
　　社會工作視為主要的政治冒險事業，盡其所能地改善案主的
　　壓迫性處境，使其處境變得更人性化。它所根據的前提是培

力這個關鍵概念，一種以任何可能的方式——資源、教育、
政治與自我意識等等，給案主更大力量的過程。

　　這段摘錄掩蓋專業投入培力的內在弔詭，它一再浮現於專業人員
要給其他人更大力量的想望中。但假如有影響力的人將倡導與培力摒
棄為基變的，因而使其成為邊緣的觀念，那也會是令人遺憾的事；我
們是有必要將它們併入主流的實務工作中。

反壓迫的實踐

　　黑人、女性主義者、反年齡歧視者以及身障者對於壓迫的批判性
觀點，不但都在培力這個概念上有所交集，也都要求培力。培力可被
用來定義與特殊團體工作的鮮明特色，例如男同志與女同志（gay and
lesbian people）（Tully, 2000），並且有助於增加社會工作反壓迫實
踐這方面的文獻。有人聲稱，無論使用者導向團體的培力狀況如何，
這類團體都將改變其成員生活世界的結構性特徵（Page, 1992）；我
們雖然應該對這樣的聲稱小心謹慎，但就像 Ward 與 Mullender
（1991）所做的公正觀察，培力確實是反壓迫的。

後現代主義與培力

　　Leonard（1997）將後現代社會工作的發展方向，連結到培力和
解放持續不斷的重要性，透過公部門、私部門以及獨立部門多樣服務
提供者的百家爭鳴，服務供給分裂化，這是後現代福利的一項特徵。
例如，在二十一世紀早期，直接給付（direct payment）在英國逐漸普
遍起來，這讓民眾可以自行購買他們所需要的照顧服務，例如雇用照
顧者或「個人助理」（personal assistants），這既是培力，也是勞力
市場的分裂化現象。它創造了數目不斷增加的小型雇主（在二○○七

年超過了五萬名），這些雇主所雇用的助理人數在一到六位之間，讓國家逐漸遠離直接服務供給者的角色。

這個造成社會主義運動分裂化的較廣大的變化，可以關聯到二十世紀後半期間，開始有許多國家對於在左翼與右翼之間進行單一政治選項的二分法態度軟化，其中一個明顯例子是，自從鐵幕（Iron Curtain）[2] 消失以來，歐洲各國的政治形勢不斷改變。有些評論者聲稱，後現代提供諸多機會給得以超越鉅型理論（grand theory）的政治；鉅型理論就像那些根據馬克思發展起來的理論，而且，後現代也讓各種多樣的聲音有不斷冒出頭的空間。個人的社會服務分裂成許多小型的服務供給者，這可被理解成，是因為大型全包式的（all-providing）地方政府的服務供給瓦解的緣故。

「反壓迫的工作」這個詞為培力的典範提供一種語言，超越在社會工作中會牽涉到的許多不同團體與利益的政策與政治。在後現代的時代，培力既有可能變成社會工作的統一主題，也有可能成為其分裂的主題，因為要熱忱地欣然接受服務使用者的培力，並不是所有兒童和成人的社會服務管理者都辦得到的。

國際發展

有些針對參與和培力進行論述的文獻，所反映出的是西方民主的價值，而不是全球多樣的豐富性。Payne（1991, p. 227）指出，培力是理性主義的，也就是說，它與人道主義和存在主義的理論和實踐有關；就此而言，它強調自覺（self-knowledge）和自制（self-control），

2　譯註：意指二次大戰後，在冷戰期間，以蘇聯為首的共產陣營，包括蘇聯及其東歐諸附庸國的徹底封閉狀態。

相信人們能夠藉由理性、認知的方法來掌握他們自己的生命，並且認為，環境能如服務使用者之意而被直接改變。以理性主義為本的培力方法取徑會有一個立即性的後果，那就是，無法讓人們生活受限的種種條件獲得立即性的重大改變，而可能使人們感到失望，並因此對培力感到幻滅。Parsloe（1996, p. xvii）提醒我們，「社會工作的培力是一個西方的概念」，也就是說，它根源於西方對於個人主義與自我提升（self-advancement）的見解。提到培力就聯想到民主以及個體的選擇與自由這種至高無上的重要性，這是西方文化的一部分。假如我們接受這些想法是關聯於特殊的文化背景而不是絕對的，那麼我們可以判定，只有從個體的思想與計畫出發的培力才是理性主義的；如果是從國家、社區和家庭的持存為最高原則的傳統價值出發，那就不是理性主義的。對力量的訴求很可能是有價值導向之區別的，它反映出人們所信仰的各種原則，而不是理性的辯論與思想的結果。在東方社會，例如日本，自助似乎就與缺乏民主多元主義以及注重組織管理科層有所衝突（Oka, 1994）。

在中國、香港以及其他中國以外的華人社群中，對於培力所做的理論性辯論（Yip, 2004），以及在特定領域中的實踐，例如離婚婦女的培力團體（Chan et al., 2002），雖然都已取得一些進展，但研究文獻就顯得相對缺乏（Mok et al., 2006），要對普遍的社會工作概念取得共識有些困難（Hutchings & Taylor, 2007），為了避免不同形式的培力謬誤，還必須發展適切的文化敏覺度（Yip, 2004）。這所反映出來的，一部分是東西方之間的文化差異與政治差異，一部分則是這兩個世界之間宗教與哲學的不同（Ng & Chan, 2005）。

在西方，培力和個人主義以及個體的權利有關，但在許多發展中的社會裡，互助以及家庭生活和社區的傳統卻是重要的。但是，在不同的信念與地緣位置之間並沒有清楚的區分。解放的想法並不受限於

地緣性的疆界，有愈來愈多在社會的自由度高、在財力上有餘裕的人們可以去旅行，再加上網際網路的普及，都加速了全世界對現存趨勢的可及性。

培力與人們為了反對區分和不平等所做的奮鬥有所關聯，身障者、精神疾患者、年長者以及特殊族群都已紛紛成立各種團體和組織，以促進他們目標的實現，許多婦女也對法律、政策和社會所具有的父權壓迫性提出質疑與挑戰。在許多已開發和開發中國家，培力的歷史與婦女解放運動同時發生，並且透過這些解放的婦女，讓社區中的許多其他部分獲得解放。

病患的「溫和」目標（"softer" end）與投入健康照護，以及病患的培力，在這兩者之間存在著一種性質不同但具有連續性的關係。政府當局也許會採用一些諮詢──焦點團體或公民陪審團（citizens' jury），由隨機抽取的成員或由政府選取的成員來參與；案主代表或他們的照顧者代表受邀參加一個工作團隊或指導委員會（steering group），讓他們象徵性地代表消費者。在許多西方國家，病患和社會大眾被鼓勵要多參與健康議題，這些國家包括德國、丹麥、挪威（Heikkilä & Julkunen, 2003）、法國、英國、澳洲、加拿大和美國（Simces, 2003）。病患投入在自己的健康照護中，和公開參與健康服務之政策與組織的策略性決定，當然是非常不同的兩回事（Florin & Dixon, 2004）；後者相對而言是不常見的。

在世界上的許多地方，培力與參與式的積極行動之間存在著連貫性（Steeves & Melkote, 2001）。Mohan 與 Stokke（2000）認為，西方國家在開發中國家傾向於聚焦在工作任務之達成，這樣的焦點比較是放在在地參與式的發展方案與培力的方案上。太狹隘地將重點放在與受服務者的夥伴關係和傾聽他們的聲音，會有一些危險，就像 Stewart（2003）所指出的，會錯失對一些重要因素的覺察，例如，如何結

構性地改善最受到排除的人與窮人的境況，和如何對治根深柢固的不平等、不對等的權力行使，以及在一國之內和跨國的經濟性與社會性影響。培力應該愈來愈多地和全球性的挑戰交手，有時候培力確實有做到這一點，尤其是和一些開發中國家在貧窮、飢餓、受壓迫和病痛中受苦的人們一起努力，例如一些非洲國家（Botchway, 2001）。這符合 Lee（2001, p. 401）所描繪的培力，他認為，培力應該是一種普世的概念，而不是種族中心主義或歐洲中心主義的概念。培力的概念與實踐並不是專屬於已開發世界的發明，它們跨越區域與國家的疆界，並且提供各種策略來處理由全球不平等所造成的問題。對這些不平等的回應，不只需要與個體交涉，還必須涉及團體、組織、法律與政策等層面。讓人培力，意味著要去處理各種個體的問題和結構性的（包括社會政治的和經濟的）區隔與不平等。世界銀行（World Bank）（在其一百八十四[3]個會員國中，美國持有最多股份）提供資金贊助一千八百多個方案，它的合作夥伴包括各國政府以及其他公共團體與私人商業組織。儘管世界銀行在五十多個國家向超過六萬名的貧窮男性與女性諮詢意見，以提供其方案策略所需之資訊，但就如同 Waring（2004, p. 5）嚴厲指出的，關鍵的問題是在於「決定方案的宗旨、目標、參數，或者受方案直接影響的那些人想要的結果」方面，是否有任何「名副其實的草根性參與」。

美國對西歐的影響，已經不再像發展中國家一直以來所得知的那麼具有深遠的意義。在美國與英國的健康和社會照顧領域中，有關成人、兒童和青少年培力和參與的文獻如雨後春筍般湧現，這表示這兩個國家對此有很高的關注。西方工業社會的問題比較是因為生產過剩

3　譯註：根據二〇一〇年八月在世界銀行網站的最新資料，世界銀行的會員國數已增加為一百八十七。參見 http://www.worldbank.org/。

與消費過度所產生的，相反地，在開發中國家面臨的，卻是生產不足與無力消費的問題。在這點上，自助與互助通常不只能彌補健康與社會服務的核心問題，也能補足經濟性和社會性結構本身的主要缺陷；其應用的範圍，從農業到教育、從住屋供給到能源的供應，都可以看得到。自從不可記憶的遠古開始，在大部分地方的多數人，一直以來都必須親手為自己準備需要的各種工具、建物、技能與其他資源，並且在這過程中，冒著損失與死亡的危險。

在開發中國家，窮人的培力行動就像在任何其他地方一樣，是非常政治性的議題。例如，從事以社區為基礎、在地化、非專業導向的改造運動，或者試圖以新的計畫來改變生活方式、降低對環境的危害，或有效地處理個人的健康與社會的問題，這些都可能要面對社會中的剝削勢力，而這些勢力對於意圖改變他們的政策或作為的任何行動，要不是無動於衷，就是積極地展現敵意（Afshar, 1998）。在許多國家中，自助與自我照顧常常取代不存在的健康服務與社會服務，而不是補現存服務供給之不足。

Oka（1994）指出，在日本的政治性阻礙，例如多元主義的缺乏以及行政權力的集中化，如何與文化因素結合，而妨礙個人主義的自助。另一方面，在其他國家，自助基本上是另一種非主流形式的社會工作，或者甚至取代了社會工作。很多自助活動都是使用者導向，特別是以團體形式進行的自助活動。各種使用者導向的團體對於社會工作的立場有別，可能是支持、無關緊要，或者是批判。對社會工作持批判立場的使用者導向團體，無論它們存在的時間是相當長久或是有一定壽命的，只要是在的一天，它們在助人服務的領域中就會傾向以批判的姿態現身，發揮功能。也就是說，它們的存在一般就意味著對現有服務提出批判，批判所針對的可能包括個別社會工作員的實務作為、機構的作法、整體服務，或甚至是好幾個服務的運作模式等等。

在開發中國家，參與式的研究（見第九章）與社會的發展（見第八章）相連地同時並進，在這一點上，發展的參與式取向的運作就有許多形式。最著名的形式之一是 PRA〔參與式鄉村評估／參與式寬鬆評估／參與式的反思與行動（participatory rural appraisal/participatory relaxed appraisal/participatory reflection and action）〕（Holland & Blackburn, 1998），由 Intermediate Technology Publications 所推廣與出版。

Mohan 與 Stokke（2000）談論到一種比較屬於在地化的參與和培力方法取徑的趨勢，他們強調這種聚焦於在地條件與在地積極行動的危險，可能會轉移應該關注不平等與結構性的權力關係的注意力。儘管有人對於在不同國家和區域的在地實踐多樣性所呈現出來的分裂化提出這樣的警告，培力的積極性行動仍有其意義，這些行動包括：消除一些重大的障礙，讓人們得以免於饑荒與貧窮、克服不平等，以及實現個人的與社會的自由。

結　論

從本章所做的概要性回顧得知，培力在社會工作中是一個錯綜複雜的範疇，其相關之各種實踐的概念與領域互有差異，而且具有某些不確定性；尤其是在當代反壓迫和平等影響下的培力，以及自助和互助的傳統，在這兩者之間所存在的分歧。此外，對培力的批判性了解有必要考量更寬廣的國際脈絡，包括開發中國家以及西歐國家和美國的發展。

❀ 作業練習 ❀

◆ 練習一

指出並解釋培力的每一個主要要素。

◆ 練習二

寫出你自己對於培力的定義。

◆ 練習三

你認為培力實踐在社會工作中有哪些最重要的主題，請列出來。

延伸閱讀

Gutierrez, L. and Lewis, E.A. (1999) *Empowering Women of Color*, New York, Columbia University Press.

Gutierrez, L., Parsons, R. and Cox, E. (eds) (2003) *Empowerment in Social Work Practice: A Sourcebook*, Belmont, CA, Wadsworth. These two books by Gutierrez and colleagues contain useful general analysis about discrimination, oppression and empowerment and specific guidance on practice development.

Humphries, B. (ed.) (1996) *Critical Perspectives on Empowerment*, Birmingham, Venture. A stimulating series of essays in contemporary contextual and theoretical aspects of empowerment.

Parsloe, P. (ed.) (1996) *Pathways to Empowerment*, Birmingham, Venture. A useful collection of studies of empowerment approaches and practice.

Rees, S. (1991) *Achieving Power: Practice and Policy in Social Welfare*, London, Allen & Unwin. A detailed exposition of a framework for conceptualizing and practising empowerment.

Shera, W. and Wells, L.M. (eds) (1999) *Empowerment Practice in Social Work*, Toronto, Canadian Scholars Press. An edited collection of conference papers examining theories, applications, critical issues and future directions for empowerment.

CHAPTER 2

認識服務使用者與
照顧者的參與

我目前的工作夥伴包括大學裡的同事,以及幾個照顧者和服務使用者團體。其中有一個社會照顧組織,我一直在裡面擔任諮詢顧問,協助他們針對照顧者與服務使用者實施一項使能的策略,使他們能在工作中扮演主動的角色。在這個組織中,有某些職員擔心,民眾的參與可能會失控,例如:成本太高,以及讓民眾有太多權力,涉入他們不該涉入的領域,支配政策與實務工作。對照之下,照顧者與服務使用者表達共通的看法,只要他們的代墊費用能被償付,他們就比較不擔心給付的問題,而是比較在意如何讓他們的看法能夠被聽見。很多人認為,培力就是要感覺有價值,並且要能使他們的觀點被肯定、被認為具有重要的貢獻;他們之中有很多人無意藉由參與來控制組織運作的任何方面。順便一提的是,我在這一章有時候使用「服務使用者」(service users)一詞,來涵蓋照顧者與使用服務的人們。

引　言

一如我們在第一章所指出的，人們早在十九世紀以前就開始致力於自助與互助的活動，而使用者的投入與參與，從邏輯上看，是從這些趨勢演變而來的必然發展。而且自從一九六○年代以來，這股發展趨勢在美國、英國以及其他西方歐洲國家的速度加快，其原因與愈來愈多社會大眾對於專業知識與實務從業人員權力的質疑有關，這些因素包括：

- 消費者的意見愈來愈有影響力
- 壓力團體的出現
- 個體與團體的自我倡導紛紛發展
- 睦鄰運動以及抗議行動和社區行動的普及

在美國、加拿大、澳洲以及許多西歐國家，人們在政策、服務發展和服務傳輸等方面的參與，已逐漸變成公認的常規活動，這樣的現象不是只發生在社會工作中，而且還跨越了健康服務與社會服務領域；就算是在很多人與正式的政治參與保持距離的地方，在非正式的層面以及人際之間的層面，也都有大量的參與活動在進行著，英國的研究就指出這樣的現象（Pattie et al., 2004）。在政策與實務中的參與力不斷提高，和轉向參與式研究方法的趨勢，兩者的發展有些類似（Cornwall & Jewkes, 1995）。在二十一世紀，英國的健康與福利政策已經倡導，要將提高照顧者與服務使用者在提供服務組織中的參與，當作政府健康與社會服務現代化議程的一部分。在英國，患者與大眾健康投入委員會（Commission for Patient and Public Involvement in Health, CPPIH）是一個獨立、非政府部門的公共組織，該組織設立於二○○三年，並且引發超過四百個患者與大眾投入（Patient and

Public Involvement, PPI）論壇的設立，每個論壇都有一個國民保健服務的信託基金（NHS Trust），目的在促進人們於在地健康服務領域的發言權。在二○○七年，這個體系被在地投入網絡（Local Involvement Networks, LINks）所取代，該網絡根據二○○七在地政府與大眾投入健康法案（Local Government and Public Involvement in Health Act 2007）擴及社會照顧。經濟合作與發展組織（Organisation for Economic Co-operation and Development, OECD）中的所有三十個成員國，包括許多歐洲國家以及南韓、墨西哥、日本、冰島、紐西蘭、土耳其和美國，都致力於增進公民的代表性與參與；而且，在不同的OECD國家中對公共參與的評估，也已經發展出許多值得實務工作學習的課題（OECD, 2005）。雖然參與並非培力的同義詞，但這兩個概念在意義上卻有一些重要的重疊之處，服務使用者或照顧者為了能夠參與，多半都需要培力，或者至少要透過參與，才可能變得培力。

關鍵的問題是，在使照顧者與服務使用者有能力去參與的方式中，我們究竟能從最有效和最無效的方式中了解到什麼？本章引用的論據，首先是用來檢視某些阻礙，然後再討論某些能培力民眾的指標，看看這些指標如何能提升民眾在社會工作與社會照顧中的參與。

然而，基於兩個理由，我們都應該了解到，改善患者、案主、服務使用者以及照顧者的參與狀況不會是一件簡單的工作，這兩個理由就是：

1. 並不是所有人都一致認為，只要參與就是好事。例如，Salmon與 Hall（2004）在針對英國的患者參與治療決策（或者，在一些罕見的案例中，是屬於患者自控式的治療）進行批判性分析之後結論道，參與可能與「醫生最高明」（doctor knows best）這種普遍流行的醫療意識型態格格不入，它可能不是病人想要的，甚至可能混淆而非澄清病人的需要。

2. 參與不能被呈現為一連串結構單一、要被完成的工作，也不能被視為實務從業人員理當扛起之責任的一部分。對於參與的意義，在管理者、專業人員以及服務接收者之間還缺乏一致的共識。並不存在現成可用的策略，能夠在為數眾多、性質殊異的健康和社會服務組織中實現參與，也不存在普遍接受的重要進展，可以用來執行這樣一種策略。

儘管如此，在提供健康與福利服務組織的外部與內部，都存在著龐大而動態的財富，那是由服務使用者以及照顧者自己所創造與維持的活動與能量。改變正在發生，改變中的許多部分更是意義深遠。我們在本章的工作是提供一個基礎，據此了解發展中的事態。

參與和投入：兩個有議論性的概念

參與式的取徑勢必會挑戰到在家庭、團體、組織和社會中傳統的、甚至是具有壓迫性的權力結構，並且能提供受排除和鮮為人知的民眾行使權力的入徑。另一方面，參與也能被用以實現廣泛的政治性和社會性利益，而這些利益也可能被那些有權勢者拿來當作強化壓迫性和排除性作為的工具（Kesoy, 2005）。Begum（2006, p. vii）指出，關於黑人以及少數族裔的服務使用者積極發起的參與行動，有一種比較不明顯，但其潛在作用不見得會比較低的趨勢：政策制訂者以及實務從業人員經常試圖在黑人與少數族裔社群之間尋求專業人員與領導者得以參與的機會，而不是直接從事與服務使用者有關的工作。

「參與」和「投入」的含義

「參與」這個詞對不同的人有著不同的意涵，而「參與」和「投入」這兩個詞在使用上，也好像常常可以交換使用。往好處想，頂多

只是錯失可能的良機,但是從壞處想,卻會產生混淆。為了避免在這本書中產生混淆,我們使用這兩個字的時候分別指涉以下的狀況:

- **投入**指的是,參與程度有別的整個連續過程;從僅一次性的諮詢,經過平等的夥伴關係,到最後掌管自己的命運。
- **參與**指的是,在整個連續過程中針對投入的那個部分,人們發揮比較積極的作用、有比較大的選擇、行使比較多的權力,並且對於決策與管理有重大的貢獻。

這意味著,參與大概就是進行中的培力,相對而言,投入的某些較不密集的形式,像只有一次性的、偶爾的諮詢,可能是象徵性的、反培力的。當我們用**諮詢**這個詞的時候,我們的意思是,徵求人們的看法,以此作為影響決定、政策與實務作為的一個根據。

有時候我們也會使用「公民締結」(citizen engagement)這個詞。Phillips 與 Orsini(2002)將公民締結視為投入的一種形式,在此形式中,公民、政治人物以及專業人員不斷地互動、一起討論。然而,締結的關鍵要素是,公民能感覺到他們與政府官員的互動是有意義的。因此,**公民締結**可以被定義為,在投入過程中的初期階段,公民與政府官員保持定期或持續的互動,這樣的互動在公民看來具有重要的意義。

參與的種種模式

我們可以從不同的觀點來看待參與,而這些觀點來自於我們可能扮演的角色:政策制訂者、主管、專業人員、在服務接收端的民眾,或所有被排除的民眾。我們也可以從參與的總體目的來考量參與。政府當局的目的可能是(Jackson, 2004, p. 4)讓人們有能力從事「政治性」的參與,其方法是影響政治性的決策;或者是讓他們有能力從事「社會性」的參與,方法是致力於日常性的政策與實踐。因此,參與

的目的可能是教育人們，使他們有能力調適，培力他們，以進行決策、管理資源並且影響政策；或者，也可能是保證讓他們學會照規矩辦事（Jackson, 2004, p. 4）。

為何參與？

我們可以從政策與實務上來證明參與的正當性，理由如下：

- 民眾有權利參與
- 民眾會從參與中獲益而改善自己的境況
- 將提高服務品質
- 將讓服務變得更具包容性（inclusive）[1]
- 將增進民眾在人際與社會互動上的技巧
- 民眾將學習到更多民主式的行事作風
- 將激勵起更廣大的參與

歐盟人權憲章（European Union Charter of Fundamental Rights）第二十六條款明文主張，要維護身障者參與歐洲共同體生活的權利（European Parliament, 2000）。聯合國兒童權利公約（UN Convention on the Rights of the Child）保障兒童與青少年的權利（United Nations, 1989），其中的第十二項條款聲明，政府與專業人員在規劃與傳輸服務方面，有義務徵詢青少年的意見。

Cohen 與 Emanuel（2000, p. 5）指出，在聯合國兒童權利公約中，還有以下其他幾則有關兒童與青少年的權利也涉及參與，包含像第二條款的無差別待遇（non-discrimination, Article 2），雖然這項條款並未明確表達出和參與的關聯性。以下這幾項條款比較明顯地將參

1　譯註：能讓有需要者納入服務範圍，適切地回應其需要。

與納入說明：

- 與其他人聯合之自由（Article 15）
- 取得適當資訊之權利（Article 17）
- 定期檢討治療的權利（Article 25）

不同國家的健康服務，由於各自在結構、功能上的種種不同，以及在歷史與文化上的諸多差異，使得各自強調的重點也就變化多端。在英國，從一九九○年代初期開始就有一種趨勢，要藉由政策和立法以及來自患者與社會大眾的壓力等方面的驅使，讓病人的參與變得更建制化（institutionalized）；在像德國這樣的國家中，則有一種趨勢是，透過自助讓患者與大眾投入。Begum（2006, p. 5）在由優質社會照顧促進會（Social Care Institute for Excellence, SCIE）出版的報告中，針對黑人與少數族裔的服務使用者之參與情況提出他的論述。根據他的觀察，將服務使用者的參與設位為「社會照顧政策與實務的重點工作」，現已遍及整個英國各個組織的理事會。然而，這份報告也同時強調，在實務操作上要奠定參與的確切地位，確實有其困難。這是一種什麼樣的設位？它是否意味著參與這樣的目標已經被接受？要參與什麼？是不是像在美國與英國的健康領域一樣，只是病人投入在自己的治療當中？或者，是在政策、管理與規劃當中都有民眾的參與？並且，這樣的參與在實際上應該實現到什麼樣的程度？

在健康照護的領域中，我們必須在大眾投入與患者投入之間有所區別。前者涉及社會大眾的成員參與各個層面的政策制訂與管理決策的影響行動，這些層面包括地方、區域與國家；後者則涉及各個個別的患者，他們開始變得投入於治療他們的專業人員的工作之中，以便影響與他們自身的健康照護有關的決策（Florin & Dixon, 2004, p. 159）。儘管在英國的政策與實務方面，普遍都能接受讓照顧者與服務使用者充分參與服務提供以及服務傳輸的美意，但在公部門、私部

門與志願部門的健康照護與社會照顧服務中，能看得到全心全意這樣做的事實卻不多。為什麼事實會是如此？我們可以從以下五個一般性的觀點來做說明：

1. 對於被培力這件事，並非每個人都有興趣。在諸個體、眾團體與各個組織之間被描述為服務使用者的民眾之中，有些人是非自願或不情願的服務使用者；人們應該有為自己選擇為什麼而努力，和不要為什麼而努力的自由。

2. 要在各種服務使用者與照顧者的多樣性中找到某種代表性，是一件困難的事。某些服務使用的範疇比其他範疇更引人注目，而且，有些服務使用者占據辯論舞台的前景，尤其是身障者，而其他的服務使用者卻只能是陪襯的背景，或者只能是我們所謂的「鮮為人知者」（seldom heard）。但是，身障者的聲音好像可以被聽見的這種特殊現象，卻因此使得他們不被任何照顧者與服務使用者的投入行動包含在內。就算是在這個領域中，Barnes 與 Mercer（2006, p. 72）也在一篇針對身障者參與的主要研究論文中指出：

儘管一九九〇年代主流部門主張要轉向更大的使用者投入，但身障者在經營志願性組織以及推動法定服務上所從事的任何重要參與，一直以來都未受到承認，至今依然如此。

3. 在計畫與策略上，普遍地增進服務使用者與照顧者在健康、教育與社會服務機構中工作的參與度，這種正面的現象提升了機構與實務從業人員的培力形象；但同時弔詭的是，它也使得實務從業人員與服務使用者之間的權力落差更加明顯，並且引起巨大的複雜糾葛狀況，相關的爭議如：如何給予那些服務受益

者報酬。諷刺的是（如下），一個受益於服務的人如果要繼續保有其被賦予的應有權利，他或她一週履行職責所收受的報酬不能超過數英鎊。

4. 在管理者、實務從業人員以及與我們所共事的民眾之間，對於我們應該如何談論他們，並沒有一致的共識。我們是否應該說他們是使用者、服務使用者、消費者、顧客、服務顧問、由經驗養成的專家，或者使用服務的人？我們有一個趨勢是，以「服務使用者和照顧者」這種常見的說法，首先指涉服務使用者，隨後再提及照顧者。

5. 服務使用者與照顧者並不會從反培力的狀態一下子就變成徹底培力的狀態。現實是，我們所認同的一致性並不是從單樣的經驗中建構起來的，我們可能在某一處境中感覺到培力，卻在另一處境中陷入持續的反培力感。相當常見的是，照顧者與使用服務的民眾可能要在認同自己為照顧者和服務使用者的情況下才能夠參與，一旦沒有了這些標籤，他們可能被排除而無法參與。或許，假如人們能在持續的參與中，同時改變他們對於自己身為照顧者或服務使用者的身分認同，這樣會更好。

對於接受福利服務的民眾普遍缺乏一致性的命名，這並非巧合，而是顯示出一種徵兆：健康與社會服務領域中的案主在法定地位上姿身未明，以及，他們主張有權參與其所接受之服務的規劃與傳輸，多少都具有一些爭議的性質。雖然我們可以為社會工作的服務使用者與照顧者合理地找到直截了當、簡明易懂的種種定義，但是卻無法找到一個名稱可以同時用來描述他們，至少在英國是如此。**服務使用者**，或是使用服務的民眾，是在法律上有資格從專業人員或透過直接付費使他們能購買這些服務，而獲得社會照顧與社會工作服務的人。**照顧者**，則是提供非正式、無償照顧的照顧者，通常是受照顧者的伴侶、

其他家庭成員、朋友和鄰居。

各種性質不同的參與

參與發生在兩個主要的領域中：

1. **提供服務的組織**：接受服務的人和照顧者也許會渴望能對服務有所掌控；健康服務的管理者可能認為，參與就是讓患者在其治療中採取一個比較完全、也就是更具有知識和更能掌握資訊的角色；而社會工作與社會照顧的提供者，則可能將參與當作是專業人員在決策之前對消費者意見之徵詢。

2. **自助、使用者導向以及照顧者導向的組織**：隨著健康組織和福利組織的發展，由服務使用者所領導的團體和組織也愈來愈多，這些團體與組織的成員以支持彼此為目的。例如，Colin Barnes（2005, p. 1）在二〇〇五年就明確指出，在英國，這種由身障者所管控與運作的組織共有八十五個。

各種參與的活動所涵蓋的範圍甚廣，包括：
- 僅一次性的諮詢
- 多次持續進行的諮詢
- 與決策團體共事
- 以個別或團體的方式與專業人員合作，例如，在個案檢討中，針對個別案主的各項服務進行規劃、傳輸與檢討
- 有助於品質保證，例如，參加稽查
- 扮演服務供給的促成者（contributor），也就是扮演提供服務給其他人的共同提供者（co-provider）
- 扮演其他人的教育者
- 扮演其他人的良師益友

- 帶領活動
- 在某個活動中管理一群人

針對投入和參與的各種觀點

Beresford 與 Croft（1993）針對投入和參與提出兩種主要的模式：

1. **消費主義模式**：這個模式將服務使用者僅僅視為消費者，能夠在由各種隨手可得的商品與服務所組成的市場中做選擇，而他們所做的選擇又會影響市場所提供的商品與服務的內容，但是，身為各種服務的淨利消費者（a net consumer of services）卻與一般大眾隔離開來；後者是有能力創造社會財富的淨利創造者（net creators of the wealth of society）。

2. **民主模式**：這個模式認為，個別的服務使用者和其他的一般大眾一樣，都是平等的公民，透過更多的參與，服務使用者能夠獲得力量以及對他或她的生活有更多的掌控，並且有助於發展品質較佳之服務。

在英國，自從一九九〇年代中期開始，以上這兩種模式就不斷在有關公民投入福利的文獻中被討論。我們可以把這兩種模式摘要成表2.1中的內容。

Johnson（2006）提出四種取向，說明人們參與政策制訂的不同模式，分別為：科學取向、管理取向、市場取向，以及社會正義取向，如表2.2。

表 2.1　參與的消費主義模式與民主模式

培力的面向	模式的性質	
	消費主義	民主
服務使用者的認同	消費者	主動的公民
角色	在現有服務中進行選擇	培力的促成者
GDP 或社會的淨損益	消費服務	創造資本與稅收

備註：
1. GDP 指的是，在社會中的某一段特定期間內所生產的國內生產總值，或財富的總和，包括所有生產產品、貨物和服務的總值。
2. 淨利消費者（net consumers）與淨利財富創造者（net wealth creators）的想法是取自 Beresford（2001, p. 502）。他認為，自從一九九〇年代以來的新右派主張，被用來將消費主義模式正當化為支持合約導向的系統（contract-based system），也就是愈來愈將社會照顧服務委託給獨立的部門，即私人和志願的部門，讓這些部門來進行社會照顧服務的輸送。

表 2.2　四種參與取向的模式

模式	特徵
科學取向	改善服務的結果 確保服務的效果
管理取向	增進成本效益 提高效率 增加安全與品質
市場取向	提高市場占有率 提供滿足顧客需求的服務
社會正義取向	促進人權與民主權 實現權力移轉／培力 實現平等 提升公民權 維持公共責信

　　我們可以藉由探討 Mary Parker Follett（1918, 1924）的見解，來增加我們對於參與在理解上的豐富性，她發展出一種參與式民主的理

論（表2.3），聚焦在鄰里關係上，將其當作建制化參與的主要背景。她針對在個體與環境之間持續相互作用的「循環回應」（circular response）進行描述。

表2.3　參與式民主的構成要素

構成要素	特徵
真誠的參與	真誠的參與是建立社群感的過程
循環交流的經驗	在個體與環境之間的持續相互作用
建立群眾	在某一段時間內，透過持續吸引人們的過程，累積地建立起群眾的力量
整合	不同的利益群之間可能會相互對立，而導致對不同觀點的支配、妥協，或者比較可取的是：予以整合
過程	整合就像民主一樣，是一個團體過程
創造性的民主	透過自治，每個人參與並且受到培力

　　Follett主張，民主的建立要藉由增進人們之參與的累積過程來達成，在制度發展起來之前，要先擴大一般大眾的力量。她提出以真誠的參與作為實現民主的主要方法，在這種真誠的參與中，每個人都要做好自治（self-government）。在真誠的意義下，這種參與被視為：

- 不只是一種技術性的工作
- 不只是專業人員和社會大眾試圖實現其所欲達成之目標的手段
- 不只是工作人員巧妙地操弄社會大眾接受工作者所希望的作法
（Morse, 2007, pp. 2-6）

參與的過程

　　有關培力的文獻，在已開發國家與開發中國家之間存在著非常多觀念上的變遷。有一份評估報告，評估聯合國發展計畫（United Nations Development Programme, UNDP）在二○○一到二○○四年之

間，於亞太地區鼓勵培力那些與 HIV/AIDS 共存者的培力嘗試計畫。
這份報告指出三個階段，分別標示出從較低度的投入進展到培力的演
變：第一代、第二代、第三代的回應（表 2.4），這些階段分別關聯
於接受協助、在政策上對投入的承諾，以及投入在執行上所成就的事
項（Kumar, 2004, p. 18）。這項有用的說明釐清了內在於實務工作中
所強調的假定：一項參與政策要能獲得最充分的執行，就必須承認人
們有培力的權利。

表 2.4　標示過程：從低度的投入到培力

階段	過程	牽涉之事項
第一代回應	將經驗轉譯成原則	HIV/AIDS 的早期受害者接受人們的幫助
第二代回應	將原則轉譯成政策	一九九四年在巴黎的 AIDS 高峰會議中，讓 HIV 帶原者有更多投入機會的原則被採納
第三代回應	將政策轉譯成權利	二〇〇四年亞太地區 HIV/AIDS 的曼谷宣言，HIV 帶原者應該有權利全然培力，其他弱勢族群如性工作者、被販賣的婦女、移工以及藥物使用者亦同

　　參與的實踐是一種社會性的建構，由照顧者與服務使用者導向的
種種積極行動，以及由政府和服務提供者對於各種政策與原則的種種
聲明，錯綜複雜地共構著。

服務使用者與照顧者的參與原則

　　在英國，一般社會照顧管委會（General Social Care Council,
GSCC）、社會照顧稽查委員會（Commission for Social Care Inspec-
tion, CSCI）、社會照顧技巧管理機構（Skills for Care, SfC）以及優質

社會照顧促進會（SCIE）於二〇〇五年簽署了一份包含有八項原則的聯合聲明，是有關與任何照顧者或服務使用者工作時，應該了解他們認為理當如此的要求：

1. 我們必須從我們工作的各個面向，清楚地了解到服務使用者或照顧者投入的目的。

2. 我們必須與使用社會照顧服務和健康服務的人們共同合作，讓他們對他們投入的方式有充分的了解而願意接受。

3. 我們必須讓服務使用者和照顧者選擇他們適合投入的方式。

4. 我們必須以相對適合的方式，針對服務使用者與照顧者投入的成果進行回饋性的交流。

5. 我們必須設法識別出阻礙投入的種種障礙，並且予以克服。

6. 我們必須盡可能地將我們的工作範圍放到最寬，以含納可能需要服務的人們。

7. 我們必須珍惜重視服務使用者和照顧者的貢獻、專業知識和時間。

8. 我們必須善用我們與服務使用者和照顧者共事而學習到的收穫，來改變我們的工作方式，以達更佳的工作成果。

上列原則中的第七條原則與各種不同的積極行動有關，目的是對於人們投入的各項支出與報酬的給付達成一致接受的政策，並且設法與就業及退休年金部（Department of Work and Pensions）協商，以確保在投入中接受給付的人們，不會因此就被認定為有工作能力，而使得他們原有的補助受到削減。

Wilcox（1994）指出，與人們共事的參與式合作有四個階段：草創階段、準備階段、執行階段、持續階段。然而，在經歷這些階段的過程中，有諸多因素可能會干擾或妨礙事態的進展。接著，我們就針對這些因素進行探討。

參與過程中阻礙培力與促進培力的各種因素

　　照顧者與服務使用者更高的投入程度，並不意味著培力就會在他們身上自動發生。從正面來看，他們獲得了更多出席某些決策場合的機會；但從負面來看，他們可能因此有更深的反培力感，以及可能導致社會工作員與服務使用者之間關係更加棘手的後果。這主要是導因於，在強勢的雇主導向的服務供給脈絡中，在相對強勢的實務從業人員與相對弱勢的服務使用者之間的緊張關係，使得在執行面上，背離了培力照顧者與服務使用者的實踐發展目的。為了使那些已經被排除的人能夠被含納進來，也為了讓他們的看法能被聽見、能有所影響，且影響所產生的結果能對他們有所回應，那些以促進人們更高之參與度為目標的種種策略，必須同時顧及能力培育。這種能力培育必須將目標鎖定在，確保參與不會流於門面象徵主義、乏善可陳和毫無效用。能力培育的目的在於增進人們致力於決策的程度，提高他們的影響力，以及擴展他們所能扮演的角色。根據 Lee（2001, pp. 62-3）的看法：

　　　　（除了）在直接的社會工作實踐中使用的中介者、倡導者、資源代理者、臨床工作者、動員者、組織者、革新者、教練、協同者和使能者等角色……在培力的實踐中，實務從業人員與案主雙方都還需要扮演夥伴、共同合作者、共同教導者、共同調查者、對話者、批判性問題的提問者、橋引者、嚮導者、同盟者與平權者、共同建構者、共同行動者以及共事者等諸多角色……我們是抵抗壓迫的夥伴，但在這支舞中，誰領舞、誰跟隨，可能是流動交替的。共同教導的概

念意味著，案主與工作者將自己對現存之問題與面對之壓迫的理解，教給彼此。

實務研討

有一個照顧父母的青少年照顧者團體，決定寫信給當地成人服務部門的主管，要求與主責成人照顧的工作人員開會，以討論改善他們處境的因應之道。這位主管在表示驚訝之餘，不知如何回應才好。她除了將信交給這些青少年照顧者所屬的成人服務組織的主任，也要求他要委婉圓滑地處理這件事情，並要他記住，假如當地的評議委員知道青少年有接管和運作成人服務的跡象，他們會不高興。

評論

假如這位主管能夠親自向這個組織中的青少年照顧者和工作人員直接表達她的看法，表明她認為有必要給予正面的回應，青少年照顧者的參與是值得鼓勵的，只是在參與的實際層面上，還有一些細節必須安排妥當，那麼，這樣才會是比較恰當的作法。這位主管可以和這些青少年和工作人員開會討論必要的工作事項，由青少年照顧者和工作人員列出參與的障礙與機會。她要考慮到，這個參與的主題對於整個組織而言非常重要，所以會需要她的參與。她可以用青少年能了解的語言，準備一份書面簡報資料，為某個參與策略設定出種種目標，以此作為這些兒童與青少年培力的一種方法。

阻礙照顧者和服務使用者培力的各種因素

在英國，某些機構、組織、專業和個人快速地向參與和培力靠攏，欣然接受它們作為工作人員、服務使用者和照顧者的目標，由此導致一個諷刺的可能結果是，少有人注意到要對此進行評鑑，以了解這種態度與趨勢對於社會照顧服務與社會工作服務的品質究竟產生什麼樣的影響。根據 Carr（2004a, p. vi）的觀察：

> 我們是具備了一些有關參與技巧的知識，但對於使用者導向的實質改變過程與之間的關係，卻很少或根本沒有予以檢討。這並不是說，某些參與的率先行動無助於服務的改善，而是說，這些改變未被監督與評鑑。

從研究顯示的證據來看，在試圖讓服務使用者致力於比較有意義的參與的作法上，什麼才是最有效的方法？Carr（2004a）針對六篇相關研究的文獻進行回顧，這些文獻探討主要服務領域中的參與（Barnes et al., 2003; Crawford et al., 2003; Danso et al., 2003; Janzon & Law, 2003; Rose et al., 2003; Williams, 2003）。這些文獻的結論被摘要成表 2.5 中的內容。

針對服務使用者的參與所進行的評鑑，經常聚焦在蒐集他們對參與過程的看法，而未曾關注他們的參與是否造成什麼影響（Carr, 2004b, p. 24）。有一份也是針對照顧者參與的研究論文（Roulstone et al., 2006）指出一些指標，說明參與在哪些面向上有作用，而在哪些方面則作用不大，摘要如表 2.6。

我們在以下所做的摘述，是妨礙服務使用者與照顧者有更高參與與培力的最重要障礙。

表 2.5 服務使用者的參與所產生的作用

作用的面向	研究發現（摘述自 Carr, 2004a）
方法而非目的	參與應該被當作方法來使用，其目的在於培力民眾；參與本身並不是目的（p. 9）
改善服務	人們想要從參與中改善他們自己的服務供給（p. 9）
回饋	人們想要回饋，也需要獲得回饋，以了解他們的參與正如何對服務產生影響。缺乏回饋的參與可能產生反培力的結果（p. 9）
改變機構文化	組織與機構的文化以及專業的實踐有必要做重要的改變，以便使人們的參與能對服務產生改變與改善的結果（pp. 14-7）
多樣性	與屬性殊異的服務使用者和照顧者共事時，應該特別注意（pp. 14-7）
鮮為人知者	參與行動特別應該讓「難以觸及」的民眾或「鮮為人知者」來發起（pp. 18-22）

表 2.6 照顧者參與作用的面向

面向	研究發現（摘述自 Roulstone et al., 2006）
概念不清楚	對於好的實務或照顧者參與的構成條件缺乏明確的定義
諮詢而非參與	現有的趨勢是諮詢照顧者，而不是培力他們，讓他們參與
缺乏支持性的服務	像喘息照顧這種能使照顧者有空參與的資源稍嫌不足，無法滿足照顧者的期待
被排除而鮮為人知的照顧者	那些隱藏性或被邊緣化的照顧者，比較難以被識別出來，而無法使他們有能力參與
組織的文化	組織不將照顧者視為「核心工作」；組織的文化與資助傾向不利於與照顧者共事的夥伴關係
預算有限	照顧者與專業工作者都抱怨，缺乏資源是參與的障礙

結構性的權力失衡

儘管在英國，在健康與社會服務領域中，服務使用者和照顧者的參與趨勢愈來愈強，有些實務從業人員仍然不願意採取積極的行動，以免讓自己失去對服務使用者的影響力，探討精神衛生服務使用者對其所接受服務看法的研究，以實例說明這樣的現象（Rogers et al., 1993）。這本研究論文集的編著者推斷，「法定規則的最大侷限就在於，它無能打破那種存在於專業人員和患者之間結構性的權力失衡」（Rogers et al., 1993, p. 172）。在對照中，專業人員是一群被集結在一起的利益群體，不斷被建制到他們相對強勢的位置中，而大部分的服務使用者卻是被安置在不同的地點，處於分散的處境。也就是說，他們要能找出一個共通的路徑、一個共同的方法去和實務從業人員進行協商，這樣的機會是相對稀少的。各個人民團體多久才聚會一次，以比較他們到相同的門診診所、家庭醫師診療室就診，或到社會服務辦公室探訪時的經驗？除非是屬於某個團體、組織或網絡的成員，否則每一個服務使用者和照顧者多半都傾向於各自努力，與其他人沒有什麼聯繫。人們之間的分裂常常是因為各自在地方信念和習慣上的分歧，以及競爭、為瑣事爭吵而發生（Robinson & Henry, 1977, p. 130）。

對照顧者和服務使用者歧視的差別待遇

Carr 對於在健康和社會照顧中主要領域的參與所進行的相關研究，做了全面的批判性回顧，他論斷，「選擇作為一個個別的『福利消費者』，仍然只有少數人做得到，尤其是如果你出身黑人或少數族裔，或者是女同志或男同志，就更是難上加難。」（Carr, 2004a, p. 10）「服務使用者與專業人員之間的權力落差與動力關係」（Carr,

2004a, p. 14），仍然是想要透過提高參與來培力民眾的主要障礙。具體地說，「具有排他性的結構、制度的慣性操作與態度，仍然衝擊著服務使用者之影響力所能改變的程度。這似乎意味著，在建制完成的主流結構內、在正式的諮詢機制中、在傳統的意識型態裡，權力共享是困難的。」（Carr, 2004a, p. 14）

專業人員與組織抵制培力的形式

實務從業人員對培力的抵制形式大概有三種（表 2.7）：強調以當事人為中心的重要性；實務從業人員作為服務提供者的角色可能退場；或者，自助或使用者導向的活動可能只剩下非此即彼的選擇。

表 2.7　抵制培力的三種形式

抵制的性質	特徵
強化以當事人為中心的焦點	個別化 忽略脈絡
讓實務從業人員退場	成本刪減 服務縮水
非此即彼	退卻 潰退

◌ 強化以當事人為中心的焦點

在健康領域中已經注意到，大部分的自助團體或使用者導向團體對於健康和疾病所持的觀點，與比較傳統的助人者沒什麼兩樣，但這顯然不利於各種助人服務和活動的品質（Robinson & Henry, 1977, p. 126）。在 Robinson 與 Henry 所做的研究調查當中發現，助人活動的焦點著重在協助有問題的個別的人，而不是聚焦在從他們的生活處境中所透顯出來的更廣大的結構性特徵，例如無家可歸、居住空間狹窄

擁擠、孤單、壓力等等。藉由滿足立即性的需求，哄騙人們、讓他們相信在地行動就可以解決他們的問題，轉移人們的行動，使他們不再追求他們理當享有之可能服務，在這種情況下，自助或使用者導向的活動真的是會讓人們明確說出他們希望能減輕的健康問題所在（Robinson & Henry, 1977, p. 126），但是，這卻成了政府官員和相關機構怠忽人們應得之權益與服務的託辭。

✪ 實務從業人員可能退場

在有給職的社會工作員和照顧者之間，以一種共事的夥伴關係來進行合作，原則上是能被欣然接受的，例如：法定的服務與志願性服務的交織合作。但是，必須小心謹慎的是，使用者的參與不應該被看做是讓法定服務得以縮水、成本得以刪減的一種手段（Darvill & Munday, 1984, p. 5）。有給職的工作員及服務使用者和照顧者，雙方對於服務所做的貢獻雖然有別，但任何一方都可能豐富化另一方的想法，提高彼此貢獻的價值。

✪ 非此即彼

自助活動或使用者導向活動的基本原理似乎意味著，對現存的服務和支撐這些服務的相關組織與網絡的除魅（disenchantment）程度愈高，自助活動或使用者導向的活動就愈能蓬勃發展。但現實狀況不僅止於此，自助活動或使用者導向活動可能被注入有別於權宜變通主義之性質、但卻經常與之相關的東西，或甚至是反專業主義。這並不是在否定說，許多實務從業人員自己可能會認可、協助、鼓勵、參與，或甚至是去激發使用者導向的活動，但有時候，由服務使用者所發起的行動──像在一九九○年代的英國，為促進身障者權益立法的運動，心手相連地一齊對抗個人主義的、私有化的、競爭性的社會環

境，因為這樣的社會環境弱化人們的權能，而不讓人們擁有影響力，將適當的資源分配給自己所選擇、所需要的服務。一般而言，活動本身愈是扎根於名副其實的培力，這樣的活動與專業工作者們的連結就似乎更脆弱，也更具有潛在的衝突性。

專業人員與組織的腐化

社會工作員與服務使用者和照顧者之間的關係，很容易在三種腐化趨勢下受到破壞，這三種腐化趨勢分別是：剝削服務使用者、服務使用者的專業化、專業人員的帝國主義（這涉及實務從業人員對服務使用者版圖的侵占與接管）（表 2.8）。緊接著，我們就來討論這三種腐化的趨勢。

表 2.8　培力腐化的三種形式

腐化的性質	特徵
剝削	剝削民眾 「利用」代理人的代表性 門面象徵主義的諮詢
專業化	被收編為專業者的新成員 徵募服務使用者與照顧者
專業帝國主義	擴展組織 侵占與接收服務使用者與照顧者的種種主張

對非實務從業人員的剝削

目前存在著一種風險，認為服務使用者和照顧者只不過是另一種志工，只是資源配置不足之服務的後盾，例如，社區照顧中對親屬的非正規居家照顧；簡言之，他們可能被當作添增的志工一般對待。整體而言，在英國，與社會工作員共事的志工，一直在扶助服務與實際

服務中扮演主要的角色;另一方面,他們在保護管束的服務中也投入扶助與諮商的工作(Holme & Maizels, 1978, p. 88)。在紐約,運用未經訓練的非實務從業人員在精神衛生領域中作助手,協助發揮心理急救的功能,並且在社區健康議題中扮演介入的角色。因此,助手可能改善服務輸送,並且有助於增進比較傳統的工作人員對於精神衛生問題的了解。有人認為,除了提供直接服務、社區行動以及社區教育之外,助手也可能擔任社會規劃者的角色(Hallowitz & Riessman, 1967)。

　　運用非實務從業人員,不可等閒視之。在上述的紐約經驗中,有些助手擔心被剝削,並且覺得自己對於像例行性紀錄這種基本的技巧,和專業人員比較起來,顯得無知。這些助手仍然無法逃脫作為專業人員之手下、重要性次於專業人員,並且需要仰賴專業人員的現實處境。Knight 與 Hayes 借助於有限但有促進作用的研究,提倡運用非實務從業人員或未經訓練的工作員:

> 　　非專業或未經訓練的工作員具有一些更勝於專業人員的優勢。他們就生活在同樣的鄰里關係當中,不需要通勤,並且擁有生活其中才可能產生的在地知識。他們與他們試圖協助的民眾有著同樣的社會階級,他們沒有狹義上的專業角色;並且,他們給得出友誼,而不只是服務。他們對當地人比較不會造成威脅,因為他們不帶有掌控或權力的成分,不會被當作國家的同路人,沒有那些在正式社會工作機構中的工作員所背負的包袱。(Knight & Hayes, 1981, p. 96)

　　他們承認,未經訓練的工作員的確有可能負擔太多的工作,並且有耗竭的風險,但可以藉由適當的專業支持來緩解。

服務使用者的專業化

自助的活動或使用者導向的活動，容易在不知不覺中逐漸傾向於參與者專業化的過程。從參與的成員實現對自己難題的掌控這一點來看，他們可以因此取得獨立於實務從業人員執業的自主位置，來經營自己生活的各個方面。但是根據已經觀察到的現象，許多健康照護團體無法將這樣的機會轉變成他們的資本，他們並未設法讓他們所擁有的權力意涵具體展現出來。結果是，團體成員幫助自己的方式和內容，與實務從業人員所提供的協助沒有太大不同。唯一的差別是，他們提供協助給自己（Robinson & Henry, 1977, p. 129）。

實務從業人員的專業帝國主義

對自助活動或使用者導向活動最大的威脅，是被專業的運作所接收。只要某個原本有力量克服市場影響的團體在成功競爭者的衝擊下軟化，接收就有可能發生。自助活動或使用者導向活動變得愈有效，他們被實務從業人員吸收成為新的專業成員的風險就愈高。在諸多領域自封為專家的人、媒體名人、研究者、作家以及實務從業人員不時出現，他們騎在使用者的背上，讓使用者為他們抬轎。然而，在實務從業人員開始接收，並且弱化其他人對於自己能夠打破各種侷限與培力自己的信心之前，他們在自助或使用者導向的辛苦耕耘活動上所能給予的協助，其實非常有限。

然而，儘管有這些風險，我們仍有樂觀的理由，特別是在更具復原力的自助活動或使用者導向活動的案例上所看見的曙光。Marie-skind（1984, pp. 31-2）對婦女團體的觀察，或許與我們的論題有比較大的關聯：

儘管容易遭受專業收編之害，自助團體仍然是一個非常寶貴的概念，它不只是針對個別婦女之需求予以個別化的解決——雖然單單這一點就足以構成支持其存在的理由；自助團體是藉以引發集體思考、集體行動以及基變性社會改變的工具。

　　實務從業人員與服務使用者之間通力合作的收穫，也許會被潛在的威脅所抵消。我們使用**通力合作**（collaboration）一詞，來指涉人們一起工作並且共享權力與共同決策的處境。透過這個過程，服務使用者可能從專業的協助獲得依靠、支持和資源，但也可能因此賠掉獨立自主性。Kleiman 等人（1976）記錄使用者與實務從業人員之間夥伴關係的一些危險，他們檢討了美國癌症協會（American Cancer Society）的方案，結果顯示，專業人員傾向於批評助人者缺乏輔導技巧，而志工們自己也沒有動機和魄力來掌管方案的運作。

結　論

　　本章已經介紹了參與這個概念，我們所獲得的發現足夠讓我們明白，要擴大使用服務的民眾和照顧者的參與程度，必須留意諸多相關修辭之間的關係。然而，根據研究顯示，民眾參與並不會在沒有深思熟慮的培力方法取徑的情況下孤立地發生，思慮周延的培力方法取徑會廣泛顧及人們的各種境況與經驗。設定人們可以藉以參與的種種機制是不適當的作法，那無法滿足人們生活處境的個別差異，而是要連結思慮周詳的參與策略，更廣泛地投身於機構工作與組織工作。

　　我們會在第三章針對培力和參與的不同觀點進行全面的考察，針對與這些不同見解相關的各個方面進行探究，並且建構一個區別不同

實踐範域的培力架構。在第四章到第八章的內容中，我們會分別針對此培力架構的這些不同範域進行討論，檢視它們與社會工作實務的關聯性。

ஐ 作業練習 ஐ

◆ 練習一

你在社會工作中提到「參與」時，你的意思是什麼？請說明之。

◆ 練習二

盡可能列出你所想得到在實踐上的參與式活動，愈多愈好。

◆ 練習三

在社會工作中，對落實參與造成主要障礙的因素有哪些？請列出你的看法。

延伸閱讀

Barnes, M. and Warren, L. (eds) (1999) *Paths to Empowerment*, Bristol, Policy Press. A useful discussion of aspects of empowerment.

Beresford, P. and Croft, S. (2001) 'Service Users' Knowledges and the Social Construction of Social Work', *Journal of Social Work*, **1**(3): 295–316. A relevant examination of theoretical aspects of service user participation.

Burke, B. and Dalrymple, J. (2002) 'Intervention and Empowerment', in R. Adams, L. Dominelli and M. Payne (eds) *Critical Practice in Social Work*, Basingstoke, Palgrave Macmillan, pp. 55–62. Covers aspects of empowerment in social work.

Burns, D., Williams, C.C. and Windebank, J. (2004) *Community Self-help*, Basingstoke, Palgrave Macmillan. A study of the practice of community self-help containing three useful chapters (1, 2 and 3) discussing the relationship between self-help, mutual aid and empowerment.

Carr, S. (2004a) *Has Service User Participation Made a Difference to Social Care Services?*, position paper 3, London SCIE. A critical review of the literature on participation by service users.

Haslar, F. (2003) *Users at the Heart: User Participation in the Governance and Operations of Social Care Regulatory Bodies*, report No. 5, London, SCIE. A useful study of user participation in social care.

Kemshall, H. and Littlechild, R. (eds) (2000) *User Involvement and Participation in Social Care: Research Informing Practice*, London, Jessica Kingsley. A relevant collection of chapters on aspects of participation by people who use services.

Slocum, R., Wichhart, L., Rocheleau, D. and Thomas-Slayter, B. (eds) (1995) *Power, Process and Participation: Tools for Change*, London, Intermediate Technology Publications. A practical book on participation in diverse settings, with Chapters 1, 2 and 3 examining aspects of participation, empowerment and development.

Thomas, N. (2000) *Children, Family and the State: Decision-making and Child Participation*, Bristol, Policy Press. A thought-provoking study of theories and practice of children's involvement, or not, in decision-making.

CHAPTER 3

培力架構

在與一個照顧者與服務使用者團體在大學經過幾個月幾次的諮詢之後，我們看起來好像一個緊密連結的團體，一起投入工作，但接著，我們在團體內部遭遇到困難。我們開過幾次緊張的會議，也通過幾次信，經歷了一段特別難熬的自我檢討期。我們必須接受這樣的現實：對於健康服務和社會服務，我們並不是一個在觀點上有著共同基礎、只是看法偶爾不同的同質性團隊。儘管我們有些共同的目標，但我們壓根就是兩個團體：一方受雇於大學，一方是照顧者／服務使用者，雙方之間結構性的權力差異，讓彼此大部分時間在修補這種分裂，以求合作順利。表面上看起來，可能無法從我們的作為分辨出雙方觀點的不同，我只是要表明，從我的「衝突」觀點來看，我們潛在的根本利益是衝突而不是一致的。這種至關重要的區別，促成本章在第二部分所展開的培力社會工作的理論性觀點。

引 言

我們在第一章發現，培力的概念根源於兩個傳統的混合：互助和自助，以及各種運動：較近期的解放、人權以及社會行動者運動；而培力概念的這些構成要素，也成為豐富社會工作的養分。當然，一體適用地提供一切，結果可能是無法滿足任何人。自從一九六〇年代以來，培力的概念、取徑與實踐就開始有跨越國界的發展趨勢，其觀念分享的過程，由於網際網路傳播的普及，更在一九九〇年代中期加速進行。本章針對不同的理論和取向進行簡明的考察與概述，並且對培力的實踐建構一套架構，以便討論培力運用在不同層面和環境（在本章中稱為不同的範域，以避免高低之別）的差異性。接著，我們就開始簡單扼要地考察與概述目前社會工作對培力理論化的主要趨勢。

理論與模式

英國的培力實踐受到不同洲陸的理論與方法取徑的強烈影響，尤其是北美洲與南美洲大陸（表 3.1），我們討論如下。

黑人培力：起源於美國

在社會工作培力中最具影響力的早期發展，是來自於美國的相關著作與實踐，例如：在美國黑人培力與公民權運動領域中 Barbara Solomon（1976, 1986）的作品。一九六〇年代晚期經歷了美國的公民權運動與黑人權力運動、反越戰的學生示威遊行，以及蔓延到西歐的一些國家，尤其像英國、法國和德國，那些訴求更廣泛的示威活動。Solomon 對於培力如何發生作用的概念化，已經做出後人難以超越的

表 3.1 培力和參與的理論與實踐的貢獻者

參與式民主	Follett, 1918, 1924
黑人培力:美國	Solomon, 1976, 1986
提高批判意識:南美	Freire, 1972, 1973, 1990; Illich, 1975
身障者運動	Morris, 1993, 1997
消費者權利	Dempsey Garland, 一九六六年美國式消費者協會（US version of Consumers Association）創立者;Hilton, 2003; Hilton et al., 2006
婦女自助	Marieskind, 1984
倡導	Brandon 1988; Brandon & Brandon, 2001
學生參與和抗爭	Adams, 1991
使用者參與	Beresford & Croft, 1993
受刑人人權	Scraton et al., 1991; Adams, 1992
女性主義婦女治療	Krzowski & Land, 1988
婦女心理衛生	Nairne & Smith, 1984; Women in MIND, 1986
反精神病學	Sedgwick, 1982
基變理論	Agel, 1971; Steiner, 1974
康復者運動	Survivors Speak Out, 1988
新典範研究	Reason, 1994; Reason & Rowan, 1981
參與式研究	Marsden & Oakley, 1990
參與式鄉村評估	Chambers, 1997
整合	Mullender & Ward, 1991; Lee, 2001; Rees, 1991; Labonte, 1993; Rissel, 1994; Cutler, 2002; Tibbitts, 2002; Saleeby, 2005

有力、清晰的定義:培力活動的目的在於,降低身為污名化團體之一員而產生的無力狀態。培力要藉由找出造成此問題的直接與間接的權力障礙,來實現這樣的目標。個體必須取得資源、善用資源,以達成

個體的目標,而團體與社群必須實現集體目標。直接的障礙因素包括:缺乏經費與政治性的支持;間接的障礙因素包括:個人的資源以及團體成員的人際技巧未能受到充分的發展。還有其他因素,例如:來自於大社會的污名化所產生的權力封鎖,使得地方的社區無法發展出諸如學校、社區協會、公園以及公民社群等有力的資源(Solomon, 1976, pp. 20-1)。Solomon 指出,某些個體與團體由於受到一些負面評價極為強烈的影響,以致於他們相信這些評價的正確性與必然性而承受下來,因而無法對行使權力的任何可能性做努力。他們的無力狀態是「力量缺無」(power lack),而不是「力量中斷」(power failure)(Solomon, 1976, p. 21)。有些人擁有比較穩固的家庭或團體關係,他們受到種種負面評價的衝擊就會比較小,還能藉由各種個人、人際和技術性的資源實現各種目標。Solomon 指出,培力這個概念是具有「文化特定性的」(culture-specific),因為它假定主體有著「歸屬於某社會污名化範圍的經驗」(Solomon, 1976, p. 22)。她論斷,培力這個概念適用於「正受到系統性、制度性歧視無所不在之差別待遇限制」的任何個體、團體或社群的社會干預(Solomon, 1976, p. 21)。

Solomon 的著作有兩個優點:將理論付諸實踐,以及將個別的污名化或制度性歧視的負面經驗,轉化成占取權力的正面社會行動。

提高批判意識與培力:南美洲

Paulo Freire 的著作(1972, 1973, 1990)是許多解放主義取徑和參與式取徑朝培力目標邁進的入門起點,尤其在社區工作(第八章)與協同研究(第九章)這兩個領域更是如此。值得注意的是,雖然 Freire 的方法論發展自他對祖國巴西在一九三〇年代經濟大蕭條中受貧窮之苦的切近性了解,但是卻能如此輕易地跨越學科與概念的疆界,這主要歸功於他能綜合諸如沙特(Sartre)、弗洛姆(Fromm)、阿圖塞

（Althusser）、馬克思和毛澤東等理論家，以及像切‧格瓦拉（Che Guevara）和馬丁‧路德‧金恩（Martin Luther King）等社會政治運動家，在思想與行動上所做出的貢獻。我們可以從三個方面來看 Freire 在培力領域中的重要性：

1. 他提倡將民主作為教育民眾的方法，而不只是將民主當作構成整個教育的混合成分之一。

2. 他倡導師生關係之間的相互對等性（reciprocity），他主張，師者為學習者、學習者為師者（the teacher as learner and the learner as teacher）。西方國家在社會照顧與社會工作的政策和實踐上，尚未處理這種有關實務從業人員、照顧者和服務使用者之間界線模糊化的議題。

3. 他最廣為人知的概念「批判意識的醒覺」（conscientization），在許多領域中已被廣泛地引用與接受。他所創造的這個概念（來自葡萄牙語 *conscientizacao*，意即批判意識的增長或喚醒）強化了培力過程的理論性基礎，並且在個體培力與集體培力之間架起疏通雙方的橋引。

離開維也納和羅馬之後，又先後移居波多黎各與南美洲的 Ivan Illich（1926-2002），他不僅指出健康服務中的那些缺點，並且提出以消費者倡導與群眾組織來創造更健康的生活方式，以此作為改善對策（1975, pp. 166-7）。許多自由的學院式積極行動的產生，是來自於具有革新性和基變性的教育者的工作，雖然這些行動一度受到Freire 與 Illich 之鼓舞激發而促成，但最終都不進反退，因為他們讓一些重要的觀念被邊緣化為「另類選擇」，而不是成為主流的想法。

基變理論

有些來自傳統治療和由醫學主導的精神病治療的批判聲浪，是和

培力患者的基變性運動密切關聯（Sedgwick, 1982）。在一九七○年代初期，Claude Steiner（1974）曾經指出，發展自基變精神病學的集體基變治療（Radical Therapy Collective），開始對精神病學的主導性實踐提出挑戰。其主要目標是挑戰精神醫師作為強勢專業者的權威，但往後的十五年，精神衛生領域中廣泛的患者培力運動仍未取得重要進展，未能撼動精神醫師的專業權威。

馬克思主義批判

自從一九七○年代開始，社會理論家根據一些受馬克思主義影響的理論對社會現狀提出批評。學生抗爭運動、反貧窮示威遊行、公民權運動，以及部分與服務接收端的群眾行動主義重疊而同時發生的黑權自主行動（black power direct action）。例如：一九七○年代初期發生的受刑人權利運動以及連帶發生的監獄暴動，遍及美國、英國、北歐以及其他國家（Adams, 1994）。權力可能透過社會的文化與制度無形地展現其影響，以葛蘭西（Antonio Gramsci）所發展的馬克思主義理論為例，所謂的霸權，是統治階級在社會中得以支配一切的各種可見與不可見的形式。Gramsci（1971）描述霸權如何在較強勢者的支配下而牢固地存在著，其得以建立與維繫的微妙條件在於，人們對其合法性與權威基礎不加質疑。再者，屈從於霸權、受霸權壓迫的人們實際上似乎相信他們就是附屬的、被支配的這樣的事實。為了說明人們如何處於這種屈從的狀態，馬克思使用「意識型態」（ideology）這個概念來進行理解。意識型態的意思就是，一套讓整個意識型態體系得以建立的觀念與信念，意識型態讓人們相信，不管你是老人、身障者、弱勢者或精神患者，你的世界並非來自你的經驗、不是為了你的利益，以致於你可能甚至相信，這世界是誤置的。

女性主義理論

　　女性主義對於社會學理論由男性主導與性別失衡的狀況提出重要的挑戰，尤其是馬克思主義（Rowbotham et al., 1980），以及一些與抗爭和培力有關的主流理論和實踐。在英國 Greenham Common 發生的反核抗爭行動是具有象徵意義的婦女行動，並且讓許多人能夠學習到，以網絡串連和非陽剛之抵抗風格的婦女經驗（例如 Lowry, 1983）。婦女治療中心（Women's Therapy Centre）以工作坊和自助團體的形式，使婦女們有能力面對和處理沮喪、廣場恐懼症以及關係中的困難（Krzowski & Land, 1988）。精神受苦的婦女們形成了婦女心靈陣線聯盟（Women in MIND），成員團體包括像女受刑人資源中心（Women Prisoners Resource Centre）、李茲婦女輔導與治療服務（Leeds Women's Counselling and Therapy Service）、派克漢婦女團體（Peckham Women's Group）以及格拉斯果婦女網絡與支持方案（Glasgow Women's Network and Support Project），這些都讓婦女們能分享共通的經驗，並且開始掌控自己的健康狀況（Women in MIND, 1986）。這些由婦女所主動發起的積極行動關聯於女性主義的一些其他批判性觀點，這些觀點對社會工作具有根本性的意義，例如倫理與價值（Wise, 1995）、社區照顧（Orme, 2001）、反種族主義與反性別主義實踐（Dominelli, 2002）以及教育與訓練（Phillipson, 1992），這尤其證明，觀念培力的可能性不能與主流的理論化工作與實踐行動隔離開來。Carr（2003）指出，在進行研究和將研究理論化的時候，女性主義的觀點有助於將培力置於社會、歷史與政治的脈絡中。

發展的研究調查

　　一些發展的研究調查著作，針對許多與培力貧窮者和受排除之團

體有關的積極性行動和方案。Chambers（1997）及其同事，如Black-burn 與 Holland（Blackburn & Holland, 1998; Holland & Blackburn, 1998），就是在中間科技中心（Intermediate Technology Centre）負責將社會發展的參與式研究以及許多發展中國家的評估，進行建制化的工作。

服務使用者、受排除者以及被污名化者取向的觀點

自從一九六○年代開始，各種培力論述的理論性觀點不約而同地將倡導作為培力民眾的方法（Leadbetter, 2002）。已故的David Brandon（1995）雖然不是理論家，但部分因為自己在精神健康問題上的切身經驗，而成為精神衛生領域中務實的行動者，他分別出三種主要的倡導形式：倡導、自我倡導、公民倡導。自我倡導受到逐漸大眾化的運動影響，從社會服務的接收端蒐集人們的經驗（Mayer & Timms, 1970; Page & Clark, 1977）。他們寫出了受壓迫者的珍貴傳統，尤其是那些在歐美文獻中的受監禁者，這些人包括蘇格拉底（Socrates）、湯瑪斯·摩爾（Thomas More）、塞凡提斯（Cervantes）、但恩（Donne）、班揚（Bunyan）、狄福（Defoe）、伏爾泰（Voltaire）、奧斯卡·王爾德（Oscar Wilde）、傑克·倫敦（Jack London）、伯特蘭·羅素（Bertrand Russell）、索忍尼辛（Solzhenitsyn）、布蘭登·貝漢（Brendan Behan），以及隨後促成美國黑權運動的一些領袖人物，如麥爾坎（Malcolm X）（Franklin, 1978, p. 233）。這種尋找服務使用者、被排除者，或者如 Goffman（1963）所稱之「被放逐者」（the expelled）聲音的流行現象，根源於現象學（此哲學觀點認為，人會賦予其經驗以意義，並以這些意義來解釋人的現實，而使得現實具有可明確理解的定義）和存在主義（此哲學觀點認為，個人的經驗才是現實的可靠基礎，而不是立基於外在的、客

觀的科學描述與檢測），並且被反映在互動論的社會學理論中，為 Goffman（1963）以全控機構（total institution）定義收容所的研究奠定理論基礎。

培力理論及其實踐得益於以正義與權利為基礎的方法取徑，這種實力日益提高的方法取徑正是扎根於服務接收端的個體經驗。自從一九七〇年代初期開始，消費者保護運動就一直活躍於公共服務、健康服務和人群服務中，一些關懷被不公平、歧視或壓迫地對待的某些人的重要活動，也經常和培力有關。然而，必須強調的是，根除歧視的差別對待與壓迫要比解放的原則更重要，應該要追求如 Owusu-Bempah（2001, p. 48）所謂的「名副其實的培力」（genuine empowerment），也就是必須質疑、挑戰和克服社會中讓人們無法實現其潛力的結構性障礙，以這樣的原則來追求公平而無歧視之差別待遇的各種服務。

Peter Beresford 與 Suzy Croft 在英國過去二十年來的貢獻，一貫地致力於要讓針對人的社會服務的任何事項，都需要認真考慮到服務使用者的觀點和存在。Beresford 是一個長期的精神衛生服務的使用者，同時又是布魯內爾大學（Brunel University）社會政策的教授和公民參與中心的主任，他一直以來在社會照顧服務與社會工作服務中從事公民參與的運動工作，希望能獲得重要的進展。他和 Croft 一起探究培力的幾個模式，包括自助、解放、專業、管理主義和市場等模式，強調這些模式具有調控與解放的潛力（Croft & Beresford, 2000, p. 117）。從這樣的觀點來看，培力這個概念具有一種內在固有的政治性，權力、權力的擁有、權力的不平等，以及權力的取得與重新分配，是在這概念中的重要核心議題（Croft & Beresford, 2000, p. 117）。由於「培力」一詞涉及權力的轉變，並且強調要符合往往是被邊緣化與被壓迫之人們的需求和權利，因此，這個詞被用以指涉的

活動範圍，從服務使用者的諮詢到服務規劃的投入，全都涵蓋其中。Beresford 與 Croft 雖然認定，實務從業人員的論述與服務使用者的論述之間有著內在的固有差異性，但是他們仍樂觀地認為，服務使用者在社會工作的教育、研究、理論建構與實踐上的投入，似乎能有助於社會工作發展出一些方法，使其在實踐上變得比較具有包容性，讓社會工作能回復其核心價值（Beresford & Croft, 2001, pp. 295-316）。在 Beresford 與 Croft 專注地致力於成人參與的同時，包括青少年照顧者（Dearden & Becker, 2004）的青少年的權利（Franklin, 1986, 2001），也從一九六○年代的晚期開始受到愈來愈多的關注，尤其在西方國家特別是如此。Cutler（2002）設想一種整合的模式，例如西雅圖青少年投入網絡（Seattle Youth Involvement Networks），從不同的方案與積極行動之間的互動中不斷產生具有生產性的共同合作（producing synergies）。具體地說，這意味著一連串的知識轉移，包括如何發展領導技巧、增進學院績效、發展團體工作、提高自尊，以及發掘在地社區服務之道等。

各種培力的整合性取徑

有一些作者整合不同傳統中的理論，發展出一些方法取徑。Gutierrez 等人（2003）以實例說明在鉅視、中距、微觀（分別對應於社會、在地、人際）等三個層面上培力觀點的多樣性，也仔細檢視實務、研究、評鑑、政策和行政管理等各個方面。Lee 有關培力百科全書式著作的第二版（2001），其美國導向的社會工作培力取徑可作為加拿大和美國在這個領域中數量龐大文獻的索引。她在書中陳述說，培力是「社會工作的基石」，它有三個相互扣連在一起的向度：發展「更正向、更有力的自我感」；建構知識，以及「對自身所處環境的社會和政治現實複雜交織的網絡有比較多批判理解的能力」；建立

「實現個人目標與集體目標的資源與策略或比較具有功能性的能力」
（Lee, 2001, p. 34）。Mullender 與 Ward（1991）在他們的書中討論
過，使用者導向的團體工作如何將反壓迫與不歧視實踐的主題，和自
助與團體治療的傳統放在一起；Stevenson（1996, pp. 81-91）檢視與
老人有關的培力工作；Boushel 與 Farmer（1996, pp. 93-107）探討兒
童和家庭的培力工作；Burke 與 Cigno（2000, pp. 110-21）仔細地檢視
學習障礙兒童的培力工作。

　　Rees 開始確立了一種整合性的培力方法取徑，接合個人的面向
與政治的面向，但這並非新鮮事。Rappaport（1984）分別針對個人、
團體與社區三個層面，提出與培力有關的構想（Lord & Hutchison,
1993, p. 4）。由 Rees（1991, p. 10）所理論化的培力方法取徑，將培
力視為一種由五個基本概念所構成的政治性活動：運用人們的自傳；
發展人們對權力行使的能力；培養政治性的理解；在評估、行政管
理、溝通協調與倡導等方面部署必要的相關技巧；體認政策與實踐之
間相互依賴的關係。Labonte（1993）設想了五種相當重要的培力活
動，其範圍有部分重疊，也可能涉及各不相同的實務從業人員：個人
照顧、小型的團體工作、社區組織、建立聯盟，以及倡導與政治性行
動。Rissel（1994）試圖進行一種類似的工作，但更清楚地指出，社
區領域感屬於心理的培力範圍，而心理的培力範圍又落於社群培力的
更大範圍中。因此，透過團體工作發展出社區感，引發更重要、更有
力的個體層面的心理培力，最後合併到社群培力與集體行動之中。
Rissel 從某種健康培力的不足中設想出一種連續進程，其進展過程經
歷個人的發展、相互支持的團體、識別議題、參與組織與集體的政治
社會行動，最後導向取得資源的管控權。

　　Cutler（2002, p. 57）針對盛行於美國的青少年發展的培力模式，
以及比較常見於英國的權利模式（rights-based model），區分兩者之

間的差別。青少年發展模式的目的在於藉由相關知識與技巧的養成來培力青少年，使其有能力對成人經營的組織貢獻一己之力。盛行於北歐的權利模式著重於改變組織，好讓這些組織能傾聽青少年所給出的想法。Tibbitts（2002）討論三種人權教育的不同模式，依其目標鎖定的對象群而異：價值與意識模式（values and awareness model），目標鎖定在大眾意識的醒覺；責信模式（accountability model），目標在於提高專業人員對其責任的警覺度；轉化模式（transformational model），提高人權意識、消除對人權的傷害，達到培力個體的目標。許多這些積極性的行動都與優勢觀點（strengths-based perspective）有關（Saleeby, 2005），取決於投入其中的民眾是否透過所謂個人自身的「能力培育」（第四章）與社區能力培育（第八章），發展出知識、資源與技能。

　　雖然它們並不是明確的理論性陳述，但有些提倡參與性實踐之發展的處遇計畫參照的是有理論基礎的培力觀點。例如，Kirby 等人（2003a）所完成的研究，針對包含各種組織的樣本進行案例研究，分析兒童與青少年如何投入決策之中。報告結果顯示，從一些參與式積極行動的發展經驗中，可以學習到一些有建設性的課題。這幾位相同的作者（Kirby et al., 2003b）還從研究中發展出一本可用於實務工作的操作手冊，為實務工作摘述學習課程。雖然Pasteur（2001）的著作寫的是有關開發中國家的社會發展，但書中很多有關改變組織文化以提高參與度的建議也適用於已開發國家。

　　我們可以從這一節針對培力理論及其方法取徑的精簡而全面的考察中，做出以下四個結論：

1. 我們無法為各種特定的環境提供具有普遍一致性的培力概念與模式，及其方法取徑。培力理論與模式的變化愈來愈多，這意味著對於相關概念還沒有單一的定義，在實務操作上也還沒有

看法一致、統一的方法取徑。

2. 各式各樣橫跨各種人群服務的培力理論與實踐，特別是在健康和社會照顧領域中，少有可接合在一起的圖像。

3. 在文獻中有一種普遍的假定：培力是「好的」，人們可以從中盡可能地受益，這也就意味著，我們不需要針對培力提問；但是，為什麼是這樣？事實上，有些重要的團體，包括健康社會照顧相關機構的雇主們，對於不加區別地放棄自己的權力而轉讓給照顧者和服務使用者，他們可是興趣缺缺。

4. 在以個體與團體為基礎的社會工作裡有著適度的參與和培力的情況，對於工作的方法、核對清單、程序以及先後順序有非常高的興趣與需求，大家希望這樣做會自動讓那些正處於被排除處境的人、照顧者或服務使用者，能獲得更大的培力和／或參與。

在更進一步討論之前，我們還有一個更難解的問題必須討論，那就是有關權力的概念，它是培力的中心要點。

權力與培力的問題

雖然文獻中已指出許多所謂的培力積極行動的失敗，但卻很少關注權力本身的性質（Hardy & Leiba-O'Sullivan, 1998）。無力（power-lessness）是了解權能弱化者處境的最重要切入點，社會工作員需要一種架構，使其能了解在與人們共事中與權力和無力有關的議題。

權力概念的「陽剛性」

我們提出以下觀點來說明權力被概念化的方式：

1. 在社會科學中討論權力的作者，已經針對權力發展出不同的理

論性觀點。

2. 他們似乎有著共同的假設,那就是,權力不平等地被分配於社會的不同地方,而在理想的世界裡,權力分配的狀況應該更平等。

3. 已經被詳盡描述與分析的是對於權力的行使,而不是人們還有什麼其他另類的選擇方式,以獲得生活和工作的滿足。

馬克思主義者的理論家和實踐家都是培力受壓迫者的倡導者,他們都把社會階級之間的鬥爭以及推翻暴虐的資本家視為歷史的必然。這些觀念的陽剛性明顯地強調著物理性的衝突,但假如本書所討論的培力也只是以這樣的方式來理解權力,從培力的策略與戰術的整個多樣性來看,這本書的廣度和深度就顯得不夠。所以,我們必須提防一種狹隘的培力概念,以避免不斷強化普遍根植於一般陽剛性的社會學知識中,特別是馬克思主義,強調權力的集中性(Adams, 1991, 1992, 1994, pp. 235-6)。我在對學校學生抗爭行動的研究中發現,兒童和青少年抗爭行動的所有方式都不是以物理性的方式挑戰學校教職員,而是脫離於物理性的狹隘偏限範圍之外(Adams, 1991, pp. 177-8)。此外,我也在分析受刑人的抗爭歷史中發現,當行動者們正在組織大規模的運動,帶動起不同監獄同時精心安排的暴動時,還有許多受刑人以其他非暴力的方式進行集體的抗爭。我們可以運用這些分析來「解構」(拆解)馬克思主義分析的普遍假定,並且予以超越;Rutherford(1990)所謂「文化的差異政治」(cultural politics of difference),可以被當作這種解構的一種結果。這把受刑人的多樣性以及監禁的相關議題列入刑罰論述有待討論的諸事項當中,讓我們有機會超越與轉化英國和美國監獄體系中科層、尚武、大男子氣概、壓迫與暴力等主導性價值,並以這種超越與轉化的方式來回應這些暴動。這意味著,對於支配性觀點的批判與挑戰方式不只是在比誰有力,而是

像 Rutherford 所做的那樣，指認出我們自身的他者性（otherness），繼而轉化主從關係與差別待遇的歧視關係（Rutherford, 1990, p. 26）。這告訴我們的是，培力可以用許多超乎無權力者和握有權力者之間對抗的方式來進行。Rutherford 的見解意味著，我們必須對各種培力概念的整體化架構，以及建構培力實踐的全球架構的任何企圖，要保持距離，遲疑以對。此外，這些見解也奠定一個對於專業實踐的支配性知識的批判基礎，這個基礎具體展現在培力中比較屬於嘗試性和反壓迫的實踐架構裡，這會在下一小節中進一步討論，它也就是 Follett 所謂的與他人共同行使權力，而不是以權力支配他們（Morse, 2007）。

培力必須謹慎面對的各種權力觀

權力的性質是多面性的，「權力」一詞的意思是力量的強度或力量的影響，它具有以下各項說明中的正反兩面性：

- 權力可能在一個人內部被經驗為一種能力或動機因素，包括我們使用我們的素質與技能的種種方式，這代表一種個人資源的積累或各種個人資源的資本。
- 某一個人可能行使權力來支配另一個人，無論這種支配是正面形式的支持或保護，或是負面形式的高壓強制或虐待，其影響所及可能是身體、情緒或是心理的。
- 在不同人之間的權力分配可能是有所差別的，在一個團體內部，幾個人就可能藉由共同採取的行動來聚集與展現集體力量的影響。
- 權力可能採取預防措施的形式，以防止某些事情的發生。

我們可以用三個主要的理由來說明，為什麼培力的核心概念——力量，並不立即提供實務從業人員可以如何培力民眾的方法：

1. 我們無法在眾理論家對權力的定義中找到一種單一的觀點。在

培力的核心概念中，權力是一個棘手而引發疑慮的概念，它可以用不同的方式被概念化，不同的方式會決定權力的行使將如何出現。Lukes（1974）在他這本可算是社會科學中最精簡且最傑出的著作之一的書裡（實際的文本內容只有四十九頁），設定了三種權力觀：單一向度的權力觀著重在行為，忽略決策如何形成、如何被避免，也不重視政治脈絡中的偏向與操縱；二向度的權力觀考量這些偏向並試圖予以調控；三向度的權力觀運用社會學的觀點來分析一些錯綜複雜、微妙且經常是結構性的方式，以了解為何這些方式能讓某些人持續處於無力的狀態，就算千方百計鼓勵他們行使權力也難以改變。Hugman（1991, p. 35）提出一種源自於 Habermas（1977）的另類觀點，這種觀點認為，權力的行使是在於社會關係的構作之中，而社會關係是根據某種社會架構，在這種社會架構中，人的想法、興趣與議題被建構起來，也才能被覺察到。

2. 社會工作員並不是位於一個只是賦予人們權力的位置，因為社會工作員自己所行使的權力、職務和責任並不來自於他們自己，而是來自於提供他們實務工作基礎的法律和組織（Harris, 2002）。

3. 權力的概念化太常聚焦於它的社會面、結構面和組織面，而無法扣連個人如何被反培力或培力的分析（Servian, 1996）。前面提到的兩點可能讓實務從業人員感到無能為力，而我們以下要展開的建構主義對培力社會工作的觀點，可以讓實務從業人員對於改變一個人處境的結構性特徵如何被建構的方式，能夠抱持樂觀的態度。

當代培力領域中的理論家與行動者之所以能創造出這種豐富性，部分原因是由於沒有在概念及其實踐上進行有系統的綜合。在理論化

與實踐之間也存在著一些張力，前者相較之下相當貧乏，後者主要是指相互之間有所關聯但同時有所區別的一些行動者運動，這些運動的目標在於促進服務使用者和照顧者的權益，以及增進他們在健康服務與社會照顧服務中的參與度。培力的理論化之所以缺乏明確性與一致性的關鍵核心在於兩個難題：第一個難題是由權力觀的多樣性所引起的；而第二個難題則是，與培力概念相關的民眾都是在社會服務體系中，他們會認為自己正在經歷的難題與軟弱，是內在於他們的處境中固有的。

培力概念在實踐中的矛盾

我們也許能從三個主要方面來討論培力的概念：

1. 它描述一種絕對的狀態，也就是，讓一個人或一個團體涉入獲取權力的行動中。

2. 它與一種行動過程有所關聯，這過程預設了兩種情況：一種情況是行動之前相對的反培力，一種情況則是行動之後相對的培力。在這種情勢中，培力這個概念不是絕對的，而是相對的。

3. 培力涉及權力行使能力之移轉，這種移轉可能是從一個人到另一個人，或者是從一個團體到另一個團體。

對於那些現實生活中處於疾病、身障、年長、貧窮、失業和歧視等處境的人們來說，培力這個概念本身有一種固有的矛盾性。那麼，培力這個概念如何能克服這個主要的弔詭，能夠不只是歌頌力量與整體，而且還能肯定軟弱與分裂？

實務研討

Janet Price 寫到她在身障這段期間必須離開全職工作的經驗，懷疑培力這個概念是否適用於自己，因為：

> 由於過去這六年來身體疾病和不便於行的經驗，讓我失去了就業的資格。我那「破碎的身體」似乎將我排除在「權力」的範圍之外，實質上如此——我必須停止工作，因此，我的收入與我的身分地位也下降——理論上也如此。我感覺到，熱切地加入那些變成「培力的人」的行列，對我來說已不再有任何意義，因為在培力這個概念中隱含著權力是某種可以被取得與占有的東西的意義，而只有那些身體可能完整、穩定、健壯的人可以嚮往這樣的權力。（Price, 1996, p. 35）

評論

在某種程度上，培力難免承襲陽剛的、社會學的一些特質，這種派生自馬克思諸多剛強預言的觀點始終相信，終有一天，由男性主導的工人階級運動將會如何勝過壓迫他們的資本家雇主。Price 指出傅柯（Foucault）如何也使用男性的身體作為標準，「以男性來統攝所有的人性，取消人性的異質性」（Price, 1996, p. 44）。相反地，Price 率直地承認，她感覺到自己的主體性是破碎的、暫時性的、不穩定的，她的認同基礎變得多樣互異，因為它們並不關聯於某個固定的統一因素，而且彼此之間的界限也不同：

> 就自己身為身障的女子和女同志，我所給予的意義是不同的：就俱樂部而言，行動的困難讓我無法到許多地方參與活

動，即使我參加了，這些地方基於對美麗身體的膜拜與推崇，根本就不當我是「真正」的女同志；推著輪椅沿城逛街，我的性別被抹除，我的愛人被看成是我的「照顧者」；在「同志驕傲」（Pride）的遊行中，我的性別與身障似乎在遊行隊伍中整合了起來——一直到了車站，人群快速奔流的腳步擋住我前往公園參加派對的去路。（Price, 1996, p. 44）

為培力的社會工作發展一套架構

我們試圖尋找一個能考量到各種各樣社會工作觀點的架構，但是，內在於許多不同社會的多樣性中存在著諸多不平等，這些不平等讓某些人艱苦掙扎地活著，處於貧窮、弱勢、被排除的處境中；我們所試圖尋求的架構不能輕易接受這樣的事實，而社會工作的結構方法取徑（a structural approach to social work）正是秉持著這樣的立場。我們沒有辦法以太大的篇幅來詳細討論這個方法取徑，只能予以摘要介紹。精神衛生的康復者團體、身障行動者的運動，以及服務使用者團體和照顧者組織，他們的歷史見證了提供服務者與服務接收者之間在觀點上根本的衝突。Beresford 與 Croft（2001）曾經強調這樣的現實：專業人員與使用服務的民眾之間有著根本上不同的觀點與期待，這讓雙方各自生產出的使用者論述與實務從業人員論述有所分歧，也影響了社會工作建構的性質。

結構社會工作方法取徑對培力的貢獻

Carr（2004）對相關研究進行文獻探討後提出權威性的結論，他認為，結構性的障礙將人們排除，使人們無法在組織傳輸社會照顧服

務與社會工作服務方面有顯著的參與度和培力程度。任何想瓦解這種處境的策略都必須考量這些結構性的障礙。

讓我們回到本章一開始討論到的我的個人經驗。我在一個兩年計畫的工作團隊中擔任諮詢顧問，這個團隊的組成份子包括大學職員、照顧者與服務使用者，我觀察到雇主導向的組織和服務使用者導向的團體與組織有著根本不同的關切事項。從功能論的觀點來看，實務從業人員與服務使用者之間所關切的事項有著基本共識，只是受到表面上的差異所阻礙；從衝突論的觀點來看，工作人員和服務使用者之間所關切的事項存在著根本上的衝突，只有當彼此同意要一起合作時，才會偶爾出現暫時性的休兵狀態（圖 3.1）。因此，我們在社會工作中要採取的培力方法取徑，必須考量到那些能反映人們之間根本的利益衝突、而且造成無法充分培力和參與的結構性因素。

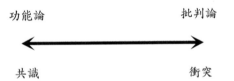

功能論　　　　　　　　　　　批判論

共識　　　　　　　　　　　　衝突

服務使用者、照顧者、服務　　　服務使用者、照顧者、服務
提供者、管理者和實務從業　　　提供者、管理者和實務從業
人員之間的利益，有著根本　　　人員之間的利益有著根本的
的一致性。　　　　　　　　　　巨大分歧。

圖 3.1　對培力的不同觀點

Gale Wood 與 Carol Tully 自從一九七○年代就開始發展的工作（Wood & Tully, 2006），就是採取一種結構方法取徑。他們的方法取徑根源於一種社會建構論的觀點，這種觀點有三個有助於培力的特色：

1. 它採取一種衝突導向的觀點來看社會，認為社會的撕裂不僅是因為多樣性與差異性，而且是因為權力、財富、機會與成就不平等的分配所造成。雖然有一些方面的分配與不平等被修補起來，使得有些分歧暫時獲得解決，但是就整體而言，大部分的社會過程比較是因為受到競爭以及人與人之間的衝突所驅使，而比較不是因為取得共識、看法一致而得以運轉。假如你還沒有念過社會學，那我們就需要稍微岔開一下主題。有關社會如何運作的理論，可分為兩個陣營：第一個陣營是系統觀點或功能論觀點，其認為不同人之間有著根本的共識，這並不是說人們之間沒有很大的差異，而是說，與那些意見一致的部分比起來，這些差異比較不重要；第二個陣營是衝突論的觀點，其認為人們是可以在某些事情上看法一致，但是就整體而言，衝突是更重要的。

2. 它是優勢觀點導向的，也就是說，它力圖培育人們的能力以取得權力。

3. 它根源於社會建構論的社會工作實踐理論，建構論認為，在我們周遭發生的一切現實，包括社會結構，都是社會建構的。這使得社會建構論成為一種根本上樂觀的觀點，因為周遭世界被認為不是由人們力有未逮的因素所決定，因而是可被挑戰的。雖然各種社會結構已經根深柢固、建構完備，並且結構與結構之間相互撐持，但這並不意味著它們不可被移動，既然它們是被社會建構的，它們就有被改變的可能。Wood 與 Tully 認為，社會建構論符合後現代主義，他們強調後現代主義的批判特點，也就是鼓勵大家去解構被視為理所當然的觀念、信仰和社會所建構的意義：

> 社會工作員不可能完全置身於其信念與既定的利益之
> 外，因此，社會工作員的立場總是需要有點妥協。沒有什麼
> 事情是政治中立的，或者是理論清白的，沒有。（Wood &
> Tully, 2006, p. 17）

認識社會建構論的觀點

社會建構論的見解自從 Berger 與 Luckman（1966）的著作問世
之後，就已經在一九六〇年代中期的社會科學中廣為人知。根據社會
建構論的觀點，社會性的概念與社會性的構想產物——例如社會工作
組織、收容機構，一直到服務的管理與傳輸，以及不同的社會工作取
徑與方法，對我們來說都是真實的，因為一切都關涉到在我們之間如
何建構它們，也就是如何理解與詮釋它們。這聽起來好像難以理解，
舉個例子就會比較清楚。我在兩年前遇到幾位幾十年沒見面的校友，
我們談到我們的家鄉，彼此交換了一些親切的趣聞，一直到我們之中
那位目前住在一個富裕之都的友人說到，他對我們家鄉的記憶全部都
是負面的，而且，他的童年都在恨不得快快遠離那個髒亂不堪的小鎮
的迫切渴望中度過。我們其他人對同一個家鄉所建構出來的圖像，和
他的完全不一致，我們之間的現實有所衝突。這並不是說我們之中有
誰對誰錯的問題，而是說，我們所建構出來的現實就是不一樣而有所
抵觸，而這正是權力與社會分化以及不平等出現之處，這也是為什麼
我們承認這樣的現實：人們的觀點之間存在著衝突。因此，我們將衝
突論的觀點與社會建構論的觀點並置運用。

社會建構的理解是在種種的社會脈絡中發生作用，在這些社會脈
絡中，有某些構想的產物具有支配性。例如，在一個私人的收容機構
中，處於反培力狀態的老人可能無法將機構想像成一個家，而冷漠的

管理者也許已經促使自己認為，機構就是被定位為讓相關業務的同行轉介個案提供安置的地方。這兩個群體都處在相同的空間之中，但是他們所建構起來的理解基本上彼此衝突。因此，培力的理論必須具有反身性，也就是要能回應實踐上的實際狀況——此即實踐建構的方式。

社會工作中的處遇典範與培力典範

我們在第一章就已經指出，培力的起源部分來自於自助與互助的兩個傳統，部分則來自於一九六〇年代史無前例的提高批判意識文化與抗爭文化。但是培力在社會工作中的特性代表一種典範的轉變，那是革命性的劇變（revolution），而不是逐漸變遷的演進（evolution），這一點可以在反壓迫論述中的培力典範獲得證明，它讓整個社會工作文獻有必要透過培力的概念來重新詮釋。培力所提供的是一個方法取徑或典範，而不只是對現有典範或方法修改後的變形。那麼，我們所說的「典範轉移」（paradigm shift）是什麼意思？Kuhn（1970）使用「典範」一詞來描述各種創新，這些創新「為某個研究領域中後繼代代的從業人員，明確地定義出具有正統性的問題與方法」。創新具有以下兩個必要的特點：

> 史無前例地吸引一個由擁護者所組成的持久性群體，使
> 之遠離對抗模式的……活動，（並且）開放地讓這個重新定
> 義的從業人員團體解決所有的問題。（Kuhn, 1970, p. 10）

雖然有些自然科學的批評會說，創新是弱點，但是從本書的觀點來看，在 Kuhn 有關改變如何在一個特定領域中發生的理論中，創新是一個優勢，一個典範的轉移不需要根據一項特別新的經驗性研究的

證據來使之成立。

　　培力典範的發展以及它在社會工作中許多不同領域的應用，都是同時正在發生的過程，由於一九九七年工黨執政的政府採納它們作為社會服務現代化議程的一部分，使其與英國健康服務和社會服務中的患者、照顧者和服務使用者不斷增加的各種投入與參與一樣，具有愈來愈高的重要性。

　　在一九六○和一九七○年代期間，治療典範（treatment paradigm）主導著社會工作，「處遇」一詞有時候（但不是不變的）意味著應用診斷與開立處方的醫療術語，即使撇開這種治療典範的特殊版本，社會工作普遍還是假定，專業人員最了解什麼對人們有益。但這真的很難說，因為就像我們在第一章看到的，自助的概念有其內在的矛盾性，但在一九七○和一九八○年代期間，自助與使用者導向的積極行動奠定基礎，在一九九○年代中期左右，培力典範逐漸奠定，那麼，有效的社會工作就變成是和人們共事（work with people）的結果，而不是將人們當作被動的對象在其身上幹活（work on people）的產物。

　　雖然這樣說多少涉入了人為的簡化，而無法反映實踐中錯綜複雜的圖像，但我們還是可以這麼說，社會工作從一九六○年代以來比較關注的是「案主」的處遇，而從一九八○年代後期以來，比較關注的是服務使用者的培力。時間的間隔形成對於這個轉移的意涵進行深度探索的阻礙。起源於女性主義、黑人解放、社會行動、社區工作與基變政治的理論與實踐——涉及個體、團體、組織和社區的培力，在一九七○和一九八○年代期間奠定基礎，並且到一九九○年代初左右達到成熟階段。評論者可能不同意前面所勾勒出來的這些轉移以及所有相關的細節，但案主治療典範與服務使用者培力典範之間的根本分歧，不應該因此就混淆在一起。

連結培力與實務發展的不同方式

　　培力可能以不同的方式連結著實務的發展，但這些方式之間並不互相排斥，而各有其分明的特色：著重夥伴關係的連續過程（O'Sullivan, 1994）；作為一種反思實踐的過程（after Schön, 1991）；作為一種有階段次第或相關聯的活動（after Arnstein, 1969; Hart, 1992; Rocha, 1997; Wilcox, 1994）；作為一種發生在一些向度、層面或環境中的過程（Rajani, 2001）；作為涉及一些參與途徑的種種過程（Shier, 2001）；作為一種致力於政治與政策的過程（Connor, 1988; Dorcey & British Columbia Round Table on the Environment and the Economy, 1994; Wiedemann & Femers, 1993）；作為一種提高批判意識的對話過程（after Freire, 1972）；或者，作為一種反壓迫實踐的一般方法（after Phillipson, 1992）。以下，我們就一一指出這些實務發展的主要特色。

夥伴關係：一個概念的多種樣貌

　　夥伴關係的概念與培力的概念有部分重疊，夥伴關係有許多形式，主要是看權力如何在夥伴之間分配而定。O'Sullivan（1994）提供橫軸劃分的幾種可能類型：這個分類差異序列，一端是由工作員完全主導，另一端則由服務使用者完全掌控，而在兩端之間有各種不同的組合，中間點則是涉及平等雙方的夥伴關係。夥伴共享權力的同時，受培力的人們自主地行事，但實際上有些人會將進入夥伴關係經驗成反培力。要問的是，在這個分類差異序列中的某些點上，是不是兩個立場之間發生概念斷裂或質性分歧的地方。O'Sullivan 主張，這類的分歧存在於夥伴關係與培力之間；夥伴關係實際上可能對夥伴中的某一方產生反培力的影響，但若用別的方法，就可能會有自主、培

力的可能性。

就某種意義而言，根據「本質正確」（essentially correct）的觀點武斷地表示意見，是在複製培力實踐經常在對抗的壓迫，事實上，許多豐富多樣的人類經驗可以被視為具有培力的性質。Bonhoeffer（1966）在死囚牢房中所書寫的解放意識，主要涉及精神或靈性上的培力，而非物質上的培力；馬克思的書寫則強調改變物質條件作為培力的先決條件；一個比較具有包容性的架構，可能涉及其中之一或同時兼具兩種。培力架構是兼容並蓄的，因此它並不受限於某個理論觀點或方法取徑。

作為反思實踐的培力

這所引用的是 Donald Schön（1991）的作品，涉及對實踐進行反思的嚴密方法取徑，並且在行動開展的同時，不斷重新形成工作的目標與方法。在與其他的人群服務專業相較之下，社會工作實踐的方法取徑被認為必須奠基在「在行動中反思」（reflection-in-action）的基礎上，而不像工程與法律等專業根據技術理性的方法取徑，後者的知識基礎比較確定，據以執行工作的技術也比較確立與清楚。

作為有階段次第活動的培力

Arnstein（1969）參考一種等級的形象化比喻，區分幾種工作員與社區成員之間的不同關係：就像階梯，從最低階最具掌控性或操控性的階段，漸次爬升到最高階的完全參與階段（表 3.2）。假如培力的概念應該回溯到一九六〇年代晚期，那麼，Arnstein 對於公民參與的分類，可能是從具體展現在每一個位置上的培力與反培力的程度來決定的。階梯的形象化比喻隱含地表達出一種價值判斷，那就是比較高的位置比較可取。

表 3.2　參與和培力：階段、模式與立場（第一部分）

Arnstein (1969) 參與的階段次第	Hart (1992) 參與的階段次第	Rocha (1997) 培力的模式	Wilcox (1994) 五種立場 （無等級之別）
		社區投入	
階段八： 公民控制式參與	階段八： 青少年與大人們共同決策	階段五： 政治的培力	支持獨立社群的利益
階段七： 授權式參與	階段七： 由青少年所發起與領導的積極行動		
階段六： 夥伴式參與	階段六： 由大人們發起的積極行動，在決策上則與青少年共同決策	階段四： 社會政治的培力	共同行動
門面象徵主義的程度			
階段五： 安撫式參與	階段五： 青少年是大人們諮詢與知會的對象	階段三： 調解式的培力	共同決策
階段四： 諮詢式參與	階段四： 大人們分派青少年擔任特別的任務，並且讓他們		
階段三： 知會式參與	知道自己如何被安排其中	階段二： 連結式的個體培力	諮詢

（續下頁）

Arnstein (1969) 參與的階段次第	Hart (1992) 參與的階段次第	Rocha (1997) 培力的模式	Wilcox (1994) 五種立場 （無等級之別）
非參與的階段	非參與的階段 階段三： 「門面象徵主義」——表面上青少年有發言的機會，但實際上對於他們如何參與，卻沒有太大的影響力		提供資訊
階段二： 治療式參與	階段二： 「裝飾」——青少年被利用來間接地拉抬一個方案或活動	階段一： 單子式（atomis-tic）的個體培力	
階段一： 操縱式參與	階段一： 「操縱」——為了利用青少年，大人們假裝非常重視某個理想目標	個體投入	

　　Hart（1992）將 Arnstein 的階梯形象化比喻連結到兒童的參與，他設想八個階段，最高階段表示最充分的參與，而最低的三個階段則是非參與性的（表 3.2）。對這八個階段的說明摘要如下：

- 階段八：青少年與大人們共同決策。
- 階段七：由青少年所發起與領導的積極行動。
- 階段六：由大人們發起的積極行動，在決策上則與青少年共同決策。
- 階段五：青少年是大人們諮詢與知會的對象。

- 階段四：大人們分派青少年擔任特別的任務，並且讓他們知道自己如何被安排其中。

- 階段三：「門面象徵主義」——表面上青少年有發言的機會，但實際上對於他們如何參與，卻沒有太大的影響力。

- 階段二：「裝飾」——青少年被利用來間接地拉抬一個方案或活動。

- 階段一：「操縱」——為了利用青少年，大人們假裝非常重視某個理想目標。

可以質問的是，在概念上，這些區分是否能像它們看起來那般純粹與分明。例如：Hart 將階段三打發為非參與性的性質，但事實上，他的描述還是承認象徵性的參與在定義上包含著參與的成分；另外，階段一也不是那麼不誠實地利用、操弄青少年，因為還是有取得青少年的同意。

Rocha（1997）將階梯比喻的階段數減少為五個階段，並且將它們視為在社區投入與個體投入之間的分類差異序列。在社區投入的層面，個人扮演政治性的角色；而在個體投入的層面，個人在不參照他人處境的情況下受到培力。Wilcox（1994, p. 4）吸取 Arnstein 階梯的概念，但將其階段數減少成他所謂的五種「立場」（stances）：提供資訊、諮詢、共同決策、共同行動，以及支持獨立社群的利益（表3.2）。他的主張是，這五種立場之間並沒有偏好的等級之別，每一種適用於不同的境況。

Connor 修正了公民參與的階序（表 3.3），著重在公民領袖如何能解決爭執，範圍從教育民眾提升到預防衝突。Connor 也明確指出一些社會大眾不同形式的參與方法，例如諮詢與協調。Wiedemann 與 Femers（1993）聚焦在大眾參與廢棄物處理與決策的不同層面，範圍從被知會的低度參與到最後決策的高度參與。Dorcey 與 British Columbia

表 3.3　參與和培力：階段、模式與立場（第二部分）

	Connor (1988)	Wiedemann 與 Femers (1993)	Dorcey 與 British Columbia Round Table on the Environment and the Economy (1994)
提高的 公民參與度 以及 提高的 公民掌控度	公民領袖 解決／預防 訴訟 協調 聯合計畫 一般大眾 諮詢 回饋 資訊 教育	大眾參與最後決策 大眾參與風險評估 與提出建議 大眾參與利益之定 義及議程之設定 大眾有反對的權利 大眾必須被知會 大眾有知的權利	持續進行的參與 尋求共識 尋求建議 對回應進行諮商輔導 蒐集資訊 教育民眾

資料來源：摘自 Schlossberg 與 Shuford（2005, p. 17）。

Round Table on the Environment and the Economy（1994）則著重在規劃的過程，並且提出一種具有彈性的參與等級，承認某些情況在一開始有很高的大眾參與度，但有些情況卻不然，這有助於提醒我們，不同形式的參與可能適用於不同的境況，要看任務與背景環境而定。

Rajani（2001）提出一個兒童參與的模式（圖 3.2），此模式主張，有四個彼此相關又同時分離的構成要素，有助於透過參與來達到培力的目標：

1. 地理環境。

2. 組織結構（Rajani 稱此為制度性的背景）。

3. 個人扮演的角色。

4. 參與的層面。

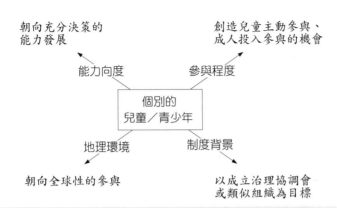

圖 3.2 參與和培力：階段、模式與立場（第三部分）

資料來源：簡化自 Jackson（2004, p. 8）的圖表。

　　這讓我們能夠釐清哪些境況的結構可能是具有參與性的，但是，在由他人來照料此參與的同時，個體有可能扮演被動、非培力的角色。

　　Shier（2001）確立了一個模式，此模式連結五種程度的兒童與青少年參與（表 3.4），其特色在於以學校為焦點：

1. 傾聽兒童的聲音。

2. 支持兒童。

3. 考慮兒童的觀點。

4. 讓兒童投入決策。

5. 兒童分享權力與決策。

　　Shier 為那些投入此過程的參與者提供了幾個要去回應的問題，這幾個問題連結著五個程度（表 3.4）。

　　有些評論者對於參與和培力的向度與過程有著特殊觀點。Wilcox（1994, p. 8）提供一種特別有用和一目了然的看法，他認為，參與是一個一體三向度的概念（圖 3.3）：參與者的參與程度與立場，或目的；參與到什麼階段，或過程；誰是當事人，或參與的民眾。根據

Wilcox（1994, p. 16），參與的培力過程涉及起始、準備、參與以及維繫（表 3.5）。

表 3.4　參與和培力：階段、模式與立場（第四部分）

參與的程度	從程度一到程度五的各級提問
5. 負起決策的權力與責任	大人們是否已經準備好要和兒童與青少年共享權力？
4. 投入決策的過程	大人們是否已經準備好要讓兒童與青少年參與決策？
3. 觀點有被納入考量	大人們是否已經準備好要將兒童與青少年的觀點納入考量？
2. 在表達觀點上有受到支持	大人們是否已經準備好要支持兒童與青少年，讓他們表達自己的觀點？
1. 所表達的聲音有被聽見	大人們是否已經準備好要傾聽兒童與青少年的心聲？

資料來源：簡化自 Jackson（2004, p. 9）所呈現 Shier（2001）的圖表。

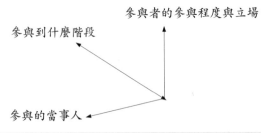

圖 3.3　參與的三個向度

透過對話過程提高批判意識的培力

　　前面所提到的 Freire 的貢獻在於提供一種模式，在這種模式中，提高批判意識過程能將個人的境況連結於相關的社會脈絡境況之中，藉此提供一種在不同範域中聚焦於社會中之個體的培力途徑。

表 3.5　參與階段的分期

階段分期	每一階段分期必須完成的工作
起始期	奠定參與的基礎，對相關價值與原則取得共識
準備期	設定出策略，規劃必須完成之工作事項
執行期	依規劃執行工作事項
維繫期	對工作進行檢討，並確保其持續進行中

作為反壓迫實踐一般方法的培力

在眾多女性主義理論家與社會工作實務從業人員之中，Phillipson（1992）描繪一種反壓迫實踐之階序，從專家女性主義者的實踐，經過反性別歧視實踐的特定領域，再到反壓迫實踐的普世層面。她將培力置於此階序之頂端，結合 Thompson（1998）對於促進品質有助於反差別待遇之歧視的主張，意味著培力是達成解放的普世方法。

在實踐中的培力架構

為了讓培力不只是流於門面象徵主義，就需要考量以下兩個方面：

1. **培力的範圍**：應該全面並且呈現出數個範圍的活動。

2. **對於實踐予以批判反思的程度**：不應該只是技術性的活動，而是要讓實踐者保有其作為一個人的完整性，投入具有反思性和批判性的行動（Schön, 1991）。

如果沒有這種具批判性的實踐方法取徑，就可能產生我們在本章稍早之前所提到的脈絡性的約束，而使得培力變成只是一種修辭上的術語，不具有實踐上的實質意義。在本書中，**在實踐中的培力**指的是，在批判性反思與培力實踐之間持續不斷的相互影響，也就是在

反思—行動—評鑑（reflecting-acting-evaluating）之中持續不斷進與出的循環過程，以及在思考與實行之間的相互影響；它具有批判性與自我批判性（Payne et al., 2002）。

正如同本章稍早之前所指出的，此架構考量 Janet Price 對於理論化培力實踐的深刻理解，以便廣納各種觀點與經驗的多樣性；我們透過這些豐富的觀點與經驗促進我們的生活，也建構起我們的世界。無論如何，我們的培力架構至少應當避免將培力的概念表現為一種單向度的技術，也就是一種簡單的技巧或「職業的竅門」，反而應該讚許像 Price 那樣，不必去協調自己生命中諸多性別、身障等不同課題之間的差異，由此可能激勵人們去抵抗與推翻那些試圖將他們標籤化、矮化、邊緣化，或將他們視為一盤散沙的任何嘗試。

在不同範域中的培力

在圖 3.4 中，我們看見在各個範域之間的培力關係，緊接著之後的五章就是針對各個範域的培力進行討論：自我培力、個體培力、團體培力、組織培力，以及社群與政治體系培力。「範域」（domain）一詞的使用，讓我們可以避免被困在「層級」這種有高低之別的階序語言中，並且強調從一個範域移動到另一個範域，或者具有同時不只位居於一個範域的自由度。該圖闡明了培力實踐範域的四個重點：

1. **關聯**（connectedness）（所有的範域都相互連結、相互影響）。
2. **全人**（holism）（各個範域的實踐都是包含著其他範域的整全實踐，並且關涉整個人的存在）。
3. **平等**（equality）（任何一個範域都不比其他範域更重要或更高階）。
4. **真情至性**（authenticity）（參與和培力並不只是各種技術性的程序，而是對於民主真情至性的探索）。

對於這種連結性與非階序性範域的觀點予以支持的理論，在可持續性發展的領域中正逐步獲得開展，我們可以藉由「範域」（domains）與「整全狀態」（holarchy）這兩個詞來進行說明，圖 3.4 和 3.5 有助於闡明它們的意義。我們之所以使用「範域」這個詞，因為它沒有等級之別的含意，指的是各種領域不同的概念、理論與實踐，圖 3.4 所呈現的幾個範域是一系列擴展的領域，每一個範域都包含著

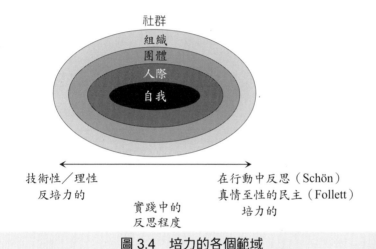

圖 3.4　培力的各個範域

圖 3.5　各個培力範域之間的連結

其他的範圍；圖 3.5 則呈現出它們之間彼此的連結是如何不具有等級之別，整全狀態一詞就是指每一個範圍本身就是一個整體，而不同的範圍連結在一起，又形成一個更大的整體。

　　表 3.6 指出技術理性與真誠的參與和培力之間的某些主要分歧，表中大部分深刻的理解是來自 Schön（見第九章）以及 Follett 作品的啟發。雖然此架構中的範圍是接下來五章的結構，但這不應該被視為是對於從自我培力一路發展到社群培力之連續過程進行簡化的機械式應用。採取批判的反思性培力實踐需要實踐者長期的投入，這將會是一個與共事的人們持續不斷奮鬥的過程，而不只是提供一種便捷的解決之道。

表 3.6　真誠的參與和培力的向度

反培力	參與式的培力
個人的／專業的	
碎片化而不完整的	全人的
隔離的	整合的
依訓練取得資格	終生的學習者
默默順服的／受壓迫的	能堅持自己的主張／培力的
工作性質	
根據流程的技術性／支配性	反思性／創造性、批判性的實踐
方法取徑	
集中的	發散的
簡化的	鎖定問題焦點
根據工作的核對清單	面對各種狀況的錯綜複雜性並處理之
觀點	
實證主義	後現代
評估	
以實驗的（假設—驗證）方法	在實踐中實驗
觀察者／技術人員	經驗者／共同生產者

使用此架構的假設是，所有培力的積極行動都會觸及不同的範域，有些行動是從自我培力開始，然後再向其他範域開展，而別的行動可能是從政策的決策開始，接著在個人與組織的範域中落實。

結　論

本章論證了培力架構的多樣性，並且指出有關參與的一些觀念如何有助於實踐的豐富性。我們承認，實務從業人員仍然持續掌握著權力，並且有很多關於培力實踐的討論是憧憬與浮誇多過於身體力行，這些都是既存的事實。因此，許多服務使用者與照顧者的經驗與觀感和實務從業人員的觀點之間有巨大的分歧，也就不足為奇。承認這樣的現實，使我們對培力和參與開展出一種以衝突為基礎的觀點，讓我們能夠切乎實際地檢討如何藉由培力實踐的發展，來彌合存在於實務從業人員及服務使用者與照顧者之間的鴻溝。接下來的幾章，我們將探討已經在本章指出的每一個不同範域的觀念與實踐。

～ 作業練習 ～

◆ 練習一

迅速摘記由 Solomon 與 Freire 所確立的培力實踐的主要特點。

◆ 練習二

摘述說明為什麼你認為權力的概念可能使得培力的概念產生更多問題。

◆ 練習三

請舉一實例來說明 Hart 階序參與八階段的每一個階段。

延伸閱讀

Follett, M.P. (1918) *The New State: Group Organization the Solution of Popular Government*, Pennsylvania State University. This book can be ordered in a 1998 reprint using Print on Demand and contains three essays by Barber, B.R., Mansbridge, J. and Matson K. discussing the importance of Follett's writing.

Ginwright, S., Noguera, P. and Cammarota, J. (eds) (2006) *Beyond Resistance! Youth Activism and Community Change*, New York, Routledge. An edited collection, providing a rich array of contemporary examples of empowerment and protest involving young people in the US.

Humphries, B. (ed.) (1996) *Critical Perspectives on Empowerment*, Birmingham, Venture. A thought-provoking series of essays, which touch on different theoretical ingredients of the various frameworks for empowerment. Chapter 1 on contradictory aspects is particularly relevant.

Lee, J.A.B. (2001) *The Empowerment Approach to Social Work Practice: Building the Beloved Community* (2nd edn) New York, Columbia University Press. Extensively illustrated and lengthy discussion of many different aspects of empowerment theories and practice.

Rees, S. (1991) *Achieving Power: Practice and Policy in Social Welfare*, London, Allen & Unwin. A thoughtful and detailed theoretical examination of different perspectives on empowerment, accompanied by a careful explanation for, and justification of, the writer's own approach.

Skelcher, C.K. (1993) 'Involvement and Empowerment in Local Public Services', *Public Money and Management*, **13**(1): 13–20. This contains a useful analysis of a continuum of citizen involvement, from being controlled through bureaucratic paternalism, through being informed, being consulted, joint decision-making and devolved decision-making.

PART

2

培力的種種實踐

CHAPTER 4

自我培力

和幾個照顧者團體與服務使用者團體共事的經驗中，我碰到好幾個人都有過多次的喪親經驗，這使得我重新回顧我在自己家族中的喪親經驗。其中的一個緊張狀況是，在照顧一位年長的臨終親戚時正反兩面之間的張力，而這種緊張狀況發生在死亡之前、期間以及之後。特別的一點是，這種情形的可能結果，若不是反培力，就是培力。有鑑於我的喪親經驗才發生不久，那種痛的感覺還未經處理，我就試圖應用反身性（reflexivity）這樣的概念，來反思我自己的境況，以及理解其他人正在經歷的那些經驗，結果並不怎麼成功。我因此學到了很多，尤其是要將在經驗中學習到的東西關聯到一個人的知識與技巧，這個應用的過程並不是那麼直截了當。我從我所理解到的經驗中體認到，自我培力是一個錯綜複雜的活動，既具有反培力的面向，也有培力的面向，不能被化約為一系列步驟或技術。

引　言

我們不能只是從外顯的行為，來判斷人們的一切努力是否有實現獲取掌控與產生改變的目標，而是還要從人們感覺到培力的程度來進行理解。自我培力在理論與實踐上有兩個相當不一樣的起源：

- 我們在第一章提到的有關自助的觀念。
- 理解人們先前的傳記（biographies）——經驗、知識、技能、感覺與感知——如何影響他們目前與未來的生活。

一個透過參與而充分有效地培力人們的方法取徑，要一直到讓他們體驗培力的感覺才可能開始產生作用。Rees（1991, p. 10）提出一個重要的主張，他認為，人們的傳記及其經驗是培力的基礎。人們不會只是因為參與就變得培力，他們必須感覺到培力。一個全人的培力方法取徑，要能讓一個人的內在經驗——感覺與思考——及其外在行動協調一致。自我培力是培力的中心範域，我們就是從這個領域開始影響自己，開始掌控自己的生命。

在討論社會工作與各種治療的傳統教科書中，經常可以讀到自助與自我改變的觀念，雖然這些書可能沒有明確地提到自我倡導或自我培力，例如，在 Dryden 與 Feltham（1992, pp. 161-3）有關短期諮商輔導的書中，就沒有指涉到這方面的概念，雖然他們確實有討論到，促進自我改變在輔導一個人的最後階段極其重要。在針對社會工作的價值與原則的經典說明中，Biestek（1961）將案主自決（client self-determination）納入考量；也就是說，接受服務的人們有自由選擇要如何為自己做什麼和做決定，這就和倡導的概念有異曲同工之妙，後者涉及讓接受服務的人們來陳述他們想要什麼、需要什麼，以確保任何決策與行動都能尊重他們的權利。至少在某種範圍內，自決也意味

著此人有受到培力。有些自我培力的組織,像美國的 Hemlock,讓末期疾患的患者結束自己的生命,面臨道德的爭議與法律的關卡(Humphry, 1996)。

我們不只是討論案主、患者、服務使用者與照顧者,還要討論在培力他人這件事情上,專業人員需要做更多的功課。在培力他人之前,實務從業人員必須自己先受到培力。無論培力的實踐是不是從自我開始,必定要考慮到一個人在與其他人共事時自己的思想、感覺與處境。雖然這很重要,但這不意味著以心理取向來取代社會取向的培力實踐。如果要獲得適當的理論化,就必須在所有的範圍中——自我、個人、團體、組織與社群——實現培力實踐。而且,自我培力(亦即本章之論題)對於社會工作員和服務使用者同等適用。因此,本章的目的並不在於暗指自我培力是所有其他培力面向的主要方面,而是主張,感覺到培力與受到培力的人可能比較有動力和能力去培力其他人,並且也受到他人的培力。而且重要的是,在與服務使用者以及其他人共同努力邁向其自我實現的變動之前,必須有對培力的憧憬,這樣才能肯定培力對自我的影響;本章要仔細思考如何實現這個目標。

自我培力的概念

自我培力的意思是,人們握有掌管自己生命的權力。Croft 與 Beresford(2000, p. 116)堅持主張:「對服務使用者而言,培力意味著對其反培力的狀況提出異議,對其生命有更多的掌控,有能力影響他人,並且帶來改變。」因此,雖然自我培力是從自我開始,但是必須把它與政治和權力議題放在一起思考。培力——意思是要讓人們覺得更好——就一定要讓他們從壓迫中解放出來。

由於培力自我對培力這個概念相當重要，因此，自我培力竟然成為培力理論與實踐中被忽略的眾多方面之一，的確頗令人感到意外。就某種意義而言，這也沒什麼好大驚小怪的，因為在社會工作的文獻中，社會工作員的個人發展與專業發展可算是最邊緣化的幾個方面之一，但就另一種意義來看，則顯示社會工作無法將培力典範納入機構的理事會議程。然而，幾乎每一個實現自助、自修、自我發展與自我教育的方法取徑，都具備培力向度。本章並不試圖對這樣龐大的領域進行全面性的調查，而是會著重在實踐中與社會工作和培力有特殊關聯的實例說明。

活化自我培力

以自我培力作為反對壓迫的基礎

　　Stanton（1990, p. 122）指出，工作員的培力是他們去培力他人之前的先決條件。支持他這項主張的是他對於社會服務機構的研究，例如法律諮詢中心與婦女救援收容所，這些機構正設法走出自己的路。Stanton 的分析強調，為了挑戰慣於順從與壓迫的機構文化，並且發展一種以自我培力與服務使用者培力為目標導向的民主方式，就必須重視工作員的自我培力，培力可被用作發展反壓迫實踐的起點。Stanton 的分析（1990, pp. 124-9）可被擴大到包含那些由實務從業人員、服務使用者與照顧者在尋求培力他們自己時所必須考量的因素（表4.1）。

表 4.1　實務從業人員、服務使用者與照顧者尋求自我培力時必須考量的因素

因素	說明
價值	有共識的價值基礎
分析	分析個體處境中不平等或壓迫的狀況
策略	以清晰的策略對應要處理的不平等與壓迫領域
技巧	相關專業技術領域必須具備的全部技能
學習環境	可取得之學習資源以及讓其他必備之專業技術得以發展的支持
工作氣氛	一種開放、有創造力、有難同當的共事氣氛
服務使用者—提供者的關係	作為服務提供者的工作員的培力以及服務使用者的培力之間能相互切合

反思實踐

　　我們曾經在第三章中提到過培力實踐的兩組核心觀念：由 Freire（1986）確立的提高批判意識過程，以及 Schön（1991）描述的在實踐中反思（reflection-in-practice）的各種相關活動。自我培力涉及反思實踐，就某些意義而言，如 Schön 所描述的在實踐中的實驗過程，以及如 Freire 所訴求的研究調查與批判性反思，兩者都試圖以言辭來捕捉一般的成人教育者以及特殊情況下的社會工作教育者多年來努力解決的問題：如何以培力的方式促進學習。本章聚焦於自我培力，意思是這些觀念著重於一個人自身。

　　自我培力的應用範圍不只是在社會工作，除了健康服務與社會服務之外，當代的自我培力還包括農業的自給自足，以及在工業中的另類社群與社區（alternative communities and communes）和工人參與（Stokes, 1981, pp. 18-19）。自我培力的過程是由通常稱之為「能力培育」的活動所構成。

能力培育

　　能力培育是在培力領域中被大量使用的一個詞彙，因為被大量使用，就更難以獲得一個精確且看法一致的定義。能力培育可以發生在個體的層面，或在組織或社群的層面（見第八章社群能力培育）。可能培育多少種不同的能力，就可能有多少種需求的認知以及滿足這些需求的方式。能力指涉的是，執行一項工作所用得到的物質資源與人力資源（後者如在實踐的專門知識中所表述的知識、技巧以及經驗），以及這些資源在實踐中被使用的方式。我們可以從一般的角度，將能力培育定義成增進能力、技巧，以及改善個體、團體、組織與社群相關資源的種種方式，使得人們都能盡責達成自己以及他人應該滿足的需要。根據觀察，這樣的定義真的就很類似培力的定義。能力培育讓人們獲得新的技巧，或者變得更有意識地使用新的技巧，並且可以提高其他人的自信與負責的能力，使他們能在其社群中或者更大的社會中有更充分的參與。能力培育常常與培力民眾有關，以面對

表4.2　自我能力培育的檢查表

目標	有助於往目標推進的提問
明確指定要培育的能力	我自己需要培育什麼樣的能力？
指出能力培育的適切性	我如何確定此項培育能力是適合的？
確保能力培育的可及性	我如何能使此項能力培育真的發生？
建立優先順序	我需要什麼樣的知識與技巧？
設定監督機制	我如何貫徹到底並且檢查我獲得培育的能力？
提供支持	在不變得依賴的情況下，我需要什麼樣的支持？
成果評鑑	我如何檢查此項能力培育是否具有培力性？

及處理貧窮、壓迫、歧視的差別待遇，以及社會排除的現實處境。前頁所列的這份檢查表（表 4.2）應該可以幫助我們在著手培育他人能力之前，先培育自己的能力。以下是蘇丹婦女透過教育自我培力的例子。

事例

南蘇丹婦女關懷（South Sudan Women Concern）組織的任務是，透過教育培育婦女的能力，使她們能自我培力，其目標是支持她們去實現她們渴望實現的志向，方法是讓她們可以從專門訓練中獲得實際面上所需要的專門知識與技能，例如中間科技（intermediate technology）、農業技術、識字能力、健康促進技術、倡導、遊說、協商、管理技術、創業技術，以及採取集體行動等（Kiden, 2004）。

自我培力的過程

我們現在要思考表 4.3 中所列的幾個自我培力的主要階段。

評估與規劃

尋找自我培力的起點

試著框架起（to frame）我們自我培力的起始處境，就像許多其他學習情境會做的那樣值得一試。這可能需要提出一些關鍵性問題，以幫助我們釐清該處境的潛在優勢與不足之處。我們的個人概況應該包括學習處境的細節：存在著什麼樣的障礙？有哪些學習的機會？對

表 4.3　自我培力的幾個主要階段
評估與規劃
找一個起點 著重在要進行自我培力的那些領域 指出相關的技巧 釐清學習的風格與個人概況 有系統地形成一項自我培力的計畫
行動
將自我培力的計畫付諸實現 面對與處理自我培力的障礙 面對與處理不平等的種種狀況 要有自信，致力於自我實現與個人成長
反思
進行反思與反身性的思考運動 進行觀點的轉變

於學習過程有什麼樣的支持？有哪些不同層面的資源可用——圖書館、學習的機會以及其他的學習者和同事？在這過程中的這個階段，學習的時間與學習的地點是否能相互配合？什麼樣的技巧、之前的學習以及經驗可能影響目前的處境？

聚焦在自我發展

　　規劃的一條前進途徑是，持續以教育的模式來發展具有成人教育概念的策略。這可能牽涉到的工作，無非是整理出一份與自我培力相關的領域清單；我們可能會因此決定去報名參加一個正規的計畫，以提升個人和／或專業的發展，或者，也可能根據相關主題去參加非正式的、獨立的進修。這項釐清的練習好處在於，發展與我們有興趣的個人學習風格與學習需求的相關知識，並且可能因此增加自信。

識別相關的技巧

我們可能會警覺到在實現培力的相關技巧上的不對稱與落差。缺乏特定的實踐專門知識，常常會阻礙人們推自己一把往前的動力，而無法變得投入，這可能是因為缺乏從社會肯定所建立起來的自尊與信心，以及實際上的技巧不足所導致。通常需要發展相關技巧的幾個方面包括：參與會議的分工與安排、擔任會議主席或紀錄、促進與領導團體、公開表述或演說、展現魄力、協商，以及書寫報告。

釐清學習的樣式與概要內容

人們會以不同的方式學習，有些成人學習計畫所包含的一些教材，能讓人們找出更多他們比較偏好的學習樣式、發展出學習的概括內容，為個人所偏好與感興趣的特定領域訂出詳細的計畫。有些計畫的概要內容包含自我評估計畫表，依此讓個人技巧的相關細目得以獲得發展，例如由空中大學（Open University）所開設的「健康與社會服務管理計畫」（Health and Social Services Management Programme），其適用對象是健康與社會照顧的管理者，其教材中有一本叫《學會如何學習》（*Learning to Learn*）的練習手冊，第一單元是「個人效能與團隊效能」（Personal and team effectiveness）（Salaman et al., 1994）。此教材的設計是為了讓個體可以彈性地在不同的地方使用，可能用在學院教學、工作職場或在家進修的學習上。

整理出一個有系統的自我培力計畫

下一個階段是製作出一個計畫，該計畫要考量的包含我們的各種目標、達成這些目標的方法、個體將會運用到的現有專門知識領域、將來會有需要用到的新的專門知識領域、何時以及如何獲致這些專門

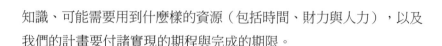

知識、可能需要用到什麼樣的資源（包括時間、財力與人力），以及我們的計畫要付諸實現的期程與完成的期限。

行動

行動涉及動手去做，並且無法與反思同步進行，至少在理論上是如此。但 Schön（1991, p. 275）認為，實踐者通常在行動的進行當中，就同時在思考他們正在進行當中的行動；重要的是，不將行動中正著手進行的工作視為理所當然，而是要以自我培力為目標，謹慎地思考如何將進行中的行動發揮到極致。

執行自我培力計畫

在計畫的執行上，一般會需要投入大量的精力，來協調執行工作的空間，以及安排完成各種不同事務的時間等事項。為此，除了必須找到取得資源的管道，包括適切的學習教材，也必須謹慎地管理時間與拿捏可消耗的精力，才不致於失去這些難得而珍貴的資源。一個人對這種自我培力計畫之執行的付出容易半途而廢，因此，應該以能讓自身受益的方式來進行。

處理自我培力的障礙

不僅自我培力的實踐正在發展的過程中，其概念性的基礎（語言與文法）也尚未定型，這意味著個體自我培力需要採取一種鬥爭的手段。有時候，鬥爭為的是爭取資源；有時候，鬥爭會有違一個人自己的態度，或者有些阻礙則可能存在於其他人的態度、團體、制度或社會結構。專業人員可能抗拒這種自我倡導的普及，例如，「心靈」（Mind）與幾個自我倡導團體的研究提出了民眾設立自助團體的需求，好讓他們希望能減少或監督其醫藥劑量，或者取消一些主要鎮定

劑之使用的願望能實現。然而，以下這份報告的作者們指出，經營這類團體的資源：

> 在可預見的未來似乎還不可能取得。資源操控在專業人員手中，他們似乎對患者的改變或能自己積極主動調整治療懷有敵意。（Rogers et al., 1993, p. 134）

實務研討

有一位身障者想要參加一項正在進行中的有關管理方面的成人教育計畫，但他發現，這項計畫在結構上、團體中、人際間以及個體等層面，都充滿身障歧視的假設。

評論

假如非身障者在計畫中的人數超過身障者，假如輔導老師沒有實踐身障的意識，個體就更需要準備好，以便能提出這些議題。這個有關提高批判意識的相同過程，必須延伸到我們自己的思想與感覺。

許多實務從業人員有必要協助諮詢者、督導者或指導老師（mentor）來檢視一些事情，例如：如何保持自我警覺，以意識到壓迫以及在我們之間思想與感覺未能相互觸及的那些方面。在實踐中，識知（knowing）與覺受（feeling）是對於培力相當重要的全人行動，這可以很輕易地一語帶過，但卻不容易在實踐中實現。人們所需要的諮詢資源要能符合他們的個別境況；當婦女、黑人與身障者被工作者要求放在諮詢者－被諮詢者的關係中時，這樣的現實應該被視為工作者

權利的一個方面，而不應該就此將這種關係中的另一方診斷為有個人方面的軟弱或困難。

處理不平等的問題

像這種存在於一個人的處境中的不平等狀況，也許不會總是顯而易見。例如，有些因歧視而有的差別待遇，可能導致身障者或女人在某些團體的情境中被其他人排除於某些特定的活動之外，原因可能只是在一個討論的團體中，促進討論的協力者比較偏愛非身障者或男人。有研究指出，男人在團體的學習處境中會受到比平均值還要高的關注，其行為舉止也都比女人要來得更果敢有自信。對女人而言，做好準備以對抗這樣的失衡相當重要（Phillipson, 1992, pp. 44-5），但這並不是要將警覺學習處境性別化的責任加諸於婦女身上，而是要指出，婦女發展自我培力的技巧將使她們有能力面對與處理類似的議題，這是最重要的。在這方面的關鍵技巧包括性別意識與自信，可採取的行動包括去質疑具有反培力作用的日常慣例與語言。

運用自信、充分發揮自我潛力以及個人成長

自我培力範域的形成，部分汲取自心理學與社會心理學有關自我發展的深刻理解，好讓自我成長與人類的潛力能獲得最大的發展。其所根據的假定是，人們自己對於實現自身潛力以及充分利用與他人之關係所自我設定的目標，能做出具決定性的貢獻。以自信的成長訓練為例，人們可以用自己的時間來進行，或者，這樣的訓練也可能構成機構內部訓練計畫的一部分。《社會工作辭典》（*Dictionary of Social Work*）對自信的定義是：「在本質上與確立自己或他人利益或權利有關的行為與思想」（Thomas & Pierson, 1995, p. 27）。有些在一九八〇年代早期以自助與自信為主題的文獻，可能因為強調具侵略性、

或甚至大男人氣概的形象而遭受批評（Lindenfield, 1986）。之後出版的作品，其焦點就比較是在於自我實現，以及避免面質和使個體能獲得專門知識的技巧，以協助其他人發展自己的潛力；有自信的人能使他人完成自我實現。

反思

反思——對行動進行思考——是一種即使不連續但也是重複的過程，它涉及在實踐當中對自己或他人進行點點滴滴累積的了解、描述與詮釋（Schön, 1991, pp. 276-8）。

善用反思與反身性

反思實踐的概念不僅可應用於人群服務當中，也可以在社會科學和人文學等學科當中應用，這些學科所提供的知識可作為支撐其實踐的基礎。反思實踐提供給這些學科的研究基本原理日漸增加，對於像在社會工作中實踐者的教育與訓練也提供愈來愈多的理據基礎。自我覺察與自我批判是自我培力固有的特質，而這些特質會因為反身性而獲得進一步的深化（Payne et al., 2002, pp. 1-12）。反身性（reflexivity）（表 4.4）有助於發展我們在上面已經討論過的自我培力這樣的觀念。在我們作為社會工作員的相關實踐經驗，與我們比較內在的個人發展經驗之間，顯然有所區別，但這並不意味著個人發展與專業發展是分開的，而純粹是反映出在類似這樣的書裡，我們的專業發展似乎比個人發展受到更多的注意。這樣的現實頗令人感到遺憾，因為就像討論職業健康、以「耗竭」（burnout）與壓力為主題的文獻所指出的，我們需要將工作員視為整全的人，對其進行資源的挹注；如果雇主只知道剝削員工，而沒有注意到員工們也需要非管理性的督導、諮詢、支持以及發展的機會，那就太短視了。

表 4.4 反身性與自我培力

反身性	自我培力
反身性涉及我們自身的那些領域，包括價值、知識、思考、感覺、敏覺度、自我覺察，正式地說，這些都落在我們的專業工作之外	自我培力是培力的反身性向度 說明自我培力做的是什麼比較簡單，說明自我培力是什麼比較困難
我們使用這些覺受和自知之明，來幫助我們了解我們所接收到的訊息，並對其進行批判性的反思與行動	我們以自我培力的知識、技巧和資源來裝備自己，以便對我們的個人發展和專業發展能進行分辨、詮釋，並且獲得掌控

　　被排除而遭受反培力的民眾，可以藉由自我培力的方式，使自己的狀況轉變成培力。Kabeer（1999）仔細檢討與婦女相關的工作，指出培力過程中具決定性的三個向度：資源、能動性以及實現程度（表4.5），其可應用性更廣：

表 4.5 培力中的選擇向度

向度	說明
資源	目前可取得之物質性、社會性、人力的資源管道，以及未來要求擁有這些資源的權利
能動性	能行使權力決策的程度，而不是被操縱、欺瞞或排除
實現程度	從福利的角度來看，人們的受益程度有多高

善用觀點的轉變

　　有用的方法取徑容易在人們之間一個傳一個，持續地流傳下去。因此，Phillipson 以下舉例說明的觀點轉變（perspective transformation）概念，就是根據 Freire 的意識醒覺的過程（見第三章），這樣

的過程也被 Jack Mezirow（1983, pp. 124-7）所運用。Phillipson 對 Mezirow 的評論值得詳細引述（1992, p. 46）：

> Mezirow 的觀念，是從和再次回到學習課程的婦女共事經驗中突然冒出來的，她們在過程中，開始質疑她們先前對於婦女「合乎體統的」角色所抱持的信念，並且對此有了新的見解。經由分享與嘗試不同選擇與作為的過程，她們開始有了新的視野與行動，這就是 Freire 所謂的「提高批判意識」的過程。

> 對於觀點的轉變，Mezirow 詳細說明十個階段；從人無所適從的兩難狀況中開始，進展到自我反省，經過「批判性地評估個人所內化的角色設定以及衍生自傳統角色期待的疏離感」，然後開始嘗試新的角色，並且展開不同以往的作為。雖然 Mezirow 的模式是在與復職婦女共事期間精心整理出來的，但也同樣適用於以男人為對象的工作領域。許多男人因為男子氣概的某些傳統上的期待而感到挫敗，而觀點的轉變提供一個途徑，讓男人可以一起努力，捨棄、重新形構並且改變一些傳統的想法與行動。

以下，由 Phillipson 所討論到的 Mezirow 的兩個例子，說明觀點轉變的一些兩難，這也許能作為討論實踐議題的一個起點。第一個例子是有關某位男學生在團體討論中獲悉勞動性別分工的研究知識之後，開始對於他應該說多少話、何時說話陷入兩難的狀況（Phillipson, 1992, p. 46）。我們會將第二個例子的討論，合併在對第一個例子的評論中。

實務研討

有一名實務從業人員的女伴和女兒都告訴他,他常常不會傾聽別人說話,而他卻認為自己是一個能與他人同情共感並且理智的傾聽者。這個來自於他家人對他的言行的反應,讓他開始質疑他對自己的了解,以及他作為一個實務從業人員的技巧;他不確定她們所說的究竟是哪一種傾聽(Phillipson, 1992, p. 46)。

評論

假如與培力有關的實踐是立基於平等,那麼,我們就無法接受以犧牲另一人為代價來進行自我培力。換句話說,在理論上,「好的」自我培力應該培力他人。在實踐上,那也許不必然會發生,它涉及專門知識領域的發展,具有自我實現與個人成就感的目的,但不應該以犧牲他人為代價。雖然兩難與矛盾的狀況可能會發生,但在一個人的培力與另一個人的反培力之間,應該達成妥善的平衡。

討論諸如此類的兩難,解決根源於專業化、建制化並且已經被我們內化的意識型態(例如交談與傾聽)之權力關係,然後嘗試不同方式的作為,也許能為社會工作實踐中某些挑戰更大、兩難處境更多的狀況找到出路,例如兒童性侵(Phillipson, 1992, pp. 46-7)。

結　論

　　本章已經指出，自我培力不是一種專業人員獨占的專利，並且，自我培力涉及在培力行動從頭到尾的整個過程中，試圖注入反壓迫實踐。一個感覺到反培力的人會比一個感受到培力的人，更容易覺得難以和他人一起努力朝培力的目標前進，這雖然不是一個清楚明白的結論，但至少是一個操作前提。然而，牽涉到工作者自己、同僚以及服務使用者等他人的自我培力，會有一種機械式過度簡化的概念，那就是將自我培力視為培力他人之前導；超越這種機械式過度簡化的概念，正是自我培力的中心要點。假如培力不在於複製與繁衍社會脈絡與專業脈絡中的壓迫性處境，那麼培力的進行，就必須注意到人與人之間自我培力的各自場域交流的相互性。在自我培力與其他相關的活動之間並沒有概念上的界線，例如互同輔導（co-counselling）與自助團體。因此，雖然為了本書安排上的結構性目的，而必須將本章裡固有的一些概念與下一章培力他人的主題進行區別，但是這些概念與後續幾章的主題都還是息息相關。

❀ 作業練習 ❀

◆ **練習一**

請列出自我培力的幾個主要階段。

◆ **練習二**

請指出自我培力的幾個主要障礙。

◆ **練習三**

請具體指出你會用來實現自我培力的幾個主要方法取徑與技巧。

延伸閱讀

◆

Beresford, P. and Croft, S. (1993) *Citizen Involvement: A Practical Guide for Change*, Basingstoke, BASW/Macmillan – now Palgrave Macmillan. A useful handbook for people wanting to become more involved, focusing on the resources, techniques and steps involved in increasing one's participation.

Freire, P. (1972, reprinted 1986) *Pedagogy of the Oppressed*, Harmondsworth, Penguin. A ground-breaking book, which introduces concepts such as conscientization, providing the foundation for empowering practice in education, social work and many related fields.

Payne, M., Adams, R. and Dominelli, L. (2002) 'On Being Critical in Social Work', in R. Adams, L. Dominelli and M. Payne (eds) *Critical Practice in Social Work*, Basingstoke, Palgrave Macmillan, pp. 1–12. A useful reflective chapter on how a social worker may develop as a critical practitioner.

實用網站

◆

- www.seishindo.org 有關自我培力以及個人成長與自我改善等相關領域之議題的網站和出版品五花八門，這是其中之一。

CHAPTER 5

個體培力

在我和服務使用者的工作期間，我注意到Josie（化名）有能力對許多地方性組織、區域性組織，甚至是全國性組織的工作做出寶貴的貢獻，但一開始阻礙她發揮這些影響的首要因素是，她低估自己的專門知識，並且缺乏自信心。經過兩年的時間，我親眼目睹了邀請她一起加入我們開會討論的作法如何提高了她的自信心。在強化她的獨立性與讓她取得自我培力所需的資源之間會產生張力，我們所有人——機構員工、其他服務使用者和 Josie——都得設法去處理。我們支持她，鼓勵她參加與個人發展和技巧培養有關的會議。她一開始只是偶爾會給出一些意見，最後，她終於成為經常性的參與者，能夠依照她自己的經驗與判斷，給出自己具有批判力的獨立性見解。她不斷提升的自信鼓舞了團體中的其他成員，她的貢獻開始影響她所參與之事件的進程。為了她自己，也為了她的夥伴，她開始與當地的服務提供者交手，提出那些她認為不公平的服務，她也很高興她能夠讓這些問題獲得一些改善。

引言

　　本章著重在強調培力個體的主要弔詭，也就是培力個體涉及培力實踐者為他人進行的他人培力，或者更好的說法是，培力實踐者與他人一起努力來使得他人獲得培力。在社會工作中，像這樣的工作明顯需要對照顧者與服務使用者的經驗做最充分的考量，而且可能的話，要直接以他們表達的觀點與喜好作為努力的方向。

　　雖然社會工作員的某些工作實際上是在與家庭、組織和社群團體的共事中及其內部中進行，但是個體之間的互動，卻為人群服務工作形成一種雖然不同但更基本的組成部分。在培力實踐者可以有效地做到團體培力之前，他們必須了解如何培力個體。Thomas 與 Velthouse（1990）創作出一種心理培力的多向度模式，預示三種培力的結果：改善的個人效能、提高的工作滿意度，以及降低的工作緊張狀態。Spreitzer 等人（1997）指出培力對個體的重要性有四個向度：意義、勝任能力、自決，以及影響；而培力所涉及的社會工作員的一些主要角色，則潛在地附加於這四個向度中的每一個向度。許多文獻理所當然地認為，人們不會個別地超克那些主要障礙，不會在自我培力、團體培力、網絡培力與社群組織培力等方面主動投入。事實上，傳統的社會工作不是故意忽略、就是未曾留意內在於人們日常境況中固有的反培力。工作員容易傾向於期待眼前的這個人調整自己去適應事物的常態，而不是重新構造這些事物使其有新的框架；後者就像是為反對壓迫所做的奮鬥。社會大眾可能被邀請參加「公民評審團」（citizens' juries），以特別的方式對特定政策與服務進行評論，但在決策以及直接影響政策方面，卻無法有持續性或直接的管道來表達意見。

個體培力工作的複雜性

以個體培力為目標的社會工作，過程中充滿變數，其中有一個主要的因素是，培力一個人會產生撞擊效應（knock-on effects），影響到與受培力者有所互動的其他人。以下所舉的例子，即說明在類似的處境中可能出現的錯綜複雜的情況。

實務研討

Raissa 與她十二歲的女兒 Noni 尋求社會服務的協助，因為 Raissa 的男伴 Tom 對 Noni 造成威脅，對她施以身體上的暴力。Raissa 與 Tom 都失業，在鎮裡最最貧窮的地區中一棟破敗建物裡租了一個容身之處。Raissa 與社會工作員的第一次聯繫讓她茫然無措，她被詳細地盤問，感覺自己好像被當成可能的施虐者，她擔心 Noni 可能就要被帶走，好讓她不再受到這兩位大人的威脅。不久，這樣的情勢改變。這名社會工作員採取了一些行動，確定 Tom 會離開這個家，暫時搬去跟他的弟弟住。接著，這位社會工作員開始與 Raissa 和 Noni 著手評估她們的處境。

評論

這名工作員認出該處境中有幾個錯綜複雜的事態：

- 在家庭內部——在 Raissa 和她的男人之間、在大人們和 Noni 之間——的權力不均衡，以及在家庭成員和社會工作員之間的權力不均衡。
- 在社會工作培力家庭成員的目標與保護 Noni（這個小孩）和 Raissa（這個母親）不受到傷害之間，存在著內在的矛盾。

- 家庭成員受歧視而被差別對待的程度以及弱勢的狀況相當值得注意。

　　這名社工員釐清 Raissa 與她的男人之間的關係，了解到他並不是 Noni 的生父，也發現 Raissa 不想再跟他有任何瓜葛。社會工作員引用 Boushel 與 Farmer 的四個培力實踐的一般目標（1996, pp. 98-9），以此作為和 Raissa 與 Noni 一起找出更具體目標的協商基礎。這四個一般目標是：

- 滿足小孩與大人等家庭成員的需求。
- 尊重小孩與大人的權利。
- 妥善地考量小孩、大人以及與他們有所聯繫之其他人的觀點與感受。
- 減低以及對抗家庭成員所遭受的歧視與弱勢。

識別培力的障礙

◆

　　就像針對社會照顧與社會服務的參與行動之研究所做的一樣，我們現在要進一步辨識，透過在組織中更高的參與，試圖讓照顧者與服務使用者培力會遭遇到的阻礙。我們可以在以下兩個領域中指出這些障礙：

　　1. 在服務使用者與照顧者的經驗與處境中。
　　2. 在服務提供者、專業人員與其他當權者的地盤裡。

服務使用者眼中的障礙

　　根據一份在二○○五年針對全英國所進行的全面性調查，使用服務的民眾指出的障礙有以下幾點：

- 缺乏取得可能讓人們培力的知識與資源的管道。

- 缺乏一些技能，例如如何善用會議與組織，因而無法從中學到
  生存與經營之道。

- 缺乏與專業人員和政府官員交涉的自信心（Adams et al.,
  2005）。

二〇〇〇年以前，在英國有關個體培力（使用社會工作服務與社
會照顧服務的成人、兒童與家庭）的評鑑研究極其不足，之後，這樣
的情況多少獲得一些改善。從這份研究（Carr, 2004a）看起來，照顧
者與服務使用者的參與度和培力程度仍然相當低；甚至那些在照顧者
與服務使用者之間算是比較活躍的身障者，其情況也是如此（Barnes
et al., 2003, p. 5）。能夠解釋這種情況的兩個一般性原因如下：

1. 提供服務的組織普遍抗拒照顧者與服務使用者的參與和培力。

2. 照顧者與服務使用者的生活壓力通常非常大，以致於他們無力
   或沒有意願參與。

參與和培力的障礙仍然頑強地存在於所有不同範疇的人的生活
中，有一份針對兒童參與的文獻進行批判性回顧的研究發現指出，這
些障礙包括：

1. 因為在試著參與的過程中感受到參與的門面象徵主義，有些小
   孩開始對參與幻滅，抱持著負面的態度。

2. 太少花時間致力於參與工作的建立，因而導致失敗。

3. 缺乏適當的參與方法，並且，在相關的方法與既定的結構之間
   無法進行整合，因此會讓人覺得這些方法與結構都只是門面象
   徵主義。

4. 參與活動的回饋資訊相當缺乏，包括：他們的觀點在哪裡被使
   用，以及如何被使用的相關資訊（Danso et al., 2003, p. 8）。

若從身障者對自己的經驗所進行的評鑑來看，他們指出的障礙還

包括：缺乏時間進行有意義的討論；缺乏與高層人士接觸的管道；對服務使用者的參與有太多綁手綁腳的規範（Barnes et al., 2003, p. 21）。這些研究發現似乎證實了那些參與者的感受，也就是，就算政策與流程都明文陳述他們參與的正當性，但許多人仍然覺得管理者與實務從業人員並不聽取他們的想法（Danso et al., 2003, p. 8）。

社會因素：結構性的不平等

培力的障礙可能反映出一些不平等的現象，這些不平等的現象與年齡歧視、種族歧視、性別歧視、「階級歧視」、身障歧視，以及助長人們受壓迫之處境的其他向度有關；夾雜在諸多顯著的「主義」（isms）歧視現象中，階級歧視可能輕易就被忽略。Lerner（1979）書寫有關在已發展國家中勞動階級的「剩餘的無力感」（surplus powerlessness），他用這個詞來描述受壓迫民眾如影隨形的沉重心理負擔；如果這種沉重的心理負擔未被質疑與減輕，就會成為他們未來行動的腳本。

心理因素：反培力、無助

對個別的人所進行的培力，廣泛地引用心理學的培力理論，尤其是無力的心理學。Baistow 在一九九四年提出一些有關心理學策略之重要進展的例子（Rappaport, 1984; Swift & Levin, 1987; Wallerstein, 1992; Zimmerman & Rappaport, 1988），尤其是在美國的認知行為理論，其目標在於使人們藉由覺得自己能掌控情勢而獲得培力。Baistow（1994, p. 39）提到，透過這樣的方法取徑試圖達到使用者培力的目標，可能讓專業人員對服務使用者之生活的管理控制不降反升。

我們可以透過 Barber 的著作來仔細了解個體培力心理學的主張。Barber（1991, p. 38）對於無力感或無助的心理狀態發展在過程中的

兩個關鍵時刻進行區別：陷入控制不住的情況之中，之後產生「回應也沒有用」的態度。這些理論所根據的研究比較著重於解釋：為什麼在許多令人不滿意的因素繼續存在的情況下，人們通常比較不會採取集體抗爭行動；但卻比較少說明：為什麼還是有人會採取抗爭行動（Adams, 1991, p. 9）。

　　Barber（1991, pp. 32-3）參照 Seligman（1975），將有關狗的行為研究應用到人身上，以說明「習得的無助」（learned helplessness）是如何培養起來的。習得的無助這種心靈狀態，由於先前失敗的經驗，使人們無法看見面對新挑戰的著力點，即使處境完全不同，有時候也只是與先前的處境有點相似性，也會令人感到無助。要是不反抗，「無助的個體最後就是放棄而一蹶不振」（Barber, 1991, p. 33）。習得的無助還有另一個特點是來自 Lerner 的主張，他認為，就算「無助的」人成功地實現了要完成的事情，他們似乎還是無法將此理解為是因為他們的努力才獲致正面的成果，而比較容易將事情的成就歸因於自身之外的外在因素。Lerner 認為，這個理論有助於解釋，為什麼有些一九六〇與七〇年代的左翼運動者無法將他們的成功作為給資本化，以作為往後行動的奠基條件（Lerner, 1979, p. 19, quoted in Barber, 1991, p. 34）。根據 Seligman（1975），習得的無助可能會產生麻痺的負面效應，但不見得會令人感到害怕，就像心灰意冷之後可能就是漠不關心。

超克培力的障礙

　　我們可以指出一些在人群工作中克服培力障礙的不同方式（表5.1）。個體培力工作的優勢在於，使人們能直接涉入改變的各項工作與爭議；其弱點在於，如果沒有一個管道來連結人們的個人培力目

表 5.1　超克個體培力之障礙的方式

方法取徑	實例說明
習獲技巧	在電話交談、電腦溝通（例如：使用電子郵件）、與人會談（個別地或在會議中）、寫信等方面所需要的技巧
培養信心	在會議中獻策、與陌生人接觸、面對與處理不確定感
各種資源之洽談與協商	預約場地、填寫各種經費申請文件
倡導與自我倡導	為自己也為其他人，肯定而果敢地公開發表意見
提高批判意識	提高自己以及其他人對於相關議題的覺察意識，例如：共同承受的貧窮與社會排除的問題
網絡連結	與人們聯繫、分享資訊與經驗、培養信任關係與合作關係、發展出共同的策略
採取集體行動	指出相關議題、決定如何著手處理一個議題、完成一項策略、檢視與評價已完成之事項

標與組織、社群和社會的培力目標，那麼，可能會讓人們陷入無所適從的掙扎狀態。Barber（1991, p. 41）認為，個體培力的目的在於使他們能變得更加自我引導與自我肯定，並且發展出一種樂觀的態度，願意相信與他人的集體努力有可能獲致具有建設性的結果。Nelson 等人（2001）根據精神疾病康復者的經驗，分別從微觀的層面（micro-）〔人際的層面（interpersonal）〕、中距的層面（mezzo-）〔團體與組織的層面（group and organizational）〕以及鉅視的層面（macro-）〔政策的層面（policy）〕，指出有助於他們恢復的幾種培力因素。一如 Nairne 與 Smith（1984）對於婦女何以比較能分享她們的沮喪經驗所做的說明，不讓個體工作與團體工作之間有那麼清楚

的界線，可以讓許多的效益與支持產生。Baistow（1994）早就正確
地指出，在不考量團體培力和社群培力的情況下所嘗試的心理學式的
培力取徑，有其諸多缺點，雖然這些不同的培力層面最好能被保持在
一種具有相互性的分隔關係中（mutually segregated）。乍看之下好像
是說，不需要再有進一步的努力和解釋，反正培力的個人以及培力的
團體和／或社群已經融合在一起。Solomon 與 Freire 針對此問題進行
長久的纏鬥，並且提出個體培力工作如何實現的可能方法。

Solomon 的主張

Solomon 對於培力個體的觀念具有開拓性的影響力，這些觀念根
源於一九六〇年代美國的社會正義與社會改造的運動，她凸顯出握有
權力的實務從業人員試圖培力當事人，以使當事人能自我培力的悖
論。她認為，實務從業人員代表某個受到極其負面評價的個人進行倡
導工作，可能會讓人覺得，實務從業人員之所以會這樣做，若不是因
為工作員不想要這個人自己來做這件事，就是因為這工作員認為這個
人無法勝任這件事（Solomon, 1976, p. 26）。她認為，這是實務從業
人員在培力過程中必須處理的核心問題，方法是藉由表示能理解「無
力狀態及其影響的重要性」，以發展出培力的實踐技巧（Solomon,
1976, p. 26）。這需要具備以下幾項助人要點中的一項或更多項：

- 將他或她理解為解決自己問題的能動者。
- 將實務從業人員視為具備可用知識與技巧的協進者。
- 將實務從業人員當作問題解決的夥伴或共同工作者。
- 了解到多面向的權力結構是由各個不同層面來鞏固現狀，使現
  狀得以維持，而各個不同層面有其開放性，有被影響的可能
  （Solomon, 1976, p. 26）。

Solomon 指出，人們將自己當作導致改變的啟動力，並不因此就

否定促進改變的多重因素。也就是說，個體並不是導致他們的問題產生的單一根據，因此，問題也不能夠只是藉由當事人自身的改變而獲得解決。這樣的觀點將我們帶離尋找單一歸因的醫療模式：將某種細菌視為病因，只要菌可殺，病就能除（Solomon, 1976, p. 27）。

Freire 的主張

　　Freire 的著作讓我們知道，提高批判意識如何可能藉由連結個人的培力與人的境況，而轉變個人的意識覺察與世界。相對於 Seligman 限定性極高的理論，Freire 則提供一種格外不同的視野，他將個體培力與社會改變連結起來，發展出正面行動的策略；批判意識之提高將各種心理過程，以及工作員及其共事的人之間互動所在的那個結構性脈絡兩者放一起。這個方法取徑的基本假設是，對壓迫的成因及其鋪天蓋地的存在，必須有社會性及心理性的深刻了解，這樣才能進一步理解培力的過程。Freire（1986）的著作提供我們一個關鍵的參照點，這部作品是根據他在一九三〇年代初期的大蕭條中，在巴西體驗到的貧窮與飢餓經驗而寫成的。Freire 以提高批判意識與培力為論述主題之著作的整個要旨，在於他所進行的一種基本分析，那就是個體的心靈狀態——培力過程的心理向度——是要面對與處理的第一要務。Freire 關注的是，如何讓窮人能進入提高批判意識的過程，好讓他們能克服在經濟、文化、知識以及情緒上所受到的壓迫，並且去質疑與改變他們從屬的無力狀態。他應用「提高批判意識」這個詞所表達的概念意義是，「學習去了解社會、政治以及經濟的矛盾，並且對現實中的各種壓迫條件採取反抗行動」（Freire, 1986, p. 15）。Freire 以一種特殊的方式使用日常詞彙，以貼切地捕捉到超克壓迫與培力民眾之過程的實質性。因此，此過程的核心在於人與人之間的對論（dialogue）：

在這種遭逢中，對論者的聯合反思與行動被表達出來，並且指向必須被轉變與人性化的世界，這種對話不能被化約為一個人對另一個人「置入」（depositing）觀念的行動，也不能變成一種在討論中被參與者「消費的」簡單的觀念交流……因為對論是命名這個世界的人們之間的遭逢，它絕對不可以是某些人代表其他人來進行命名的情況。它是一種創造的行動；它一定不能是一個人宰制另一個人的詭譎工具。（Freire, 1986, pp. 61-2）

對論、教育與批判性緊密相連地同時並進：「也只有要求批判性思考的對論才有能力產生批判性思考。沒有對論就沒有溝通，沒有溝通就不可能有真正的教育。」（Freire, 1986, p. 65）再者，「除非涉及批判性的思考，否則真正的對論就不可能存在。」（p. 64）為了達成對論，人們需要透過話語：

但是，話語（the word）不只是一種讓對論成為可能的工具；於是，我們必須探索其構成要素。我們在話語的內部發現兩個向度：反思與行動；在類似的基變互動中，假如有一個向度被否棄——即使只是部分的否棄，另一個向度立即因此連帶遭殃。真正的話語必然同時又是一種實踐（praxis）。因此，說真話（to speak a true word）就是去轉變這個世界。（Freire, 1986, p. 60）

Freire（1986, p. 73）將實踐設想為一種持續不斷的手段，藉此，人們「創造歷史並成為歷史性的社會存有者（historical-social beings）」。要達到這個目的，就必須以解放來取代宰制，後者是「我

們時代的根本論題」。他將此視為一種人性化的過程,其涉及壓迫處境的消除,並且超越那些將人給物化的處境(p. 75)。行動的關鍵在於,在批判地反思的同時進行探究。這是一種教育的過程,以深化對人們處境的歷史性覺察。當人們開始覺察到自己的生存條件,他們就有能力對其進行干預與改變(Freire, 1986, pp. 80-1)。Freire 小心翼翼地試著要降低教育與提高批判意識的這種錯綜複雜的過程:

> 革命性的實踐組成要素不應該包含操縱、口號、「置入」、組織化,以及命令,因為這些正是統治實踐的要素。為了實現統治,統治者唯一能做的就是,否定人們真正實踐的權利,也就是否定人們有說自己要說的話、有創造自己思考的權利。他不會對論式的行動;對他而言,這樣做若非意味著交出統治的權力而成為受壓迫的目標,就是意味著因為失算而失去權力……受壓迫者帶著日益提高的意識參與革命的過程,愈來愈理解到自己是讓轉變發生的「主體」,這絕對是必要的。然而,假如他們覺得自己陷入一種曖昧的狀態,在自身中發現有一部分是自己、有一部分是壓迫者的時候;而且,假如他們掌權卻仍深受壓迫處境的曖昧性具體的影響,我會認為,他們只是想像自己已經取得了權力。他們這種生存的雙重性甚至可能助長派別之風,導致對革命具有破壞性的科層設置……他們渴望革命,也許是希望藉此取得統治地位,而不是將革命當作解放之道。(Freire, 1986, 97-8)

個體培力的實踐

兒童與家庭的培力工作

我們可以針對兒童與家庭的培力工作,做出以下兩點一般性的說明:

1. 在兒童與家庭的社會工作領域中,培力與保護之間存在著一種緊張關係。我們難以想像,如何能讓所有的家庭成員皆因某一成員的培力而獲益。較常發生的是,某一人的培力意味著另一人的反培力,例如,父母親的投入,不必然就能讓孩子有更多投入的機會。

2. 根據前一點的說明,處理個別兒童的狀況,不應該在排除父母、家庭和更大環境因素的情況下進行。有研究指出,培力式的社會工作在面對有心理困擾的父母與兒童時,可採用多層面的工作方法取徑(Scheel & Rieckmann, 1998)。

事例

就以 Gemma 的例子來說,她不願意去探望她那住在養護機構的祖母。困難之處並不在於如何說服她,而是如何找出阻礙她、使她不願意去看祖母的因素。在與 Gemma 的一次談話中證實,她上次去探望祖母的時候,看到主任辦公室裡有一只箱子,她認為那箱子就是棺材。在害怕的同時,她又看見一位老太太在一張椅子裡一動也不動,她想,那老太太死了,不久就會被放入那只箱子裡。社會工作員在 Gemma 再次去探望祖母之前,先去拜訪養護之家。在 Gemma 再次前往養護之家探視的時候,主任

已經先將那只箱子放在大廳，好讓 Gemma 可以看見箱子裡面裝的只是送洗衣物。經過工作人員以及 Gemma 一家人的共同努力，讓養護之家呈現一種對小孩較具親和力的環境。Gemma 探望養護之家的疑慮消失了，她覺得自己下次可以為她的祖母和其他養護之家的住民彈鋼琴了。

自從一九八〇年代開始，英國的學齡前教育對於學習環境中（例如：學齡前幼兒遊戲組和幼兒園）與父母共事的夥伴關係目標已經確立得相當清楚（Pugh et al., 1987）。Pugh 與 De Ath（1989, p. 33）將夥伴關係定義為，在擁有共同目的、相互尊重、願意協商的情況下一起努力。這雖然有別於提高參與度使人培力的作法，因為大人與小孩在決策過程中只能有少部分的參與，但仍可被視為是一種夥伴的合作關係。

兒童與家庭的培力工作，最好被放在不同家庭成員之間權力關係的差異序列中來看。總的來說，我們可以觀察到，在兒童與家庭的工作中所使用的夥伴關係和參與的方法取徑是錯綜複雜的，而且相當需要實地操演。在面對具有多重困難的家庭時，不可能讓家庭成員都受到均等的培力，尤其是當某個家庭成員因為虐待而正在接受調查中的時候，一方面需要干預，而另一方面需要支持或治療。而且，在此工作期間，有些家庭成員（例如父親）可能將自己排除在整個狀況之外，不參與其中，使得要將大家都納進來一起工作變得困難或不可能。

發展家庭支持服務與夥伴關係的方法取徑，似乎對於實務從業人員與使用者之間的關係具有重大的影響。Lupton 與 Nixon（1999）對於有關家庭團體會談在培力實踐上的成果的相關研究進行探討，結果發現，這些方法取徑並不會比傳統的社會工作方法來得遜色。一般而

言，家庭的團體會談是由專業人員決定是否召開（有時候是為因應工作流程的要求），並且由他們引導會談的進行。在家庭的團體會談中，會發生類似在其他培力領域也會有的張力，也就是會在不太明講的情況下催促家庭成員參與，並且堂而皇之地說，這都是為了要培力他們。專業人員不應該既想要主導過程，又說要培力民眾。假如民眾有意願培力自己，實務從業人員就不應該代庖，而是應該讓他們有權利以自己選擇的方式來做這件事情。例如，在 Peled 等人（2000）研究中的那些遭受身體虐待的婦女，就是在選擇繼續與施虐者維持住關係的同時，以一種培力的方式，建構出可以讓自己的需求與權利取得平衡的生存處境。

身障者的培力工作

身障者培力工作的行動準則所根據的是身障的社會模式（social model of disability）（Oliver, 1990），該模式主張，身體損傷者的障礙是來自於他們置身其中的社會、組織與制度根深柢固的結構性障礙與社會性障礙。Taylor（1999）舉少數族裔社群的全聾以及聽障人士如何以培力的方式經營自己生活並反對被孤立為實例，來證明身障社會模式的可行性。我們必須支持身障者為爭取自身權益所做的努力，而不是讓他們的處境永遠處於需要照顧的從屬狀態（Morris, 1997）。

參與式研究可以用來提高與身障者相關之實踐的價值，例如利用攝影的方法。在針對有學習困難的人們進行研究時，可以將口述史與生命史研究（這些方法都涉及採集人們對其生命所做的詳細的傳記式陳述，以此作為分析的基礎）當作一種培力方式來使用（Atkinson, 2004）。目前為止，研究團體形式的學習障礙者工作還相當罕見，以下這幾點說明，是來自一份針對某個脊椎損傷者自助團體的團體培力過程所做的參與式研究的結論（Stewart & Bhagwanjee, 1999）：

1. 參與者在自力更生與自我培力方面獲得進展。
2. 該團體從專業導向轉變成服務使用者導向。
3. 領導該團體的實務從業人員的角色，從協進者的角色變為受該團體所邀請的諮詢顧問。

實務研討

Rhoda 是某個身障者團體的成員，在一次中風之後，她就開始無法工作，並且已經申請了個人助理。她的姊姊 Tina 住在離她三十哩遠的地方，正設法說服她以照顧服務來取代個人助理，因為以直接給付來雇用個人助理對 Rohda 來說壓力沉重。為此，社會工作員負責尋找壓力較小的方式來解決這個問題。

評論

該社會工作員找到一個私人的非營利組織，該組織專門代理幫有意願雇用個人助理的身障者找到個人助理，讓這些身障者不必自己承擔作為雇主的責任義務。這樣的重新安排讓 Rhoda 得以繼續拒絕「照顧」模式（"care" model），並且持續採用「權益」模式（"rights" model）；照顧模式會讓她覺得自己一直處於依賴的狀態中，而權益模式則讓她有獨立生活的權利。她展望自己的未來，要作一個獨立的人，這也是身障者運動所爭取的公民權。在這個代理組織的支持下，一年之後，Rhoda 有能力開始自己創業，與該組織合作，協助其他身障者來雇用個人助理。Rhoda 說，這是她在生命中第一次感覺自己像個「真實的人」（real person），能夠對這個社群貢獻一己之力。

老人的培力工作

　　有愈來愈多的著作肯定老人培力工作所帶來的挑戰，這些著作涵蓋的領域包括居家照顧（Francis & Netten, 2004; Patmore, 2001）、中間型照護（Andrews et al., 2004），以及在培力與安全保護之間特別有張力的失智症工作（Bamford & Bruce, 2000; Brannelly, 2006; Cantley et al., 2005; Cheston et al., 2000; Proctor, 2001）。Thursz 等人（1995）為老人培力工作帶入一種國際性的觀點，他們聚焦在丹麥、多明尼加、愛爾蘭、印度、日本、墨西哥、巴基斯坦、南非、英國、美國等國家的研究指出，在不同社會之間以及每個社會內部對於「變老」這件事情的意義有相當大的差異，而以事實為基礎的實踐可以扎根於培力的過程（Heslop, 2002, p. 1）：

1. 直接讓老人來分析自己的處境。
2. 肯定並且善用老人對於倡導的理解，據此進行決策。
3. 讓老人參與資訊蒐集的過程。
4. 特別要讓窮人以及被邊緣化的人有投入政策發展與服務開發的機會。
5. 讓老人參與研究之規劃、執行與傳播，讓他們因此有與決策者以及實務從業人員直接溝通的機會，使其了解老人的境況。
6. 將他們所表達的這些議題連結到層面更廣的政策發展。
7. 將他們的實際需求具體納入介入的行動，以及經濟性與社會性發展的目標之中。

　　任教於香港城市大學（City University of Hong Kong）的 Kam（2002）舉實例說明，各種不同的因素如何可能造成反培力，這些因素包括：實務從業人員的態度與作風、使用醫療或控制的執業模式、拒絕給予參與的機會、限制選擇的範圍，以及對相關資源實行限量供

應。Sixsmith 與 Boneham（2003）探究那些健康狀況退化而影響其參與的老人，如何可能從愈來愈多的非正式社區活動中，發展他們建立社會網絡的能力，從而獲得補償式的培力。根據一份針對新南威爾斯（New South Wales）接受緩和照護之腫瘤病患的家屬照顧需求研究顯示，他們覺得，當他們在決定性的時刻獲得最需要的資訊時，是他們最感有力的時刻（Wilkes et al., 2000）。

實務研討

當社會工作員和已經六十八歲住在收容所的 Rose 工作時注意到，幾年來，Rose 都被視為需要依賴收容所生活。這名社會工作員正著重在 Rose 的培力，而且 Rose 也有搬出收容所再回去住在自己公寓的企圖心。該社會工作員了解，從身體的狀況來看，Rose 太脆弱，實在無法自己一個人住。社會工作員的目標是，在盡可能讓 Rose 培力的同時，設法在 Rose 及其目前的境況中協調出一個最好的作法。

評論

該名社會工作員覺察到，必須避免以庇護、操縱的方式來面對 Rose，更不能忽略她的想望。以下是社會工作員為這個工作設定的五個階段：

• 鼓勵 Rose 更加詳細地說說她自己想要追求的目標。
• 找到一些方式，讓她可以自己探索斟酌這個目標的可行性。
• 經過她自己的探索斟酌之後，她覺察到這個目標的缺點和不切實際。
• 接受現實，放掉她多年來的夢。
• 適應她目前在收容所中的生活。

　　和 Rose 共同經歷這個過程是費時的，而且對 Rose 而言會有些痛苦，因為她必須去適應自己的老化對她所造成的重大影響，並且接受在年紀愈來愈大過程中的一切得失。為了達到這個目標，該社會工作員致力於：

- 建立 Rose 與人們互動的信心。
- 協助她與人們互動的社交技巧，並且進一步和他們一起出遊。

　　這樣做終於增強了 Rose 的力量，並且反而讓她不再抱持那個脫離現實的夢，讓她能夠去面對與評估收容所生活中的正向機會，例如提高安全感、減少孤立感，並且善用這些機會。她體驗到告別先前生活後的正向經驗，繼續保有她的自尊，並且將移居到收容所視為一種社會性的轉變，而不是社會性的衰退。

精神障礙者的培力工作

　　Linhorst（2006）舉實例說明，如何可能與重度精神疾患者進行培力的工作。用來研究精神疾患服務使用者的研究工具，可以由使用者自己來建構（Rogers et al., 1997）。我們可以從三個觀點來考慮精神疾患：身體的、社會的和心理的。康復的方法取徑，在其理論假設與操作方法上都必須具有培力的性質，我們可以從以下的這個案例中獲得比較具體的了解。

實務研討

　　Winston 在十二年前被診斷為精神分裂症患者，並且多次住進精神醫院。他的社會工作員引介他到一個定期聚會的團體，以探索康復方法取徑的好處，希望他能從中獲得控制日常生活的能力（Deegan, 1997）。

Winston 參加了這個康復團體。經過一段時間，Winston 成功地改變他對自己的精神分裂症的觀念：從治療觀點轉變到康復觀點。這意味著，他不再因為他的症狀無法在一次的完全治療中消失而感到挫敗，但他對於症狀獲得控制的事實感到滿意，而且，他逐漸能夠重拾先前的生活「常」態（ "normal" pattern of life）。他開始可以和他的親友談論康復的方法取徑。由於先前受到專業人員態度的影響，Winston 無法完成一次完全的治療，反觀現在，他在康復的路上覺得自己有力量可以繼續走下去。一年之後，他開始能夠承擔兼職的工作。

以下這則透過自我倡導而培力的事例，具體地對傳統的實務工作提出挑戰。

Ken，二十一歲，男性，有學習障礙。通常，當他的母親正在對實務從業人員說些有關他的事情時，他只是靜靜地坐在一旁。但現在他已經成為自我倡導者，他不僅學會了一些技巧，讓他能夠為自己公開發表意見，而且還戲劇性地改變了他和周遭其他人的關係，尤其是權力關係。這個過程涉及工作員與他的母親和他進行權力的分享，並且改變他們對他的態度，也改變彼此對待的態度。

個體培力的方法取徑

Heron 將個體工作分成兩個範疇：權威式的（authoritative）和協進式的（facilitative）（表 5.2）。權威式的個體工作具規定性（prescriptive）、情資性（informative）以及面質性（confronting），是較為公然地行使控制；協進式的個體工作具紓解性（cathartic）、促進性（catalytic）以及支持性（supportive），較不具指導性（Heron, 1990）。Heron 之所以將表 5.2 中的前三個視為權威式的，因為它們的科層性比較高，而且，在這範疇中的實務從業人員代理當事人負責；相較之下，後三個協進式處遇的科層性較低，實務從業人員的職責在於促使當事人能變得更有自主性且為自己負責。Heron 的分析跨越不同的專業脈絡，包括醫療、護理、社會工作、商業管理和諮商輔導、中等教育和高等教育的教學、警政工作、青少年工作，以及社區工作。從培力的觀點來看，其價值在於分辨出哪些活動可能比較禁不起培力的考驗（前三者），而哪些活動本身就比較容易產生培力（後三者）。

Heron 主張，雖然這兩個範疇的六個性質彼此獨立，因而不能將任何一個化約為另一個，但是，它們在某些方面的部分重疊是值得注意的。例如：訊息的提供可能會具有面質性，而法規也可能具有促進性（Heron, 1990, p. 7）。順帶一提的是，我們將介入歸在權威性的範疇中，對 Heron 而言，介入則是構成許多元素的基礎；另外，我們也將倡導歸入協進式活動的範疇。

諮商輔導

從本質上來看，諮商輔導的實踐是培力的（McWhirter, 1997）。

表 5.2　培力性較高與較低之個體工作方法取徑

工作性質	權威式 培力性較低	協進式 培力性高
	維護專業控制、專業權力，以及保持專業距離	共有權力或將權力交出去；鼓勵當事人發展獨立性
舉例說明	規定性 指導當事人要做什麼，例如：執行法院的命令、施展法律	紓解性；協進性 讓當事人能表達感受，例如：與喪親者工作
	情資性 提供當事人相關資訊，例如：提供當事人取得相關服務的資訊	促進性 讓當事人能致力於自我發現、自我引導的生活，以及問題解決，例如：釋放失落的痛苦情緒
	面質性 要當事人正視自己應該承擔的責任和行為，例如：可能透過模範或團體壓力來挑戰他們的態度	支持性；促進性 （也就是使能產生互動） 肯定一個人的價值，建立自信與培力
	介入 （例如：認知—行為治療）	倡導與自我倡導 為當事人公開發表意見；讓當事人能為自己公開發表意見

資料來源：根據 Heron, 1990。

Thompson 舉出運用諮商輔導和其他類似的方法來提高身障者自信的例子，並且以倡導來促進他或她應有的公民身分。這與他們一開始的處境形成強烈的對照：

　　由於受到被邊緣化、被孤立以及受到非人性的待遇，而處於公民權被剝奪的境況中——在個人層面，遭受偏見的歧視與誤導的憐憫；在文化層面，蒙受負面的刻板印象與價

值；在結構性的層面，則是在「最適者生存」的資本主義觀念的社會宰制下，成為必須接受慈善救濟的沒有競爭力的「廢物」（handicapped）。（Thompson, 1993, p. 127）

倡導

這包含一些從公民倡導到工作員倡導的活動，其形式有以下幾種：個體倡導、公民倡導、照顧者的自我倡導、專業倡導，以及會影響某範疇的人或某群人、為引發改變的集體性倡導。為民眾或與之共同從事的個體倡導工作容易受到折損，因為有些人可能在培力後反而感覺到原本的自主性與獨立性變低了。

事例

說明集體倡導最貼切的一個例子，是精神衛生領域中的一個組織——康復者之聲（Survivors Speak Out）。這個團體在一九八六年成立於英國，目標是「提高對服務受領者行動真正可能性的認識，增進個體之間和團體之間的個人接觸以及訊息的流通」（Lawson, 1991, p. 73）。像「康復者之聲」這樣的康復者團體近年來遍及許多西方國家，其成員包括之前的患者，例如曾經住過精神醫院的人。有些團體已經建立起非常好的人際聯繫網絡，有些團體更進一步以雜誌或通訊期刊來強化這樣的網絡關係。類似這樣的團體，與那些在精神衛生的院所機構中缺乏民主與患者參與的現象形成明顯的對比（Brandon & Brandon, 1991, p. 143）。在康復者之聲的團體中，「體制下的康復者」（systems survivors）與「聯盟夥伴」（allies）共同合作，一起發展自我倡導（Survivors Speak Out, Newsheet, 1988）。研究那些對於英國與

美國刑法體制進行抗爭運動，以及對於英國學校教育體制進行抗爭的文獻指出（Adams, 1991, 1994），期待那些由康復者所領導並且可能對專業人員進行批判的組織，能夠在增強其成員力量的工作上自動取得成功，是不切實際的想法。類似的積極行動需要進行很多的規劃，投入大量適當的資源。

結　論

總之，培力的實踐發展讓人們可以有許多各式各樣的機會，一方面遠離依賴，另一方面遠離壓迫，往改善服務的目標前進，或許可能改變現狀（圖 5.1）。這些進展之間當然存在著張力，培力實踐者必須設法面對與處理。

不同案例的多樣性與錯綜複雜性，讓培力實踐甚至更加吃力不討好，像某些家庭成員需要權威式、介入式的方法取徑，而其他家庭成員卻需要支持。由此可見，「一體適用」（one size fits all）的方法取徑是無法收效的。

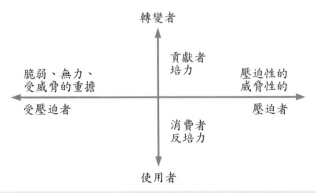

圖 5.1　個體工作中各種培力的角色之間的衝突

♨ 作業練習 ♨

◆練習一

請具體指出個體培力工作必須超克的主要障礙。

◆練習二

請列出你會用來超克個體培力工作之障礙的主要方式。

◆練習三

請描述個體培力的幾個主要階段。

延伸閱讀

Beresford, P. (1999) 'Making Participation Possible: Movements of Disabled People and Psychiatric System Survivors', in T. Jordan and A. Lent (eds) *Storming the Millennium: The New Politics of Change*, London, Lawrence & Wishart. A useful article reminding us of the significance of activism by disabled people and survivors of mental health.

Braye, S. and Preston-Shoot, M. (1995) *Empowering Practice in Social Care*, Buckingham, Open University Press. A practical text covering aspects of theory and practice in social care empowerment.

Heller, T., Reynolds, J., Gomm, R. et al. (eds) (1996) *Mental Health Matters: A Reader*, Basingtoke, Macmillan – now Palgrave Macmillan, pp. 215–66. A collection of short articles, extracts and chapters covering a wide range of mental health issues, including empowering experiences of those receiving mental health services.

Lupton, C. and Nixon, P. (1999) *Empowering Practice? A Critical Appraisal of the Family Group Conference Approach*, Bristol, Policy Press. An independent and critical study of claims that the family group approach empowers children and families.

Meetham, K. (1995) 'Empowerment and Community Care for Older People', in N. Nelso and S. Wright (eds) *Power and Participatory Development: Theory and Practice,* London, Intermediate Technology Publications, pp. 133–43. Provides examples of older people becoming empowered.

Thomas, N. (2000) *Children, Family and the State: Decision-making and Child Participation*, Basingstoke, Macmillan – now Palgrave Macmillan. A study of children's participation in social work that locates practice in the wider context of childhood.

Wilkinson, H. (ed.) (2002) *The Perspectives of People with Dementia: Research Methods and Motivations*, London, Jessica Kingsley. Illustrations of the experience of dementia, with implications for empowering practice with older people.

實用網站

- www.helpage.org 扶老國際組織（HelpAge International）提供老人採取行動自我培力以及影響其他人的實際案例。

CHAPTER 6

團體培力

我曾經和一個全郡「論壇」（county-wide "forum"）的創辦成員們聚會，該論壇由英國北部某個郡的各地服務使用者與照顧者設立且運作多年，是服務使用者與照顧者聚會、表達觀點之所在。他們在一起共同討論並且尋求能符合其需求的服務，促進他們的獨立性，以及實現更好的生活品質。在確保個體能獲得適切的個人服務的同時，此論壇作為對服務規劃與傳輸品質發表意見的角色也愈來愈重要，其活動除了召集全郡會議、論壇的委員會，也與健康服務和社會服務定期開會，以討論政策與實務上各方面的議題。這個服務使用者與照顧者導向的團體有幾個主要優勢，要讓服務能：立基於更準確的評估；以人為本並且聚焦在實際的需求上；透過對預算更有效的運用，更好地協調全郡的相關工作；以及，使用人們的直接回饋進行更有效的評鑑。成員們還能獲得的其他益處包括：諸如降低孤立狀態以及與人會面的社會性益處；相互的支持；為孤立、孤單和沮喪的人提供更好的服務與正向的活動。

引　言

　　社會工作員也許不會從事太多團體內部的工作，但是許多社會工作員有機會與團體共事。非常多的培力活動是發生在團體的環境中，有時候，這些團體是由實務從業人員設立，但有時則是在沒有實務從業人員的情況下完全獨立運作。前述的例子，就是一個沒有專業人員涉入而相當獨立的團體，對照之下，以下要探討的這個實務案例，則是一個由專業人員運作的治療團體。像這類以人們的培力為目的的團體，在差異性相當大的情況下，是否能有任何共通的特徵？我們是否能為那些想要與這些團體共事的實務從業人員找出任何指導方針？本章要處理這兩個問題，而且可以明白地說，我們發現我們對這兩個問題的回答是「是的」（Yes）。對於團體能做到什麼、不能做到什麼，我們必須要有現實感。團體能提供個體支持、降低孤立的風險，並且給出一個環境脈絡，讓個人的技巧能於其中獲得發展與操練；也給出一個方法，讓一個批判意識已經獲得提高的個體，能致力於實現他已經被提高的個人期待。

實務研討

兒童與青少年的培力治療工作

　　Tomi 和 Tania 是兩個舉目無親的難民小孩，他們住在英國北部的一個鎮裡。他們在學校、在領養家庭都相當安靜與退縮，並且體重不斷下降。有好幾個月的時間，所有試圖勸誘他們談論自己的感受、境況與背景的作為都被他們拒絕。他們的社會工作員設法避免再做類似的嘗試，改說服他們去參加一些由社會工作員帶領的非正式課程，這些課程運用一些藝術、戲劇或音樂治療的

方法取徑來進行活動。在幾週之內，他們開始參與，也漸漸和其他小孩建立起友誼關係，在學校裡有比較好的表現，在家裡也變得比較會開口說話、比較不那麼沮喪。

評論

類似戲劇治療這樣的治療團體方法取徑，原本就具有培力的性質。團體所提供的情境，使行動的方法取徑能夠讓團體成員的參與度最大化，並且／或者有可能激發出涉及創造力與原創性的作品。它們可以針對一些特定議題，例如受暴婦女（Wood & Middleham, 1992）、學校或保護管束的青少年工作，以及那些面對生命威脅之疾病、受到虐待、孤僻、被長期領養與收養的兒童（Bannister & Huntington, 2002）。戲劇治療的培力方法取徑可運用於青少年的工作（Chesner & Hahn, 2001）。Plummer（2001）舉實際的例子證明，以語詞和圖畫讓兒童能想像地表達自己的團體工作，如何既有趣味性又具有治療性。類似的方法取徑原本就具有培力的性質，它們經常著重於整個自我的運用，讓團體成員能掌控情勢，結合並且吸收各種方法取徑與技巧，然後放掉這些方法與技巧，之後進行展演（performing）。它們有助於促進一種反思與展演或行動的持續性過程（所謂展演或行動，不必然只是對於一個角色的演出，而是對於投入行動本身賦予更多的意義）。如此一來，當事人可能會經驗到實行與存在、思考與感覺、反思與行動整合的培力感。

Mullender 與 Ward（1991, p. 12）堅稱：「假如團體工作的目的能不將公領域與私領域區隔、個人與社會分開，那麼，團體工作就可以發揮很大的影響力。」然而，根據 Baistow（1994, p. 36）的觀察，團體工作作為一種對抗壓迫的培力策略，其概念

所立基的觀點是「『問題』，其隱含著心理學的治療觀。在這種情況下所提出的解決之道，就會是團體工作的諮商輔導」。自助或使用者導向團體的一個限制，產生於以下兩者之間的潛在衝突：Mullender 與 Ward（1991）所主張的作為團體基礎的反壓迫原則，以及團體成員也可能牽連其中的壓迫性活動。作為協進者的實務從業人員是否應該介入，從而對其他成員產生反培力？Page（1992, p. 92）認為，Mullender 與 Ward 的方法取徑的實質成效可能相當有限，而且對於實務從業人員作為協進者與教育者的角色成就大過於對其他團體成員的培力，除非在團體成員之間各種不同的多樣觀點，能經由一個可以提指集體意識之目標、一貫而能包容各種觀點的策略，被轉譯成更一致、更可行的需求（Page, 1992, p. 90）。培力的團體也許能給予其成員一種正向的經驗，但卻可能無法處理種種產生自貧窮的更大問題、失業、不良的居住品質、不合格的健康服務，與社會照顧服務等等。

培力團體的特色

任何一個團體都可能具有反培力性或者具有培力性，關鍵的問題是：導致這些不同結果的條件是什麼？本章在後續並不打算討論所有各式各樣的團體工作，而只針對自助團體與使用者導向團體。在自助團體中，使用者導向團體（user-led group）與照顧者導向團體（carer-led group）形成一個與其他自助團體明顯有所區別的範疇；而且，當然不是所有的自助團體都是由照顧者或服務使用者來主導。

自助團體

從 Katz 與 Bender 對於自助作為一種團體活動所做的定義切入是一個好的起點，他們說，自助團體是：

> 在實現某特定目的的過程中，所形成的有利於互助的志願性小團體結構組織。它們通常由處境相當、尋求互助的同儕者聚在一起而形成，成立的目的在於滿足共通的需求、超克共同的障礙或困擾生活的問題，以及引發團體成員想要實現的社會變革和／或個人改變。（Katz & Bender, 1976, p. 9）

使用者導向團體與照顧者導向團體

許多評論者用「使用者導向」這個詞來涵蓋所有團體工作的形式，在這樣的團體中，由團體成員直接主導團體內部的事務；由照顧者運作的團體以及由服務使用者運作的團體，都包含在這個領域中。如何命名領域中的民眾，一直是困擾著這個領域的問題。像 Mullender 與 Ward 這樣的作者，總是傾向於以「使用者」來命名。Mullender 與 Ward（1991）將使用者導向的團體工作化為概念，他們稱之為「自我指導的團體工作」（self-directed groupwork）。在他們的書中所設定的自我指導團體工作模式，是從各種人群服務中工作員與服務使用者的經驗發展出來的，並且打算將其應用到各種專業、學科、環境與使用者團體中。自我指導的團體工作符合自助的過程，而有關自助過程的描述與說明是本章所欲達到的目標。自助導向的團體工作主要著重在團體成員批判意識的提高以及培力，這涉及分析與行動這兩個主要

活動。在這情況下被稱為使用者的團體成員，在初期階段受工作員的支持，工作員則與作為夥伴的使用者一起將團體建立起來。這是要讓使用者能夠「為團體設立規範、定義問題並對其進行分析，並且設定目標」（Mullender & Ward, 1991, p. 18）。接著，使用者可能會在釐清問題與目標、採取行動的反覆循環中不斷重複；同時，他們會帶著逐漸增強的信心負責這整個過程。最後，服務使用者接手整個團體，工作員逐漸一個個退到幕後，甚至到最後全部離開。

自助團體與使用者導向團體的多樣性

自助團體與使用者導向團體領域的一個特色是實踐樣貌的多樣性。有些團體採取的是治療形式，有些則是根據提高批判意識的作法；有些團體是由像社會工作員這樣的實務從業人員來領導或協助，有些則是像自我指導團體一樣，在其團體架構中就已經有設計一種過程，藉此讓工作員在最初扮演協進者的關鍵角色來啟動團體的設立，然後再逐漸退到比較邊緣的位置，或甚至是變成非參與者。這樣的過程正是以下所勾勒的實務從業人員與服務使用者之間關係的三種基本型態，其中的差別取決於，這樣的團體是否與實務從業人員是一體的、是否受實務從業人員的協助，或是否完全獨立於實務從業人員而具有團體自身的自主性。

社會工作員與自助／使用者導向團體之間的關係

我們從表 6.1 得知，在社會工作與自助活動或使用者導向活動之間關係的三種型態，以及我們如何可能從資源、領導、支持等三方面與專業組織（在這裡，我們將專業組織設想為社會工作組織）關係的密切程度，以及實務從業人員與自助／使用者導向活動之間的關係性

表 6.1　社會工作與自助活動之間的關係

關係類別	自機構取得之資源	受專業人員領導的程度	受專業人員支持的程度	專業與自助之間關係的可能形式
一體的關係	多數或全部	直接	定期	由機構的專業人員發起，團體的相關活動為機構服務的一部分
協進的關係	一些	間接	時有時無	專業人員扮演觸媒的角色
自主的關係	無	無	無	將彼此視為相互轉介與學習的對象

質，來區別這三者之間的不同。

　　以駕駛作為類比，在一體的處境中，工作員擁有汽車並且坐在駕駛座中；在協進的處境中，工作員在一旁陪伴著自助者駕駛這部車；在自主的處境中，自助者／服務使用者擁有汽車，並且在沒有專業協助下獨力駕駛這部車。

與社會工作關係是一體的自助團體

　　從表 6.1 可以很清楚地看出，這類的關係型態是最弔詭的，因為自助活動明顯根植於社會工作的機構中，卻以實際行動顯示其要自助的目的與目標。這樣的關係所涉及的活動，是由在一個社會工作機構中的實務從業人員來推動、支持或直接主導，該社會工作機構則提供自助活動所需之主要或全部的資源贊助。Gartner 與 Riessman（1977, p. 71）的評論是，重要的健康組織都在贊助自助社團〔例如：美國癌症協會（American Cancer Society）支持喉切開術（laryngotomy）團體、乳房切除術（mastectomy）團體以及人工造管（ostomy）團體；

又如，在某一大會中，美國心臟協會（American Heart Association）建議其各州的分會去鼓勵與推動中風社團（stroke clubs）的設立〕。

乍看之下，與專業一體的自助似乎只是在稱謂上有些矛盾。如果只是簡單地認為，自助必然要獨立於所有外在的資助，那麼，與專業一體的自助當然難以符合這樣的看法。也許，比較關鍵性的問題是，必須去釐清與專業一體的自助者和實務從業人員之間的關係。許多人都能夠承認，專業指導可以在自助的活動中扮演具有正當性的角色，而操作的結構與形式必須在團體成員的掌控之下。這類的實際例子包括，那些在社會工作設施中可以自己獨立運作的單位，通常單位名稱會使用到「自助」二字，在這樣單位中的住民或服務使用者負責自己活動的規劃與安排，例如：在日托中心的相關活動。這當然也包括完全在社會工作機構內部組織起來、由機構資源贊助的自助團體，但是以自助的方式運作其計畫。

與社會工作是協進關係的自助團體

這類關係產生於社會工作員採取使能的行動將人們聚集起來，或以其他某種方式創造一種行動的風氣。在這類關係的行動中，社會工作員提供一些支援及某種程度的間接領導，這類的實際例子像是在精神衛生領域中，在自助的準備階段或初期階段提供相當程度的專業知識、技巧與資源，可能會對於某一個活動的存續與否具有決定性的影響。根據已有的觀察，在沒有某個專業人員以知識、技巧或資源的形式投入協助的情況下，那些正經歷沮喪的人常常會發現自己很難有所決斷地、積極地形成一個自助團體（Lindenfield & Adams, 1984）。

自主的自助團體

有些自助能夠有別於其他形式的助人工作，是因為人們在不求助

於實務從業人員的情況下自己幫助自己。也就是說,在自助的過程中,他們不接受處遇、治療、諮商輔導,或不被以任何其他方式置於社會工作人員的案主處境。在發起、組織、資源取得與運作上,這種型態的自助完全沒有專業工作者的參與,在此,我們也最能看出社會工作員與自助團體之間的距離。然而,在某些意義上,這樣的關係本身更需要清楚的說明。而且,就像與專業一體的自助例子一樣,乍看之下,這類的自助範疇好像與社會工作實踐無關,但相當常見的是,由於他們關切的主題、他們所引發的議題,以及他們與社會工作關聯的方式,往往都與社會工作有關,因此,自主團體的活動應當受到特別的注意。自主的自助團體包括:「匿名團體」(anonymous groups)、康復者團體(survivors' groups)、反污名團體(groups resisting stigma)(例如那些身障運動),以及提高批判意識團體(consciousness-raising groups)。

自助團體與使用者導向團體的共通點

我們可以從表 6.2 中得知自助團體與使用者導向團體的一些共同特徵。Killilea 在描述中指出某個困難的意義,那就是,活動聚焦在加強個別參與者期待的理想行為(desired behaviour)與改變。很明顯的,自助發生在不同層面,並且也聚焦在人的問題之外的其他面向。培力脈絡中的一個複雜狀況是,在某些方面,社會工作與自助可以互補;但在其他方面,自助對於專業價值可能是一種另類選擇,或甚至在實際運作上互相衝突。

我們可以在自助式的健康團體與使用者導向的健康團體之中,分辨出提供直接服務的團體,以及從事類似研究、教育或具政治性社會運動等相關活動之團體,這兩者之間的差別。後者的組織建構可能會比較完備,也比較穩固;而前者的組織可能比較鬆散、不正式,並且

表 6.2 自助團體與使用者導向團體的特徵

作者	特徵
Moeller（1983, p. 69）	• 所有成員在團體中的地位平等 • 每一個人為她或他自己做決定 • 該團體要為團體自己所做的決策負責 • 每一個成員都因為有她或他自己的難題而加入團體 • 團體進行的各種活動具有保密性 • 不必繳費就能參與
Knight 與 Hayes（1981, Ch. 2）	• 志願性的活動 • 成員之間有共通的難題 • 為相互的利益而聚會 • 共同承擔助人者與受助者的角色 • 建構出朝向共同目標前進的行動 • 團體由成員負責運作管理 • 團體在沒有外部經費贊助的情況下存在
Killilea（1976, pp. 67-73）	• 成員之間共享某種共通的經驗 • 互助與互相支持 • 同伴之間的協助，目的是為了自助 • 原本藉由差異性聯盟希望有所改變的民眾，決定加入不同的團體，由團體中的現有成員強化期待的理想行為 • 強調集體的意志力與對團體價值的信念，在成員能力的範圍內進行改變 • 提供相關資訊，讓成員能了解作為一個團體成員可能遭遇到的經驗與改變會是什麼 • 運用各種活動作為建構性的事件，讓成員在共同參與中實現規劃中的目標

擁有較少的可支配預算，或根本就沒有預算可供運用（Tracy & Gussow, 1976, p. 382）。我們也許可以指出以下五種自助活動：

- 治療性的自助活動
- 社會性的自助活動
- 教育性的自助活動
- 研究性的自助活動
- 社群行動的自助活動

所有這些不同種類的自助活動有一個共通的特徵，那就是人們投入某既定處境中，去經歷他們正努力解決之困境與議題的經驗方式。

自助團體與使用者導向團體的範圍

自助團體與使用者導向團體是一個非常廣的領域，其正持續不斷變化的狀況，讓我們難以確定它們的基本特徵。始終不斷有團體出現，也一直有團體消失，它們之間的多樣性，從問題或議題導向、到著重自我發展，再到聚焦在提高批判意識都有（表 6.3）。

表 6.3　自助與使用者導向團體的範圍

團體的型態	範例
問題與議題導向	治療團體、匿名團體
自我發展	整合團體、健康團體
提高批判意識	康復者團體、自我倡導團體

問題與議題導向

各種問題導向或議題導向的活動範圍，從健康問題〔例如：飲食失調（eating disorders）或物質濫用（substance abuse）〕，到精神衛生問題〔例如：憂鬱（depression）、畏懼症（phobias），以及像孤獨（loneliness）這樣的社會問題〕，具有這些困難的人們致力於自助

與互助。這些使用者團體包括像匿名團體、家屬與照顧者團體、治療團體以及污名化者團體。類似像性強迫症匿名團體（Sexual Compulsives Anonymous）、性過量者匿名團體（Excessives Anonymous）、性上癮者匿名團體（Sex Anonymous）（以上團體位於紐約）、性與愛上癮者匿名團體（Sex and Love Addicts Anonymous）（在舊金山、洛杉磯和波士頓都有）（Altman, 1986, p. 159）等團體的發展，證明有愈來愈多性困擾者以自助的方式幫助自己和互相幫助。

匿名團體

有一份數量持續增加的團體名單，以「戒酒匿名團體」（Alcoholics Anonymous, AA）作為自己團體設立與發展的典範，因為這個團體可說是在所有這些團體中最大、最知名，也可能是成立最久的團體。這份名單中的團體包括：癌症患者匿名團體（Cancer Anonymous）、健檢匿名團體（Checks Anonymous）、受刑人匿名團體（Convicts Anonymous）、竊賊匿名團體（Crooks Anonymous）、違法者匿名團體（Delinquents Anonymous）、情緒障礙兒童匿名團體（Disturbed Children Anonymous）、離婚婦女匿名團體（Divorcees Anonymous）、中輟生匿名團體（Dropouts Anonymous）、過重者匿名團體（Fatties Anonymous）、戒賭者匿名團體（Gamblers Anonymous）、偏頭痛者匿名團體（Migraines Anonymous）、母職匿名團體（Mothers Anonymous）、戒毒者匿名團體（Narcotics Anonymous）、精神疾患者匿名團體（Neurotics Anonymous）、親職匿名團體（Parents Anonymous）、非行青少年之父母匿名團體（Parents of Youth in Trouble Anonymous）、累犯者匿名團體（Recidivists Anonymous）、家屬匿名團體（Relatives Anonymous）、退休者匿名團體（Retirees Anonymous）、小胖子匿名者團體（Rich Kids Anony-

mous）、精神分裂症患者匿名團體（Schizophrenics Anonymous）、
兒童性虐待者匿名團體（Sexual Child Abusers Anonymous）、燒燙傷
者匿名團體（Skin Anonymous）、戒菸者匿名團體（Smokers Anony-
mous）、口吃者匿名團體（Stutterers Anonymous）、自殺者匿名團體
（Suicide Anonymous），以及青少年匿名團體（Youth Anonymous）
（Gartner & Riessman, 1977, p. 25）。

類似AA這樣組織建立完備的團體，通常會明確指出一些具體的
原則，作為團體召開會議以及會員可遵循的規則。AA有一些原則自
從一九三五年成立以來都沒有改變過，我們也可以在其他匿名團體中
發現這些原則中的許多原則，包括：

聚焦在行為；注意症狀；團體角色的重要性以及「老資
格」（oldtimers）（已經入會很久的團體成員）的知識與經
驗；以及，把問題（酗酒）視為慢性（酗酒者被認為不可能
會被治好）。（Gartner & Riessman, 1977, p. 25）

AA這個戒酒匿名團體的管控傾向──藉由成員之間的相互監
督，以及大眾對墮落者施以非實際懲罰的公共關注，可以在其他許多
匿名團體之中發現。諸如此類的團體總是一成不變地關乎如何在可被
接受的社會規範中改變個體的行為。在AA當中，大家期待個體要接
受十二步驟（Twelve Steps）與十二慣例（Twelve Traditions）的指
導，因為這些步驟和慣例正是團體運作賴以遵循的原則。

AA的意識型態之所以能對其他較大的匿名組織產生影響，其實
不難理解，因為戒賭者匿名團體、戒毒者匿名團體以及精神疾患者匿
名團體的創始人，都是AA的成員，並且都接受十二步驟與十二慣例
作為這些匿名團體工作的依據（Gartner & Riessman, 1977, pp. 29-31）。

照顧者導向團體

許多團體的設立是為了處理那些與有需求者或有困難者同住的人可能遭遇到的特殊境況與困難。例如：在社區照顧中，自助團體是提供直接協助給照顧者，再透過照顧者間接支持那些有需求或有難題的人；這些照顧者可能是受照顧者的朋友或親戚。

這些團體可能會和某個直接滿足當事人需求的現有團體維持一種夥伴關係，像匿名戒酒協會（Al-Anon）提供協助給有酗酒問題者的親戚或朋友，而這些有酗酒問題者可能是AA團體的成員。這類有時候也被稱為「與之共處團體」（living-with group）的支持團體，其性質在很大的程度上受有問題之當事人對照顧者之依賴程度而定。例如：照顧意識混亂之年長親戚的照顧者，要面對更加難以掌控的狀況，可能必須不分晝夜更加密集地投入工作，使得她或他所承受的衝擊可能甚至更大。

這種「與之共處團體」的成員所設法適應的對象，通常都有一些類似的狀況。和這類團體一開始接觸時，它們通常會安排讓新來的人和之前也面對過類似處境的某人會面，讓新來的人先安心。這樣的會面也可能從照顧者的立場，提供她或他許多了解事發狀況所需要的資訊。因此，孩子有相同病痛之苦的父母聚在一起，可能會從他們一開始留意到事情不對勁，直到撐到今天的過程，分享彼此的經驗。

自助治療團體

雖然治療取向的自助團體之間的差異性很大，但我們可以在女性主義治療團體的領域發現自助最令人振奮、也是最弔詭的特徵。女性主義理論反映女性主義對精神治療的影響，其主要焦點是針對性別主義對個別婦女問題的衝擊也就不足為奇；要緊的是，性別主義被視為

社會結構的一個方面（Howell, 1981, p. 512）。但就其範圍來看，女性主義理論仍和大部分的精神治療差不多，都認為問題的社會向度反過來似乎可能只是存在於個體的內在。

女性主義治療團體可能被指為代表批判意識提高的一種團體型態，但若從提高意識關乎社會和政治改變，或無論如何都是精神外在的範圍來看，治療活動有時可能全無關乎提高批判意識的過程（Howell, 1981, p. 510）。關於女性治療團體，有一個比較微妙且具挑戰性的議題是，假如我們接受女性主義的根本觀點是全神貫注於社會性的議題，而不是以個體取向來解釋人的症狀，那麼，認為問題的導因在於個體病變的任何建議，就算只是些微的暗示，也都可能受到女性主義者的懷疑。因此，我們可能會發現，對問題之根源拒絕採取精神動力之討論與回應的女性主義治療就會比較靠近提高批判意識，因為這樣的女性主義治療團體比較相信有必要進行社會改變與採取政治行動。

「難以企及者」或「鮮為人知者」團體

「難以企及者」（hard to reach）是機構和專業人員比較會用來歸類這個領域的用語，而「鮮為人知者」（seldom heard）是當事人自己可能比較寧願選擇的名稱。最明顯的例子雖然是用藥者或有飲酒問題者，但也包括違法者、脆弱的年長者以及照顧者。

污名化者團體與被排除者團體

為被污名化與被排除的人所設立的團體，也可以被視為「鮮為人知者」團體。有許多團體旨在改善污名者的境況。在愛滋病毒／愛滋病（全稱為人類免疫缺陷病毒／後天免疫缺乏症候群，HIV/AIDS）初期的政治化運動中，有一種對身陷其中之受害者的僵化態度，一度

非常凸顯官方回應的道德調調，但在因應 HIV/AIDS 中所發展起來的自助團體和組織不同於 AA；AA 採取了某些社會的道德價值來面對飲酒的問題，而 HIV/AIDS 自助團體若有任何價值取向的話，那也是立足於對抗像 AA 這種道德態度的立場上。

在美國，男同志健康危機（Gay Men's Health Crisis, GMHC）是一個知名的自助組織，在一九八一年由 HIV/AIDS 患者的四十位男性友人或愛人所創立。雖然這個組織的成員曾經試圖尋求其他服務來協助他們的朋友或愛人，但是他們很快就發現，他們必須採取行動來幫助自己（Altman, 1986, p. 84）。一九八二年，愛滋病毒／愛滋病基金會（HIV/AIDS Foundation）從其成立的加州本部發展成為一個全國性的組織，投入教育以及法案遊說等活動（Altman, 1986, p. 88）。一般而言，在同志組織發展活躍且與政府有強烈連結的國家裡，HIV/AIDS 自助團體通常是圍繞著這些同志組織發展起來，在加拿大、丹麥以及荷蘭都有這樣的現象發生。在英國，在 Terrence Higgins 因為 HIV/AIDS 而過世之後，於一九八二年成立的泰倫絲希金斯信託（Terrence Higgins Trust, THT），主要是仿效男同志健康危機這個組織的模式創辦的。同志組織圍繞著像 HIV/AIDS 的健康議題進行動員、發展其實力，這樣的方式和許多女性主義團體一直聚焦在與婦女健康有關的議題相當類似。特別是在非洲和亞洲，對於如何對抗 HIV/AIDS，不使其透過一般大眾蔓延開來，正受到愈來愈高的關注。

自我發展

自我發展的活動範圍相當廣泛且多樣，其焦點包括教育、社會和個人的發展，具體的例子包括同儕的自助精神治療團體和整合團體，類似的團體在美國到處都有，而在英國，非常多與性別相關的健康團體也算在其中。

同儕自助精神治療團體

同儕自助精神治療團體不一定隸屬於某個同名的全國性網絡，而它們的在地實踐，例如聚會的頻率，各自有很大的不同。他們各自的焦點也相當多樣，範圍從相當常見的成癮或精神疾患等主要問題，到個人發展的一般領域都有。有人曾經指出，這些團體同樣也都有一些困擾著一般自助團體的困難：派系的發展；在情緒上感到不舒服，或障礙的個別成員對團體活動進行分裂；具掠奪性的團體成員對孤單者和憂傷者的剝削利用；以及，過度強調問題而使得問題更加強化，並且在聚會中產生不好的經驗（Hurvitz, 1974, p. 93）。

整合團體

整合團體的例子說明了跨越問題焦點與自我發展之間界線的某些類似活動的途徑。整合團體在美國運作所產生的影響，說明在精神衛生領域中，如何以一種建構完備、具有結構性的方法取徑來實踐自助。這些團體據以運作的指導方針雖然很詳細，但是這些指導方針都具有足夠的開放度，讓各式各樣的實踐得以產生。成員必須承諾遵守三個原則：誠實、負責，以及投入團體行動。

性別關聯團體

雖然婦女運動在自助與健康領域特別有可見度與影響力，但這並不意味著性別議題只應該在這類領域中提出。顯然，性別議題影響著整個自助的領域。雖然很多人可能會說，婦女自助者是受益於團體所提供的支持，但是這樣的經驗同樣是很多男人也在尋求的。有愈來愈多的性別導向團體所處理的是男人的問題，包括如何為人父，以及對於不同的男子氣概的不同觀點。

性別關聯團體的性質一直受到女性主義的影響，婦女運動一直以來強調一般婦女普遍受到的壓迫，包括在職場、家庭、教育、休閒，以及在其他活動中。女性主義也對抗在專業人員執業過程中的性別不平等，例如醫生、教師和社會工作員。在文化與社會的研究中由婦女針對男性的偏見所發起的挑戰（Rowbotham et al., 1980, p. 55），以及反映在這些挑戰中的權力關係，可能難免會藉由在此所舉的婦女團體反映出來，但這不應該被認為是無法避免或是適當的，而是要將之視為一種男性權力對於自助與培力之知識的日常建構的徵兆。

性別關聯團體讓我們了解到，不可能把關乎自我發展問題的自助活動從提高批判意識所關切的事項中切割開來，各種婦女團體所關注的議題就包括了健康、治療，以及批判意識的提高。但是，有些女性作者認為，婦女解放團體（Women's Liberation groups）有別於治療團體，因為後者助長對個別婦女問題的解決，而前者所根據的原則是：個別婦女問題的解決之道，首先在於所有婦女生活條件的改變（Zweig, 1971, p. 161）。

精神疾患者團體

培力策略與技巧提供一些方式，讓有精神衛生難題的人（像憂鬱症患者）提高他們的因應技巧、自信與自尊，而可能引導他們使其對自己的生活有較高的掌控力，一如下面這個例子。

實務研討

Belle 患有廣場恐懼症（agoraphobia）這種嚴重的焦慮失調（anxiety disorder），她在家獨居多年，無法去逛街購物或受雇工作。來自社區精神衛生資源團隊的工作員能提供交通，讓她可以去日托中心上課。經過兩年的時間，她中止了抗焦慮的藥物治

療，並且在中心的販賣部從志工調整為有給薪的職務，並且能夠在其他團體成員的陪伴下，在時間內以步行往返於她的家與中心之間這段短程距離。最後，她能夠發揮助人者的功能，協助同樣患有廣場恐懼症的團體新進成員。

評論

這個例子說明了團體支持如何可能讓一個人有進展地培養起一些自信與自尊，甚至有可能達到從受助者變成助人者的轉變。這例子也證明，培力適合用來作為精神衛生工作中的治療工具。

健康團體

在其成員看來，健康團體也許能教育他們，使其能脫離在專業支配處境下的社會化。類似這樣的團體，可能著手揭露健康專業如何以實務人員技巧與知識的施展來遮蔽一些重要的現象，而與市場導向之社區照顧的消費主義有所抵觸。它們對健康所採取的是一種公眾的方法取徑，而不是以治癒為目的的私人契約（Chamberlain, 1981, p. 155）。因此，團體可能有能力抵抗具主導優勢的社會態度，並且可能以政治性的行動來處理健康議題。

婦女健康團體比較廣泛關注的是爭取自主、選擇權、決策，以及對與身體有關之事件的主控權。婦女團體通常會以八到九個成員之組成，定期聚會，對於彼此的身體、感覺、態度與問題，進行經驗與知識上的交流。成員們除了會討論某些婦女們特別關切的事項，例如：懷孕、月經以及某些癌症，也會關切比較一般性的健康議題。婦女健康團體可能根據全人原則（holistic principles），在與整體環境的關聯中，對一個人的各種需求進行整體的考量。

提高批判意識

提高批判意識（consciousness-raising, CR）在自助領域中的這個階段值得注意的一些基本要素包括：對民眾接收到的相關服務採取批判性的立場，以及團體與組織的創新性，和（從官僚主義者的觀點來看）通常比較不加整頓、不按牌理出牌的特性。然而，這卻是讓這個自助領域如此具有動能的活力、能量與創造力之所在，是很多社會工作員要學習的地方。CR 也許會著重在如何讓個體受益，但像在婦女健康團體或社群行動團體的環境中，CR 就可能呈現出致力於社會改變的特性。就女性主義治療反映女性主義對精神治療的影響而言，類似這樣的團體關注的焦點一部分是問題，一部分是性別歧視，後者被視為社會結構的一個方面（Howell, 1981, p. 512）。與婦女有關的自助團體所涵蓋的領域範圍很廣，從專門與婦產科相關的主題，到一般的健康議題或CR 都有。雖然Marieskind（1984, p. 28）認為，這些大部分主要是教育性的活動，是和促使個體能夠實現其潛力有關，但是我們不應該就此轉移我們的注意力，忽略了問題導向及議題導向活動與 CR 相關活動之間的張力。

康復者團體

康復者團體在精神衛生改革領域形成一股強大且成長中的力量，但是在精神衛生與身障領域中，專業人員和照顧者仍然可能會在促使人們參與和自助的過程中代庖，而產生反培力。有些組織的康復者團體的發展，可說明消費者導向之自我倡導的高漲。在已開發國家中，康復者團體到處都有，其成員包括曾經住過精神醫院的患者。有些康復者團體有著建構得相當好的人際聯繫網絡，有些甚至還有雜誌或通訊，例如網絡組織「康復者之聲」（Survivors Speak Out）（見第五

章）協助個體與團體能彼此保持聯繫，藉此促進自我倡導。另一個例子是曾經經歷性侵和其他虐待形式之婦女的團體發展。

自我倡導

自我倡導在身障與精神衛生方面特別重要。在試圖為各種不同身障狀況的人們尋求具有想像力的方式來促進自我倡導時，愈來愈常見到民眾以合作社來為有身體障礙和精神障礙的人進行自我倡導。合作社的發展所反映出來的是，試圖往社會工作民主化的方向發展前進，這也有助於加強社會工作員的動力，去探索在健康服務和社會服務領域中與消費者團體並肩共事的方法。這樣的發展結果，部分是因為消費者導向運動實力的普遍成長，這對某些專業人員的一個重要影響是，愈來愈多專業人員承認，許多人都有為自己做些什麼事的能力，但是為了成事，他們需要培力。

團體培力的過程

許多自助團體和使用者導向團體通常會經歷三個階段：創始（initiation）、持續（sustaining）、發展（moving on）。但必須注意的是，將這些階段的一般性分析應用在特定團體時，能否保持某種程度彈性。

創始

創始或加入就必須開始從事某種活動或者闖入某種現有的活動中。過程的開始可能會和種種具有重要意義的元素有所關聯，是為因應個體所做的準備，例如：承認某問題或議題已經到了必須處理的關卡。就此而言，當事人可能會渴望加入某個團體，或找到某個人可以

和自己分享自己的經驗。在這段期間,某個新的團體可能被設立起來;或者,在某個新成員與某個現有團體之間,可能會對該團體是否對當事人有用以及她或他可能為團體帶來的影響,達成某種協議。

在以團體為基礎的培力創始,以及確保其有效性能持續(不管持續一段有限的時間或不設時程都可以)的過程中,會涉及以下幾個因素:找到足夠的團體成員;找到可聚會的處所;保證適當的支持;招募助人者;以及取得「正當性」(legitimacy)或信譽(credibility)。團體的自主性愈高,在努力建立自己信譽方面,對於各種專業人員或機構協助的相關需求度就愈低。

持續

持續包括一種自我維繫的中心要素,這可能是:

- 以問題為中心
- 以社會化或以成長為中心
- 以自我發展或訓練為中心
- 以提高批判意識或社會行動為中心

我們可以比較具體地舉例來說,在以問題為中心和問題解決領域裡,焦點可能是在於改變。不同的層面對於改變可能都會所有預期,而不只是侷限於人際之間的改變。它可能涉及轉依(conversion)或療癒(healing),也就是 Sarbin 與 Alder(1971, p. 606)所稱之「自我的虛無與重建」(the annihilation and reconstruction of the self);或者,用比較不那麼傳奇性的說法來說,某種特定的行為可能終止,另一種行為取而代之。轉依可能來自於某種啟動機制的刺激,或者行使某種結構所發揮的影響,例如在大眾面前懺悔或告解(confession);轉依是許多以問題為中心之自助團體的一部分。雖然這樣的現象在許多以AA為模範而設立的匿名團體中屢見不鮮,但是它也可能出現在

某個提高批判意識團體中某位成員必須要有的個人聲明中。療癒，或者某種其他形式協助的有效性，可能由於團體中的其他成員藉由某種機制而使之發生，例如接納（acceptance）。接納聽起來也許很像諒解（forgiveness），雖然像在 AA 團體中發生的療癒，是一條從自力更生或其他團體的互助開始展開的漫漫長路，因為在 AA，療癒和諒解的責任是上帝這個超越團體之終極者的權柄。此外，從類宗教的（quasi-religious）角度來看，痊癒的代價可能需要付出某種贖罪的悔過行動，就像在 AA 中可能會發生的。團體可能會要成員通過一種反培力的經驗，向團體毫不保留地坦露他或她的靈魂，奮力邁向掌控飲酒問題的培力目標。

　　自助或使用者導向團體必須牽引足夠的參與者來參與計畫，這樣才能讓計畫繼續進行。參與者投入的有效性要看計畫活動安排的妥當程度而定。團體的會議特別需要有效的會議領導者。整體而言，民主式的領導作風會偏好主張權威式或自由放任主義式的領導方法。有些人主張，比較大型的團體需要有兩個或更多個領導者來共治，這樣對團體比較好，但是 Preston-Shoot（1987, Ch. 4）認為這樣的主張未免過分簡化，從而進一步檢視可能的適當條件。

　　有相當多人以為，使用者導向和自助導向的團體活動就等同於所有成員的自助與自我照顧的總和，這其實會令人產生誤解。成員們在團體內部發展各種關係是相當常見的，這些關係會生產出各種在團體之外的活動。在正式的、社會的、閒暇的和其他的領域中，各種關係、方案與友誼藉由團體的聚會發展出來，使聚會得以持續下去，也因聚會而得以維繫。

　　從這個過程來看，與其說團體在時間的存續上有其一定的壽命（time limited），不如說，團體的發展是具有開放性的（open ended）。對比於許多比較正式或比較傳統的契約式、治療性領域，一般

而言，自助活動或使用者導向活動並沒有像前者在助人過程中對於涉入程度有所設限的相同擔憂。同樣地，對於某團體的成員而言，一週週地處理切身的問題，會比期待一勞永逸地對問題能獲得全然的療癒或解決來得更加實際。換言之，作為某特定團體的成員，這種身分可能成為一種生活方式。

與這種團體成員之間關係擴大的連帶性議題是保密（confidentiality）。實際上，有些自助團體或使用者導向團體會有一些規定，禁止成員在聚會場合之外討論與團體相關的事情。這凸顯出的重點是，參與者必須釐清他們彼此之間關係的界限以及對彼此的責任。

發展

在進一步的、也可能是最後的階段中，個體可能不再投入某個團體，或是有所進展地投入其他活動，例如協助其他人，或者到別處開創其他類似的團體。但是如果將此視為轉依之後的必然進展，那可是錯誤的見解，因為常常有人再三地從一個團體出走、進入其他團體、然後又回來；又或者，助人與受助這兩個過程可能同時進行。當然，一個人也可能就只是離開一個團體，或者可能對團體之外的世界有所期待，甚至於藉由吸收其他人來宣傳某個經驗的正面影響；又或者，當事人也許離開這個活動，另起爐灶。

置身於不同處境中的人，在經歷以團體為基礎的培力過程時，會遭遇到非常不一樣的議題。因此，減重（WeightWatchers）團體的成員也許能驕傲地和其他人分享自己成功的經驗，然而，比較受到污名化的團體成員可能就會覺得謹慎小心為妙。在後者的情況中，AA 的成員（像有些之前的精神患者）也許會分享被其他人再次接納的類似問題。在過去，AA 曾經試圖以酒精中毒這種過敏症的概念來洗刷污名，這樣的概念認為，人們之所以會有飲酒問題，是因為體質上使他

們沒有辦法對酒精有所控制。就此而論，AA 的成員可能被視為生病，而不是精神失常或者應該被譴責。這種說法的可能效應是，認為嗜酒者只不過是酒精過敏的受害者，可能導致非飲酒者最終解除他們對「酗酒者」是不正常的標籤化印象。但弔詭的是，這樣的說法所產生的結果也可能是，飲酒過量被視為是某些人無法控制自己的行為，所以他們以此作為藉口，讓自己不必設法解決這個問題。

對照之下，CR 團體的經驗就似乎比較具有明顯的培力性，其所憑藉的方法也比較是教育焦點取向，而比較不是問題焦點取向：

> 某個 CR 團體決定要了解一下教育的主題。從婦女們對自己個人經驗的討論中她們得知，她們之中有很多人對於各類學科有興趣，但過去一直都沒有人鼓勵她們往自己的興趣發展。她們又繼續追究各種學科領域是如何被男人主宰，而這些男人過去在學的時候就已經受到許多積極的鼓勵，要他們往後繼續深造。這些婦女了解到，有某種關於各種限制的因素藉由性別角色被強加於教育之中。（Donnan & Lenton, 1985, p. 17）

重要的是，要能在特定的團體培力開創行動中識別出已經達到的階段。表 6.4 所示，就是將這些階段概念化的幾種不同方式。雖然這些概念化方式有所差異，但之間仍有許多類似的地方。

例如，創始（initiation）、自我移動（self-movement）與轉向（proselytizing）的關鍵過程，指的是所有團體都會經歷的開始、持續與結束的實踐階段。有些作者對於團體會經歷的這些階段做出各種詳細的檢查清單（checklists）。一般而言，如果檢查清單愈具體、愈詳細，當我們要把這些檢查清單應用到差異性頗大的各種特定處境

時,就必須特別留意。然而,我們在以上所討論的簡約架構都還頗能適合大部分的處境。在 Mullender 與 Ward(1991, pp. 18-19)的自我指導團體工作(self-directed groupwork)的模式中,他們詳細說明五個主要階段,將之細分成十二步驟;Lee(2001, p. 308)用以說明培力團體工作過程的十二階段圖,就類似於 Mullender 與 Ward 的十二步驟(表 6.4)。然而,實踐的多樣性並不將就於僵化的各種範疇,對此,Mullender 與 Ward(1991, pp. 18-19)警告:

> 我們並不會主張,在實踐中實際發生的一切就恰好如理論陳述所指的意思、所歸類的範疇一樣,而任何人也不應該試圖強迫現實合模,將現實中的發展硬是切割成符合模式中的階段與步驟。將架構概念化,就如同我們可以根據網格(grid),將我們所有的觀念與行動在一幅作品中定位,因而使我們能從它們之間如何關聯彼此的關係來進行了解,而不是從線性的進展來看。

結　論

　　本章已經從研究與實踐所提供的事實基礎,對於那些有助於釐清培力團體之設立與運作的條件,以及對於想要投入培力團體工作的社會工作員的實踐議題進行檢視。雖然這類團體之間極大的多樣性,使我們不可能對於團體要經歷的過程細節進行規定,但我們已經從廣泛的研究與實踐中汲取到一些普遍性的線索。

表 6.4　團體培力的階段

Mullender 與 Ward（1991, pp. 18-9）	Adams（1990, pp. 52-75, 2006, pp. 97-9）	Lee（2001, pp. 308-50）
階段 A：工作員評估狀況 步驟 1 召集人手形成團隊 步驟 2 建立起支持條件 步驟 3 形成共識 階段 B：團體開始運作 步驟 4 展開計畫	創始 發起某個活動	工作起始期 1. 團體聚會，並評估團體狀況 2. 形成團體 3. 共同定義培力的目標 4. 選出一開始可以著力的主題
階段 C：團體為行動做準備 步驟 5 團體識別問題、設定議程 步驟 6 團體提問：為什麼是這些問題 步驟 7 團體以改變為目標，排出工作的先後順序 階段 D：團體採取行動 步驟 8 團體實現有共識的行動	持續 （自我移動：自我發展與學習） 落實工作	工作階段 5. 運用社會工作的技巧來發展團體互助的力量 6. 工作員鼓勵團體成員提出具有挑戰性的問題來引發討論 7. 要求團體成員分享感受，並從個人、制度和系統的各個層面進行分析 8. 團體發展用以提高意識的工具 9. 對發展出來的工具進行質疑，讓團體的意識變得更具有批判性
階段 E：團體接管 步驟 9 團體檢討 步驟 10 團體辨識新議題 步驟 11 團體連結不同議題 步驟 12 團體決定接下來著力的議題	發展 （結束或者轉向） 結束團體，或者承擔範圍更廣的行動	10. 團體發展個人行動、機構與政治行動的各種選項 11. 團體成員採取行動 12. 團體對行動持續進行反思，直到團體成員決定行動已經完成為止

⚘ 作業練習 ⚘

◆ 練習一

請列出你所認為的自助式使用者導向團體較常見的共同特徵。

◆ 練習二

請舉例說明自助式導向團體的不同型態。

◆ 練習三

請描述你所認為的團體培力要經歷的幾個主要階段。

延伸閱讀

Lee, J.A.B. (2001) *The Empowerment Approach to Social Work Practice: Building the Beloved Community* (2nd edn) New York, Columbia University Press, pp. 290–350. Offers a detailed illustration of the process of group empowerment.

Mullender, A. and Ward, D. (1991) *Self-directed Groupwork: Users Take Action for Empowerment*, London, Whiting & Birch. Pages 18–54 provide a useful guide to the principles and stages of groupwork in which service users take various leading roles.

Whitaker, D.S. (1985) *Using Groups to Help People*, London, Tavistock/Routledge. A thorough and easily read guide to the stages of groupwork, with the emphasis on therapeutic and social work groups.

CHAPTER 7

組織培力

從工作人員的有利位置來看，組織是在輸送社會工作的服務，這和接受服務的顧客、案主或使用者所經驗到的組織非常不一樣。這種差異對於組織工作人員的培力是一種嚴峻的考驗。我曾經和某個志願性的兒童照顧組織共同進行一個研究方案，這個研究方案的目標在於，找出在一個大住宅區裡使用活動中心的父母與小孩如何發現該活動中心在做些什麼、做得好不好；是透過活動中心的訊息宣傳活動和文宣品嗎？研究發現令該組織的工作人員感到驚訝！事實上，每一個新來的人獲悉該中心的「消息來源」（on the grapevine），都是住宅區裡父母之間的「小道消息」（gossip），大家對於中心、服務品質以及中心工作人員的觀感，並不是來自於組織所提供的任何材料，而是從人與人之間的口耳相傳中建立起來的。另一方面，父母親並未直接投入該兒童照顧組織的運作，該組織的位置是在活動中心的「外部」（outside），並且從這個位置做出有關該中心未來運作的多數決策，而經營該中心的工作人員則是另一批人；也就是說，該兒童照顧組織並未與父母及兒童面對面地實際接觸，雙方之間隔了兩層距離。

引　言

　　本章要探究的是，實務從業人員在不同的組織中實踐培力工作以及受到培力的有利因素和不利因素。我們關切的不是廣泛的組織工作，而是與實務從業人員的培力有直接相關的那些方面，以及與他們的工作有所牽連的那些人。

影響組織中人培力的因素

　　為了讓經營在地服務輸送的組織能在培力中提高效力，並且具有培力他人的能力，就必須進行兩方面的轉變：對於地方統管（local government）或地方治理（local governance）的觀感，以及公民的角色。在英國，有些觀念和實踐正在改變，而這些改變正是我們要在這一章檢視的現象。我們可以肯定地說，輸送服務的組織正在改變，以反映促進公民觀點的政策日益提高的重要性，這也意味著愈來愈高的公民投入（citizen involvement）。同時，公部門法人組織地方統管的壟斷正變得愈來愈小，而逐漸增加的是，在私部門與志願性部門中各式各樣的獨立服務提供者一連串的夥伴關係。換言之，這是一種從地方統管轉向地方治理的變遷。現在就讓我們簡短地來檢視公民身分（citizenship）與治理（governance）這些詞的意義。

轉變中的治理與公民身分意義

參與式治理

　　組織的治理型態影響專業人員如何看待群眾的參與。我們所說的「治理」意指為何？在本質上，**治理**意指如何在實踐上維持政策的方法。Newman（2005, p. 101）將治理定義為「以一種在公眾領域提高合法性的方式應用或加強某種遊戲規則的情境」，她承認，邁向參與式治理的目標的優勢是提升政府制度的正當性（Newman, 2005, p. 119）。但是她也指出，當權力移轉的時候，如何決定哪些事情屬於公眾判決的領域、哪些屬於個別群眾的私人選擇，這樣的議題被暴露出來的意義大過於其能否被解決（Newman, 2005, p. 119）。

　　Newman（2005, p. 120）參照 Habermas（1989）為公領域（public sphere）的未來走向所提出的訴求。Habermas 認為，公領域已經被發達的大眾媒體〔他將之稱為「商品化」（commodification）〕以及公領域和私領域的交織混雜〔他稱之為女性化（feminization）〕所侵蝕，而隨之發生的合法性危機，可藉由公領域的再政治化（repoliticization of the public sphere），讓人們有能力參與 Habermas 所討論到的「溝通式互動」（communicative interaction）來解決（Newman, 2005, p. 120）。

　　Johansson 與 Hvinden（2005, p. 115）針對公民與治理的形式，區分共和政體（republican）與社會解放（socio-liberal）之間的不同。社會解放形式所涉及的是，試圖發展出一些方式讓群眾投入所謂的「難以企及」或鮮為人知的團體，包括那些被視為是「受排除的」（excluded）民眾，並且提供支持給自助團體、照顧者和服務使用者

協會；共和政體形式旨在擴大群眾對政策與決策的參與，它強調個體選擇的自由、參與以及自發的活動（self-initiated activity），但同時又不忘該盡的責任與義務，它跨越像「自助團體」和「使用者團體」這樣的範疇之間和周圍的界線，並且將公民視為經營公眾機構的夥伴（Johansson & Hvinden, 2005, p. 114）。

公民身分

公民身分的實際形式會影響到公民理解參與的方式。**公民身分**（citizenship）所指的是，有關公民在社會、政治與社區各方面，投入和參與的相關權利、憲法保障的基本權利、權力、義務與責任。Johansson與Hvinden（2005, p. 105）區別三種公民身分的模式或形式——社會解放（socio-liberal）、古典自由主義（libertarian）、共和政體（republican），這三種模式或形式的公民身分有可能是結合了時代的轉變，使個體與國家之間的新關係得以產生（表 7.1）。公民身分的社會解放形式所賴以成立的假設是，個體與國家之間應該有一種協定或契約，這種契約或協定所遵循的原則是，所有個體皆應有平等的權利（例如：有獲得照顧、保護以及經濟安全的權利）與義務（例如：完成受薪工作，以及照料自己和其他成人與小孩的受撫養家屬），並在權利與義務之間享有公正的平衡（Johansson & Hvinden, 2005, p. 108）。當然，在個體與國家之間對於什麼是對每個人來說都公正平衡的看法，也許難以取得一致的共識。整體而言，在強調更加積極主動的公民觀點的變遷中，似乎也伴隨著對公民身分愈來愈多的要求。古典自由主義的公民身分形式，同樣以個體與國家之間的契約這樣的觀念為基礎。有一個被接受的原則是，國家代表個體強加某些基本的權利，但同時，對於那些被視為是為確保個體自己的健康與福利的私人責任，國家並不負責。這意味著，個體比較像是公民消費者

表 7.1 公民身分、參與和培力的形式

公民身分的形式	不同形式的內涵
社會解放 「被賦權的公民」 （entitled citizen）	個人與國家之間的協定 所有的人都有平等的權利和義務 在權利與義務之間取得公正的平衡
古典自由主義 「公民消費者」 （citizen-consumer）	個人與國家之間的協定 人民有權利，但國家不對個人的健康與福利 負責
共和政體 「積極主動的公民」 （active citizen）	人民有重要的公民權利和政治權利 人民有參與的自由和能力，這樣的培力讓人 民能去影響政策與社會的相關決策

（citizen-consumer），看起來好像是有權利選擇，但能否獲得那樣的選擇卻是自己要負的責任，例如：尋找受薪的工作、投資養老退休金，以保失業或健康出問題等風險（Johansson & Hvinden, 2005, p. 109）。公民身分的共和政體形式根據的假設是，人民可以而且應該享有公民、政治與社會的權利，這些權利賦予他們作為公民的自由與能力積極主動地參與。這樣的參與被視為是對他們的培力，好讓他們能夠對社會未來的性質做出具有重要意義的決策（Johansson & Hvinden, 2005, p. 110）。

Johansson 與 Hvinden 在共和政體的觀念潮流中區別出三種共和觀念的公民身分：共產的（communitarian）、審議的（deliberative）、基變的（radical）。共產的公民身分認為，最重要的是被視為是傳統價值的那些東西，例如，對家庭予以保存與支持的那些傳統價值。對照之下，審議的公民身分並不提出與理想社會有關的觀點訴求，而是有賴於個別的公民之間理性的辯論；其樂觀的假設是，在自由的情況下，人民將他們個別的意願轉變為經由協商達成的普遍的社會的善。在基變的公民身分看來，審議的公民取向受限於各種程序的

管理,與實際的社會政治脈絡隔離,「積極主動的公民身分」這個詞也許可以用來指涉個體在其中產生作用的境況。但是,Johansson 與 Hvinden(2005, p. 112)認為,當公民在各種不同的非正式、正式、人際、團體與組織的競爭場所中,為了讓他們的觀點能普及且影響決策而奮鬥時,參與就該被視為是協商甚至是衝突的過程。

我們已經確立了,一個組織治理的不同形式會在其操作上影響民眾的參與,而有關在組織中提高參與以達公民培力之目標的積極行動的有效性,我們能從研究中得知什麼?從研究得到的一般訊息是,針對這個部分,零碎片斷的方法取徑的效益不如整體系統的方法取徑好。這意味著要將主要的注意力放在組織上,並且要經歷過一系列的階段:審核現有的政策與實務;設置使人們培力的目標;釐清該如何達成這些目標;以及,與工作人員合作以達成這些目標。在本章的第一部分,我們凸顯可能阻礙組織培力的幾個主要因素,而在第二部分,我們考量超克這些障礙的途徑。

組織中的反培力因素

地方統管與地方治理的錯綜複雜性

服務的經費籌措、執行、經營以及輸送,有著極其錯綜複雜的過程與程序。地方政府對服務的地方統管已經擴展成為更切乎實際的地方治理,也就是放寬地方統管的夥伴關係,將獨立部門中的私部門與志願部門納入地方政府有關服務供給的合作對象。將服務輸送的責任下放到地方與街坊鄰居並進行「外包」(outsourcing)的一個後果是,以私部門和志願性機構的多重夥伴關係來取代一切來自中央的整體供應體系,這可能導致服務供給的分裂,而可能使機構打消往那方

向發展的意願。

科層與管理主義

如果從描述性的意義而不是從貶抑的角度來說，地方當局的經營管理是一種官僚體制。官僚體制（bureaucracy）一詞是社會學家 Max Weber（1997）用以描述在一個工業化社會中政府機關發揮功能的方式，因為在工業化的社會中，有許多錯綜複雜的工作需要進行科層的安置（hierarchical arrangement）、分工（division of labour），以及仔細地引導工作人員各司其職的種種程序。因此，在本世紀，或者自從 Weber 這樣的論述問世開始，在地方政府以及在其他大型組織中的官僚體制，對於在地服務的執行與輸送已經變得愈來愈僵化，而不是以有彈性、有創意的方式來進行，這些明顯不符合一個地方政府理當回應公民的希望與要求的形象。當管理系統進入專業人員的領域，並且在專業督導之上提供凌駕其上的一層規範，所謂的「管理主義」（managerialist）於焉形成（Clarke et al., 1994）；而管理主義是為滿足組織的需求，而不是對「案主」（也就是服務使用者或照顧者）之希望與需求的責信。

差別待遇中的歧視

許多組織對於民眾施以反培力的作為，並且歧視像婦女、黑人以及身障人士等特定群體，予以差別待遇。Barnes 與 Bowl（2001, p. 165）主張，致力於提升服務使用者之更高參與度的組織，必須發展出更全面的培力策略。這並不是一件容易處理的事情，因為我們的生活是聯繫在一個更大的社群和社會脈絡之中。Askheim（2003）以 Rogerian 諮商輔導的方法取徑為例主張，類似的方法可能讓個人感受到培力，但我們卻無法寄望這些方法能去挑戰個人生活中具有歧視性

的結構。在這種情況中，權力無法避免帶有宰制性的意義，其在實行中的有效性，受到具有權威、能施展權力的結構、科層、委員會、團體和個人的監管。試圖對當事人本身以及患者、案主或服務使用者進行培力的實務從業人員，幾乎都是從屬於某機構之次級團體的一部分，雖然可能在人數上占多數，但卻無法在權力上占優勢。但是有一個在總體上截然不同的問題是，具有特殊經驗的一個人或兩個人一旦取得某個團體的主導地位，他們也有可能變成為所欲為講話最大聲的人，而不再代表地方社群為其爭取利益。

根據Carr，最常被提到的障礙有：缺乏穩紮穩打的政策與實踐；專業人員與組織的抗拒；以及，與權力有關的議題（Carr, 2004b）。接下來，就讓我們一一來理解這些障礙是怎麼一回事。

缺乏根基穩固的政策與實踐

對組織而言，如果沒有明確具體的政策與作為的加持，就不可能使其具有培力的性質。簽署支持一串一般性的原則，和努力讓這些原則變成可以執行的策略與政策，兩相比較，前者顯然容易得多。組織的各個部門之間的關聯性愈複雜，因應這種組織狀況的策略與政策就更需要扎根於不同的部門，也就是由在組織中所有部門工作的人共同擁有組織。

專業性與組織性的抗拒

在缺乏有利的政策和程序以進行改變的情況下，在組織中的工作人員，特別是那些比較不認為有必要改變的人，有可能會為維持現狀，而為相關政策及程序之所以缺乏的正當性辯護。工作人員的角色差異性大且多樣（包括專業人員角色的多樣性）的大型組織，可能會在引發迅速且大範圍的改變中經歷比較多的困難。舉一個在 Carr 這

篇文章之外的例子，有些地方政府的主管表達他們的一個擔憂，他們
對於透過中央政府服務權力的下放來進行培力的可行性進行檢討，並
且認為，當民眾愈有權力，就會要求更多品質更好的服務，這樣一來
就會使得服務成本更加提高（Wilkinson, 2004, p. 18）。

與權力有關的議題

Carr（2004b）注意到一些與關注權力分配（power-sharing）有關
的因素，我們可以將這些因素概述為，是圍繞著工作人員的結構性權
力與公民的相對較無力之間持續存在的鴻溝所逐步形成的。討論完權
力議題，並不能使權力議題就此消失，我們所能做的就是承認權力議
題的存在，對其進行批判性的反思，並且持續不斷地針對組織中的政
策與實務進行培力。期待在一個組織或機構內部所進行的個體或團體
培力工作，能使得組織產生全然的質變，這是不切實際的想法。

處理培力障礙

重要的是接受這樣的事實：要創造一個接受培力並且從而具有培
力性質的組織來輸送在地的社會照顧服務，並無速成簡便之道可循。
透過組織對民眾進行培力的方法也許是直接的，也可能是間接的。直
接的方法包括使組織民主化的各種方式；間接的方法則包括諸如地方
分權（decentralization），在地方分權的方法中，民主化並不是一個
必然的要素。一般相信，在執行任何方案之前，廣泛的諮詢有助於方
案的推廣，而假如希望達到的改變能受到利益群體、團體與個人等盡
可能廣泛之選民的背書認可與支持，那麼，其諮詢的對象就應該包含
所有確定的**利益當事者**（stakeholders）──與某項政策、方案、組
織、服務或活動有利益關係或對其有影響力的人。為了持續不斷的誘

導以及工作人員的發展，也許有必要確保新的民主化工作方式能受到新進工作人員的贊同，並確保以現有的勞動力來處理持續進行中的議題，而不是對這些議題置之不理，以致於惡化，而導致新困惑與衝突的發生。

Wilkinson（2004, pp. 20-2）提到在一個專題研討的場合中，針對如何將治理下放給地區的委員會與鄰里來管理，地方當局的工作人員提出了幾個要素。值得注意的是，這些要素的四個特色需要一個整合模式來落實服務的地方分權：在管控分配過程中的彈性；符合每一地區需求的在地化模式；釐清結構與目的；為長期的參與進行系統性的安排。

尋找適合在地化民主的模式

已經有許多人在職場中引進民主的概念與制度，試圖讓職場變得更民主，其中有些是依照工作人員發展和成人教育等原則來進行（Dew, 1997），有些則是根據組織民主制度的不同模式（Manville & Ober, 2003）。在工業的發展過程中，職場民主化已經有漫長的歷史，要討論的問題在於，在這樣的歷史經驗中，有多少是能轉換成可讓公益服務學習的課題。概括地說：

1. 伴隨著服務地方分權而來的經費預算移轉問題相當複雜，可能受到各項成本與各種資源等議題的影響而受到曲解。改變職場文化是重要的，如此一來，所有利益當事者的培力才有實行的可能性。這是一個根本的必要條件，其重要性至少等同於為地方分權所做的努力。

2. 工作人員這一方必須有改變的彈性與意願。

3. 重要的是，千萬不要在令人措手不及的情況下做改變，而是要讓所有的工作人員有機會針對改變的意義進行徹底的討論。一

個較為民主化的組織，會注意到改變對於不同程度與不同階層的工作人員所產生的不同影響，例如，對一個人而言是培力的作為，可能對另一個人而言卻是反培力，像這種老生常談的狀況常常發生在組織中，也常見於家庭社會工作中。

組織培力的研究與理論化

研究與理論化是否能為我們指出哪些組織形式可能比較具有培力性？在組織種類形形色色的情況下，我們不可能創造出某種一體適用的樣版。Burns 與 Stalker（1961）區別機械式（mechanistic）與生機式（organic）兩種組織形式之間的不同，前者比較適合條件狀況穩定的組織，並且顯然比較有賴於對工作人員的管控、科層管理、服從上司，並且認為在地知識比普遍化或放諸四海皆準的知識重要。對照之下，生機式組織的科層性較低，資訊與管控可以被分權，並且被設置在任何一點上，這種網絡式的多方面溝通和由上而下的溝通一樣，都具有強化管控的重要性。另一個相關的概念是學習型的組織（learning organization），這種組織在許多方面堪能與生機式組織相比。Gould 與 Baldwin（2004）採借**學習型組織**來指稱能在工作實踐中適應瞬息萬變之狀況的組織，這些適應變化的鍛鍊使其更有能力來處理許多議題與難題；組織的變化讓工作人員變得習慣將不穩定性與不確定性視為「常態」。Schön 在 BBC 年度廣播演講中，針對國家之穩定可靠性的失敗開講，這些演講內容後來被收錄在他《凌越安定的國家》（*Beyond the Stable State*）這本書中出版（Schön, 1973）。他在這本書中主張，當群眾認為這般或那般對現況的重新組織只是創造出一種暫時性的瓦解，而將自己的生活與工作圍繞著這樣的信念組織起來的時候，他們是在欺騙自己。真正的現實是，並不存在永久穩定可靠的

國家，我們應該期待的是持續不斷的改變與轉換，這對於組織的意義是，為了存活下來並且持續有效，組織就必須有能力持續不斷地轉變自己。Schön 所強調的許多特徵——網絡性與彈性——類似於那些生機式組織的特徵，Schön（1973, pp. 28-9）曾經寫到，組織為了轉變自己而變成學習式的系統。根據 Pedler 等人（1996, p. 1）的看法，學習型組織必須由其所有組織的成員啟動可能的學習，並且持續不斷地轉變自己；就此而言，學習型組織也許仍然是一種理想。

建立共有的職場文化

工作人員是較具集中性、有著共同利益的一群人，而服務使用者和照顧者則比較分散，因為工作人員在一起工作，而且有機會在職場中建立起共有的文化；相較之下，服務使用者和照顧者就很少聚會，除非特別做安排把他們聚集起來。承認這樣的差異是重要的。為了讓個體以及社群能有所參與，就必須分別培育他們的能力（個體能力培育見第五章，社群能力培育見第八章）。要有主動積極的參與，就要讓社會大眾感覺到他們能夠在地方政府的工作人員——主管與實務從業人員，以及被推舉的評議委員面前堅持自己的主張（Wilkinson, 2004, p. 24）。實務從業人員在確保工作人員與服務使用者和照顧者的培力方面，具有極其重要的角色，由此延伸出來的是，確保組織的民主化具有代議制與有效性。組織代表之安排，特別要將目前被排除在外的服務對象包含進來，也就是所謂「難以觸及」或「鮮為人知」的那些人。

Living Options in Practice（1992）方案的經驗，提供了一些識別服務使用者與照顧者的方式，以及與他們共事的方法。這樣的工作與社區工作有親緣性，它以在地社區的資源與網絡，作為實務從業人

員、服務使用者和照顧者以及其他民眾聚會和交換訊息的場所。這凸顯出來的重點是，有必要讓在地的志願團體和協調志願部門的各個組織，以及已建制完備的自助團體、照顧者團體、使用者團體以及個別的服務使用者和照顧者，都拉進來一起工作，這所有的一切都可以被當作取得進一步訊息與接觸的來源。在地購買式與供給式的衛生機構以及社會照顧／社會工作機構，也需要建構網絡關係，那些與工作有關的各方必須盡早釐清在合作關係中涉及的一切面向，並且具體指出該如何對其進行監督與評估。

處理結構性的權力與歧視

對歧視提出質疑與挑戰，並且降低不平等，這是組織在處理權力議題之議程中必須做的一部分。研究證明，在許多西方國家（包括英國）的健康與福利組織的管理中，有必要矯正性別不平等的事實（Orme, 2001），例如，雖然婦女是服務的主要使用者與提供者，但她們在社會服務管理中的角色卻非常邊緣。在政策、立法與工作程序中以培力的原則來影響改變，被認為是可以提指此問題領域的關鍵策略（SSI, 1991, p. 55）。

在其他國家，也許這個問題會是針對網絡建構者（reticulists）的培力。根據 Knight 與 Hayes（1981, p. 50）的描述，網絡建構者是中產階級、善於表達，是對於社會性與政治性議題有熱忱投入的年輕人。但是他們也承認，雖然類似這樣的人也許可以成功地開創一些團體，但這也可能讓菁英主義的趨勢一直存在，使得這些人始終占有各種活動的領導地位，而在理想上，應該由貧窮者與受剝奪者擁有這些活動並運作之（Knight & Hayes, 1981, p. 79）。根據我們的定義，**網絡建構者**是透過他們在跨組織藩籬、跨專業界線方面的技巧，致力於實現改變的人，他們在強化現有網絡的同時，形成包含個體與團體的

新網絡。他們在促進鮮為人知之民眾的培力上，似乎取得比較多的成功。

團隊、夥伴關係與網絡

團隊與夥伴關係是培力工作的焦點，許多組織因此能夠跨越專業界線與組織藩籬，一起通力合作；而網絡合作，可能有助於組織發展成為有能力轉換自身的學習型組織。

投入在地社區或更廣泛的議題，對某些團體可能容易，但對其他團體則不然。有些團體會比其他團體更習慣於一掌握到議題就開始著手針對議題採取行動，其可能方式例如：開始投入透過某種形式蒐集在地資訊，以提高社區意識的活動，又或者開始投入關乎健康議題的教育運動。隨著時間的推移，有些團體或組織會發展一些外部的活動，讓它們的資源開始激發起社區中其他助人活動的活絡與成長。當某些團體（提高批判意識團體尤為顯著）多多少少將此納入他們的目標的同時，其他團體在網絡合作上則進展得較緩慢，而且有困難。那些以發展網絡關係為目標並且投入其中的團體，可能會需要一套現成的基本原理來讓他們感到有信心。以下三點可以說明這樣的正當性：

1. 那些為了幫助自己而聚集起來的人，已經向彼此證明他們的承諾與動機，並且他們可能發展出某種更廣的視野，受此更廣視野的刺激而有更廣的關注，透過這樣的關注協助其他人。

2. 團體必須避免變得孤立，應該與在地的發展情勢保持緊密接觸，才能從中受益。

3. 團體可能會發現，鼓勵與支持其他對自助有興趣但卻尚未冒險嘗試的人，其成效是豐碩的（Lindenfield & Adams, 1984, p. 94）。

但是，一個正式組織的成長並非仰仗外部的活動，我們在這裡提

到的這些例子，只是為了說明一些可能產生催促作用的典型發展。我們繼續要考量的是那些具有培力作用之正式組織的性質，看看我們是否能對它們的特徵有更具體的了解。

培力式組織的特徵

在表 7.2 中，我們可以看到傳統組織與培力式組織之間某些截然不同的特徵。在很多方面，在組織中進行非正式的安排比較有可能產生培力的效果。值得注意的是，較具有培力性的組織比較能夠讓人以更有彈性、更具有創造力以及想像力的方式，在組織內部與組織共事。

在組織中的文化改變

比較傳統的組織有必要經歷一番文化改變，這樣才能變得較開放地接受服務使用者和照顧者的參與。我們使用「文化改變」（culture change）一詞來指出，這樣的改變要求組織運作的方式要產生系統性的變化，而我們的建議是，要朝著更具有參與性的目標改變。Kirby 等人（2003a, 2003b）曾經探究參與式文化的發展，典型的**參與式文化**（participatory culture），是將參與置於組織功能發揮的核心與基礎的文化。要從傳統式的運作改變成參與式的運作，可能會需要重大的工作人員發展計畫。一個在改變的過程中朝向參與式運作方式之目標前進的學習型組織，可能有必要發展出某種奠基結構來支持工作人員。所謂的**奠基結構**（infrastructure）指的是，為了支持工作人員的工作順利進行而建立的系統、程序與過程。在一個學習型的組織中進行改變，其中涉及的工作並不比個別學習者會遭遇到的困難和痛苦要來得少。學習型組織的樣貌如表 7.3 所示。

表 7.2　傳統組織與培力式組織之間的比較

特徵	傳統組織	培力式組織
使命	讓組織能繼續維持下去	利益人群（工作人員與使用者）
宗旨	實現組織的要求	滿足人群的需求
系統	封閉式	開放式
界線	在封閉的界線之內工作	廢除界線、模糊界線、跨越界線
可近性	受規定限制	不受規定限制
文化	防衛、信奉規則	批判、自覺、創造、革新
最重要的人	理事長	服務使用者／照顧者
成員	工作人員和「其他人」	無所不包（使用者、照顧者，包括那些鮮為人知的民眾）
角色	僵化的角色	有彈性的角色
主要的責信	對各級主管負責	對同儕／服務使用者負責
管理風格	科層、維持現狀	民主
對改變之積極行動的態度	相對而言，比較不願意接納	主動積極、有意願回應
溝通	主要是上對下的答覆	多方向：水平式、下至上、對角線
報酬	工作人員受薪，使用者則志願服務	所有有貢獻者皆有報酬；薪資、津貼、各項花費
關係	侷限在正式的層級責信	以促進改變為目標的非正式關係
權力	集中在資深工作人員之間	分散的；由所有的工作人員和使用者共享

表 7.3　學習型組織的樣貌

各部分的樣貌	特色
改變	使工作人員改變自己原本的工作慣習
學習	創造一個讓工作人員既學習又工作的環境
交流	提供民眾必要的知識與技巧，使個體、團體與組織的改變能夠發生
創新	鼓勵工作人員創新
實驗	支持工作人員實驗新的工作方法
冒險	在工作中推動一種「不責難」（no blame）的文化，鼓勵工作人員冒險嘗試

　　讓我們更具體地來說明在此提到的組織文化究竟是什麼意思。我們可以識別出五種組織文化的構成要素（表7.4），緊接著討論的是，為了改變文化，我們有必要改變組織中的價值、規範、組織系統、同儕支持的方式，以及普遍的風氣。很多人可能會說，這是不可能的任務，然而，以下這三種刺激是促進組織文化改變的主要動力來源：

表 7.4　組織文化的樣貌

組織文化的要素	特色
價值	組織中人對於自己應該做什麼、不該做什麼的信念
規範	廣為接受的組織日常工作實踐守則，使工作程序能獲得管控，這些程序例如：付費給參與的人
支持性的組織系統	人力資源與員工執掌，例如：應徵新的工作人員並引導其正式進入狀況，對報酬與如何付費進行溝通與安排
同儕支持	員工之間藉以聯繫彼此、互動與支持彼此的正式與非正式管道
組織風氣	對工作職場的一般性「感受」（feel），是友善、輕鬆或者緊張

1. 將組織推向更能回應案主、消費者和服務使用者之目標前進的
   「政策推手」（policy drivers）。

2. 工作人員的專業性動機。

3. 讓服務使用者和照顧者有動機與能力變成積極的參與者。

由此引發的問題是，對於參與，組織文化的贊同程度有多高。
Kirby 等人（2003a, 2003b）分別出可說是屬於參與式組織文化的三種
主要型態：以諮詢為中心（consultation focused）、以參與為中心
（participation focused）、以人為中心（people focused）。此外，我
們又加上以改變為中心（change focused），就產生了參與式組織文
化的四種主要型態（表 7.5）。以下我們就對此逐一進行討論。

表 7.5　參與式組織文化的四種型態

文化型態	特色
以諮詢為中心	採納服務使用者和照顧者的建議 屬於一次性的諮詢，而非持續性的參與
以參與為中心	依照持續性的投入所做的決策 由組織工作人員劃定參與的界線 由組織的工作人員來決定和掌握參與的焦點
以人為中心	以使用服務的個體和照顧者的經驗與看法為起點 按照這些觀點形成某些組織的工作
以改變為中心	以使用服務的個體和照顧者的經驗與看法為起點 這些觀點可能對組織的許多工作產生影響，包括結構性的改變

以諮詢為中心的組織

以諮詢為中心的組織採集服務使用者和照顧者的意見，但仍然保
有決策過程的控制權，並未讓服務使用者和照顧者參與決策過程。從
一方面來看，諮詢雖然可能只是一種門面象徵主義，但就另一方面而

言，建立起這樣的諮詢有可能讓群眾的意見被採納，且令決策者嚴肅以對。定期、重複的諮詢，有可能被用來當作組織對群眾的想法與感受保持聯繫的一種方式。

以參與為中心的組織

以參與為中心的組織，藉由讓民眾參與決策的過程來為民眾做出貢獻，這就不只是對民眾進行諮詢，而可能擴及某種更加顯著的範圍，雖然工作人員仍保有決策過程的控制權，這相當常見。而且，工作人員也經常有權決定哪些組織工作的範圍適合參與、哪些不適合。

以人為中心的組織

以人為中心，讓個別照顧者或個別使用服務的人的意見能被列入考量。組織的這種文化讓這樣的觀點能在組織工作的某些方面被考量，但這種組織文化仍有其限制：

- 只考量到眾個體的意見。
- 只有某部分的組織工作能被監督、影響與改變。

以改變為中心的組織

以改變為中心的組織主要關切的是，透過人們的意見改變組織。雖然以人為中心的組織其焦點也是改變，但其改變只是在於個體的層面。以改變為中心的組織了解並承認這樣的限制，其樣貌包括：

1. 具體地讓使用服務的民眾和照顧者能集體並且個別地表達自己的意見。
2. 讓參與的人能行使權力，以便影響與改變組織工作的大部分；或者如某些人會說的，在理想的情況下，可以影響與改變組織工作的所有面向。

結　論

　　本章已經檢視了培力之主要障礙的一些方面，並且討論這些障礙可能被突破的一些方式。我們特別注意到的那些方法，可能讓組織變得更具有生機活力與回應能力，來面對讓照顧者與使用服務的人能夠參與的壓力。在培力自身的這件事情上，如果社會福利組織能夠做得愈成功，就愈有可能讓自己像學習型組織一樣維持組織的能力，確保有助於其服務品質的知識與經驗能源源不絕地注入組織。

作業練習

◆練習一

以你自己的話來描述，在你的組織中有哪些現象可被視為參與的文化。

◆練習二

思考一下你的組織文化，並指出它最能符合本章所討論的參與式文化組織型態的哪一種。

◆練習三

在你的組織中被你視為支撐其參與式文化的價值有哪些？請一一列出。

延伸閱讀

Adams, R., Dixon, G., Henderson, T. et al. (2005) *A Strategy for Bringing about Participation by Service Users in the Work of Skills for Care*, Middlesbrough, University of Teesside. An England-wide survey of experiences of people who use services and carers, followed by practical recommendations on how to tackle barriers to enabling them to participate in the organization.

Barnes, C. and Mercer, G. (1999) *Independent Futures: Creating User-led Disability Services in a Disabling Society*, Bristol, Policy Press, pp. 71–121. Research dealing with the barriers to effective participation by disabled people and ways of overcoming them.

Blackburn, J. and Holland, J. (1998) *Who Changes? Institutionalizing Participation in Development*, London, Intermediate Technology Publications. Chapter 16 of this intriguing collection of studies from different countries discusses lessons learned from participatory approaches in bringing about organizational change from participatory rhetoric to participatory reality.

Hardina, D., Middleton, J., Montana, S. et al. (2006) *An Empowering Approach to Managing Social Service Organizations*, New York, Springer Tackles theoretical and practical aspects of empowering organizations.

Netting, F.E., Kettner, P.M. and McMurtry, S.L. (2003) *Social Work Macro Practice* (3rd edn) New York, Allyn & Bacon. Useful discussion of many relevant aspects of bringing about change and empowerment of people in social work organizations.

Wilcox, D. (1994) *A Guide to Effective Participation*, York, Joseph Rowntree Foundation. Written in a simple, direct style, it outlines practical ways of developing participation by people.

CHAPTER 8

社群培力與政治體系培力

在英國北部為某個志願性兒童照顧機構工作的時候，我們在某個遊戲設施不多的市政府國宅中碰到一群青少年，他們因為被認為具有破壞性的行為（disruptive behaviour），而被大部分的休閒設施拒於門外，包括青少年俱樂部（youth club）。我們和他們坐下來，問他們，如果是在一個理想的世界裡，他們會希望發生什麼事。他們列出了一些我們無法直接改變，或者，需要花更長的時間來影響的事情，例如：他們看待學校的方式、他們被教導些什麼，以及他們被以怎樣的方式教導。他們也談到人們如何對待他們，以及被標籤為「壞」的感受，以致於每當剛有麻煩事發生的時候，他們總是警察首先會想到並找上門的那群人。我們採取行動，更加密切地與當地學校合作，合作方式是，一開始由我們其中一人與學校的諮商輔導老師會面，過一陣子之後，我們就被定期邀請去參與諮商輔導老師與其他教職員工之間的會議。我們也邀請社區警官來參與我們和青少年的聚會，讓他們看看這些孩子正在做的一些正面的事情。孩子們指出當地社區生活中的一件事情，我想我們幫得上忙：他們抱怨沒有遊戲的地

方，當他們在街上玩的時候，居民們就不斷地抱怨。我們隨他們去到
那破敗的活動場所，其老舊、不充足的遊戲設備早已幾乎無人使用。
我們問他們想要什麼，他們所描述的實際上就是一個冒險遊戲場
（adventure playground），我們就開始和他們著手發展一個冒險遊戲
場。他們協助我們和當地的議員進行協調，並且獲得議員們的支持。
他們和我們安排了一趟行程去拜訪一個工作場，那是存放老舊電話桿
的地方，我們向這些電話桿的主人要到了很多電話桿。孩子們和我們
一起設計這個冒險遊戲場，並把它蓋起來，它成為住宅區裡孩子們休
閒的重點（Adams, 1981, pp. 230-1）。

引　言

　　本章要思考的是，在社群的團體內部與政治體系中進行培力工作
的各種方法取徑。工作員要如何作為，才能在這些環境中讓人們產生
培力？這樣的工作包含著以個體為本以及以團體為本的活動，這是在
這種工作中的基本要項之一。所以，在前面幾章針對個體工作和團體
工作所做的許多論點，就會運用在這一章。正式組織中的構成非常不
同於社群的設置，後者的工作對象可能是社區協會或是以自助團體起
家的組織。但不管在怎樣的環境條件下，除非培力能變得建制化（in-
stitutionalized），並且成為該社群或政治體系組織結構的一部分，否
則社群培力與政治培力都將變得邊緣化，並且可能變得一無是處。在
實際的處境中，社群與政治體系不可分割，但是為了讓我們能夠在這
一章檢視許多議題和實例，我們將依次分別地來處理它們。

社群培力

我們說的「社群」是什麼意思？

「社群」（community）這個詞有各種不同的意義，包括以下這三種說法：

- 某個規模相對小而凝聚的地理場所，例如：鄰里和住宅區。
- 某個群眾的社會網絡，藉由共通的利益或認同感連結而成，例如：為了某運動隊伍而組成的支持者俱樂部。
- 某個物理的空間，例如：一個工廠，以及附近工人們的住屋。

就如同 Jackson（2004, p. 3）所指出的，從物理性的位置來定義「社群」，可能會有低估住民們之投入和參與的風險。

各種社群的培力工作

雖然在社群的培力工作與社區工作之間有部分重疊，但是這一章並非有關社區工作方面的討論，以下我們描述的所有與社群有關的工作，也不能都被說成是「社區工作」。我們所定義的**社區工作**（community work）是，根據生活在社區中的人們所確認的目標，與他們一起工作，使其能達成這些目標。在社區工作中，也許總是有著某種培力的要素，比較不是由人們自己驅動，而是受當地社區外部的策劃與資源所推動。社群培力的範圍，從國家贊助的積極行動（Watt et al., 2000），到那些由在地非專業人員自己發起的行動，都包括在內；而後者獨立於機構與專業人員，具有充分的自主性（見表 6.1）。在社群內以及與社群合作的培力工作，應該擴及弱勢、被邊緣化以及被社會排除的民眾，並且應該具有參與性，這是相當重要的。這意味著，

這種與民眾共事所涉及的方法取徑，必須與民眾接合；引發他們說出願望；協助他們規劃出自己的目標；提出他們的需求、他們所面臨的不平等以及／或者弱勢的處境；並且，讓他們有能力達成他們的目標。這樣的工作方式跨越健康領域與社會服務領域，普遍受到肯定。例如，Chiu（2004, p. 3）的參與式社群健康教育者模式（participatory community health educator model），以培力和參與這雙生原則為支撐，旨在藉由三階段的參與過程增進少數族群的健康：

1. 與他們共同識別出他們的需求。
2. 在他們主動參與的情況下，發展出健康干預的方法。
3. 在各方利益當事者的支持下，執行工作與進行評鑑，並對未來透過階段一的進一步行動提供回饋。

互助與社群培力

針對社會問題而有的互助與集體性自助，能為社群培力提供各種不同的可靠模式。各種小額儲蓄方法的創生，透過維持人們的自尊心，可以是自我培力的開始。在相同的關聯脈絡中，其歷史可回溯到工業革命之前的互助會（friendly societies），是資產有限的民眾之間相互支持的重要起源。例如，筆者的父親在他整個工作的生涯過程中，每週都捐出一便士（penny）給漢普郡互助會（Hampshire Friendly Society），目的是為了有足夠的錢來支付喪葬費用。合作社運動（co-operative movement）則引起許多類似的方案，存款互助會（credit unions）就是另一種建立已久的公共團體，它們雖然不斷進行調適以因應情勢的變化以及在地的條件，但仍能滿足人們的需求。Burns 等人（2004, pp. 131-47）曾經對自助的概念與性質進行一些詳細的檢視，論證自助的各個互助方面如何有可能讓社群受益，甚而可能成為主流的資源，而不只是個體幫助自己的一種方法。

亞洲人資源中心

在伯明罕市（Birmingham）的亞洲人資源中心（Asian Re-source Centre, ARC），是由投入被稱之為行動中心（Action Cen-tre）的這個多文化中心的人們以草根行動所發起，其運作獨立於社會服務機構，是一個相當具有自主性、信譽卓著的自助組織範例。根據當時有關的工作者提到的，那時候需要一個特別針對亞洲人需求而規劃開辦的中心。ARC 位於漢斯渥地區（Hand-sworth）的一條商店街上，是亞洲人社群的社區中心：

> 以切合的語言，深刻地了解受服務的這群人對宗教與文化的渴望。本中心的服務是提供建議，辦理像亞洲長者（Asian Elders）、婦女福利權（Women's Welfare Rights）、住宅服務（Housing Welfare）等切合特定需求的方案，並且在移民、國籍與反性別歧視等方面提供資源與實際的協助。本中心以亞洲的各種語言製作傳單、小冊子，並且發揮壓力團體的功能，提供法定服務。本中心之設施可作為在地社區、志願機構與法定機構進行教育和訓練之用。本中心雇用亞洲工作者為工作人員，由選舉產生的亞洲社群代表經營管理。
>
> （Asian Resource Centre, 1987）

ARC 的目標說明如下：

> 在亞洲人社群的鄰里內部以及其他地方，識別出被強加在亞洲人社群特別弱勢的那些方面之上的文化與社會系統，對其

進行分析，並且找出其一般需求與特定需求；開辦、參與以及協助專為保障所有亞洲人公民權與人權而設計的方案，促進文化表現的自由，並且鼓勵所有的亞洲人一再肯定自己的文化認同、自信與驕傲。（Asian Resource Centre, 1987）

ARC 的經營管理委員會由十八個人組成，包括在一年一度的會員大會中公開投票選舉產生的十名委員、五名具有特殊技能的委員，以及代表地方政府的二名評議委員。ARC 的七名全職員工是由來自舊市區夥伴計畫（Inner City Partnership Programme）、住屋相關主管機關、社會服務部門、吉百利信託（Cadbury Trust），以及其他捐款與基金的經費資助。在 ARC 廣泛的各種社群取向活動中努力要達到的一個目標是，維持平衡的工作團隊，反映孟加拉人（Bengali）、巴基斯坦人（Pakistani）以及印度旁遮比人（Punjabi）的利益。

ARC 這個例子說明了自助的自主性，它之所以形成，是由於社群中的團體意識到專業人員無法針對他們的需求提供服務，因此激發他們產生積極的社群行動，來達到他們想要的目的。

提高批判意識與培力

社群培力工作的某些形式被視為社會政治教育，這意味著工作者要「著手培力他們所共事的社群來質疑主流的假設——以 Freire 的話來說，就是讓壓迫者放棄自己的想法」（Mayo, 2000, p. 6）。這涉及提高人們的能力來「為自己分析自己遭遇到的問題來源、發覺自己的需求，並發展出自己的策略」（Mayo, 2000, p. 6）。本章開頭所舉的例子，是在以需求為先還是以權利為先之間擺盪，那時強調的是在方

案內部的自助和參與，就像朝向社區方案轉移一樣，這樣的強調「符合從『需求』方法取向轉向『權利』方法取向的轉移」（Adams, 1981, p. 241）。Freire 視個人的批判意識提高為社會轉變的關鍵，這樣的觀念在許多不同的環境中應用，包括成人教育、經濟發展、社會教育、參與式研究、識字教育、健康教育、運動、休閒、文化與社區計畫，以及在技藝、藝術與不同媒體的方案，像戲劇、模仿表演、歌唱與舞蹈等（Mayo, 2000, pp. 7-8）。雖然 Bar-On 與 Prinsen（1999）指出，社群的創造行動總是經常在未意識到參與式方法取徑〔例如：參與式鄉村評估（participatory rural appraisal）與參與式行動研究（participatory action research）（McTaggart, 1999）〕的潛在益處的情況下進行，但是在西方國家，同樣也在開發中國家，社群發展工作在都市更新計畫與鄉村再生計畫中，以及在為對抗社會排除所設計的策略中，都扮演愈來愈重要的角色。

事例

　　在北愛爾蘭的南蒂龍郡培力計畫（South Tyrone Empowerment Programme）是一個社群發展的創新行動，旨在促進包容（inclusion）和社群參與。它提供緊急收容、對治無家可歸的種種措施、協助年輕父親進入孩子的生活、超過兩百多名翻譯人員的翻譯服務、三十多種語言的翻譯服務，以及給予移工（migrant workers）所需要之支持。提供給移民的支持包括：社群能力發展、個別的語言支持、訓練，以及翻譯服務。

社群培力之各種型態

◆

社群培力可能在各種不同的層面發生，並且也可能以不同的方式受控於不同的團體和利益群體。在表 8.1 中，我們根據活動是否受控於政府當局或人們自己，將社群活動分成幾種不同型態的範疇。

表 8.1　社群培力之各種型態

行動的型態	管控者	
	地方民眾	政府當局
社群發展	鄰里行動團體	更新方案
互助	存款互助會	反貧窮計畫
自我表達	藝術合作社	政府資助的社區藝術

社區藝術

在英國的不同地方，如布里斯托（Bristol）、利物浦（Liverpool）、索爾福（Salford）以及赫爾（Hull），為了促進觀光旅遊，將之前的船港區改造為遊艇休閒碼頭，並舉辦觀光季活動；另外，有些地方在新的運動場或綜合設施的建築物周圍，創造一些運動盛事。雖然這些活動都能帶來許多經濟利益和社會效益，但是，也可能因此強化社會區隔，並且因為都市與鄉村其他地景的持續惡化，而造成失業、無家可歸、反培力以及蕭條等負面影響。北愛爾蘭的德瑞（Derry）社區藝術與社區技藝合作社，是具有建設性的社群培力實例，它們表現出地方服飾、音樂與文化的豐富性與生命力。在一九八〇年代末，有一群先前靠臨時創造就業計畫生活的婦女，發展出坦普羅爾技藝合作社（Templemore Craft Cooperative），她們利用她們

的知識以及縫紉技術製作愛爾蘭舞蹈服裝，雖然一開始就成功，但合作社最後還是因為缺乏管理導向的商業支持與技巧以及資本的投資而倒閉。然而，這個失敗並不減其貢獻，類似的創造行動仍能透過開發民眾的技巧與信心，為其創造就業的可能性（Mayo, 2000, pp. 128-30）。

教育與社群行動

青少年培力夥伴計畫（Youth Empowerment Partnership Programme; www.yepp-community.org）是在一九九一年由歐洲地區基金會網絡（Network of European Foundations）所設立，旨在促進青少年培力與社群培力。該組織現在已經從巴西延伸到歐洲國家，例如：義大利、德國、瑞典、比利時以及愛爾蘭。以色列的召喚之聲（Kol Kore[1], A Voice is Calling）是一個全國性、無黨派色彩、串連各大學院校之志願性活動的學生組織，其目的在於促進社群行動與社會行動。

社群培力有助於處理結構性的社會問題

這樣的社群創造行動的可能結果有好有壞，最好的結果就是培力，而最壞的結果則可能轉移大眾的注意力，使他們不去關注動盪、社會團體之間的對立，以及社會排除持續存在等更廣、更深的結構性社會問題（Mohan & Stokke, 2000）。實際上，提供資金的資助機構可能不管其對外宣稱的目標為何，而任意決定其想要進行的社群培力行動。國家與國家之間的夥伴關係與網絡愈來愈常見，類似倫敦千禧巨蛋（Millennium Dome）的計畫與許多地方政府的行動齊頭並進，

1　譯註：英文拼音的希伯來文。

這些行動在很大的程度上受控於政治、管理以及商業等方面的利益團體，在地人對這些行動和計畫的性質與成果的影響力相當小。這些計畫與行動由上至下的性質，與社群工作者的培力目標相距甚遠。如果能讓參與的民眾自己來，為他們的聚會、經驗分享以及解決自身問題的共同策略開發出一套有效的機制，那麼，通力合作的培力才能產生更有效的影響。

印度社會行動新實體（New Entity for Social Action, NESA）的一個特色是群眾運動論壇（Nyaya Sangamam, People's Movement forum），它是影響決策的焦點。這是在印度許多培力積極行動的一個例子，這些培力行動旨在處理社會經濟不平等、貧窮、文盲，以及影響大約二億四千萬達利人（dalits）〔在種姓制度中被認為是「不可碰觸的」（untouchable）「賤民」（outcastes），只被允許從事最卑賤的工作〕的種姓制度。NESA 是一個人權組織，旨在讓達利人獲得培力，它透過在卡那達卡（Karnataka）、喀拉拉（Kerala）、塔米爾納都（Tamil Nadu）等省分中的四十六個附屬機構與超過為數五百萬的民眾一起工作。雖然也還有其他的積極行動處理各種不同人口群所面臨的問題，但值得注意的是，主要的焦點還是婦女，因為婦女被視為主要的受壓迫團體，也是可能引發改變的主要能動者。例如：年輕婦女培力團結行動（Solidarity Action for Youth Women's Empowerment）結合教育機會、領導統馭與決策訓練、自尊，以及婦女政治參與，旨在使婦女有能力走出貧窮，並且更充分地參與社群決策。

事例

SPARC 是一個在一九八四年成立的非政府組織（NGO），在與全國貧民窟住民聯盟（National Slum Dwellers' Federation）以及婦女一起來（北印度語為 Mahila Milan，英語為 Women Together）合作之下，與印度的人行道住民（pavement dwellers）及貧民窟住民一起工作。它從尼泊爾開始，擴展到二十七個城市，與超過一萬個家庭一起工作。SPARC 的工作方法是讓人行道住民能組成「小額存款」團體（"micro-savings" groups），以監督團體成員之房舍的設計與興建。處於家庭單位之核心的婦女，透過婦女一起來為培力過程做出具決定性的貢獻。起初，讓女性的人行道住民有機會能聚在一起分享經驗，從中找出領導者（每十五戶一個領導者），同時設定存款計畫並成立委員會，委員會要負責監督與政府當局的協商、物料的採買，以及房舍的興建。以參與式的工作方法，讓住民對個別房舍的設計提出自己的看法，並且將團體視為一個整體。整個行動過程是以社群為本、由社群發起、以社群為導向，並且以社群為焦點。

發展集體的培力活動經常受到質疑，例如，一般認為西方社會的集體社會抗爭是在一九六〇年代達到高峰，之後，其推動力就似乎一直在下降中〔參見 Bagguley（1991, p. 139）對失業民眾之政治運動的研究結論〕。但是，在一九九〇年代初期的英國，反人頭稅暴動，以及反對開發新高速公路、鬥牛或獵狐等流血運動（blood sports），還有將活的動物外銷到歐洲大陸等各種抗爭運動，卻是前述質疑的一些反例。再者，如學生抗爭之歷史研究（Adams, 1991）與監獄暴動之歷史研究（Adams, 1994）所顯示，抗爭的影響範圍可能形成一種隱藏的歷史（a hidden history），不只是因為它涉及受壓迫的團體，或者它不善於在大眾或媒體面前操弄議題，還因為像這樣的抗爭活動雖然可能被某些人視為不合法，但也有其他許多人認為其具有正當性。所以，民眾還是有機會透過各種不同形式的反壓迫培力活動來達到自我實現，不管這些培力活動是否涉及公然蓄意的抗爭。

透過社群進行培力的社會工作有可能對抗多重的壓迫，一如
Thompson（1993, p. 122）的觀察，這種多重的壓迫可能環環相扣、
相互強化。讓白人工作者以沒有種族歧視的方式工作的指導方針，是
由受到 Ohri 等人（1982）影響的 Twelvetrees（1991, p. 150）所提出
的。這些指導方針可以應用在其他方面的壓迫處境，例如：身障者歧
視、年齡歧視，以及性別歧視等：

- 承認種族歧視確實遍布整個英國社會。
- 要了解到種族歧視是白人的問題。
- 我們所有人都需要找到不具有種族歧視的工作方式。
- 承認我們與種族歧視具有共謀關係。
- 監督我們投身其中的團體或組織是否以種族歧視的方式在做
  事。
- 我們的主要任務是挑戰白人的種族優越感（次要任務是支持黑
  人自助）。
- 千萬別以為和黑人建立了關係就是反種族歧視。
- 鼓勵其他工作者一起努力來對抗種族歧視。
- 讓自己熟悉與黑人社群有關的議題。

培力與排除

將上述條列的工作指導方針，更廣地連結到與遭受排除的人相關
的工作議題是重要的。我們將排除（exclusion）定義為，被隔離於主
流的個體、團體與社群的社會與經濟生活之外，無法參與其中。它包
含各種不同的歧視以及貧窮，但卻不只這些，例如，與受排除的人共
事要面對的種姓制度無孔不入的影響，已經深入個體、社會、政治和
靈性等各個層面。在尼泊爾，達利培力方案（Dalit Empowerment and
Inclusion Project）是由六個具領導地位的達利組織聯合起來設計並運

作的三年計畫，其預算超過一百萬英鎊，旨在針對占尼泊爾總人口
15%的達利人進行培力，將他們含納到主流的社會中。

社群能力培育

我們已經好幾次附帶提到社群能力培育（community capacity
building, CCB），它是許多旨在促進社群培力的積極行動的核心條
件。CCB 是一個多面向的概念。**社群能力培育**可被定義為，根據社
群現有的知識、技巧和專門技術，將社群建立起來，使其獲得發展的
方法，以便符合社群成員所認定不可或缺的需要與當務之急。在社區
發展與 CCB 之間有些部分重疊，因為兩者的目標相似，雖然根據
Atkinson 與 Willis（2006）的看法，兩者的過程相異，CCB 的推動力
更加仰賴來自社群外部的技巧與資源。

事例

在以色列，摩沙瓦中心（Mossawa Center）是一個針對阿拉
伯公民的倡導中心，它在設法維護以色列的阿拉伯／巴勒斯坦人
作為巴勒斯坦人之權利的同時，促進他們在以色列的平等地位，
並且也為巴勒斯坦婦女的性別平等而努力。此中心的工作方法包
括，透過倡導、能力培育、社區工作和運動使民眾獲得培力。摩
沙瓦中心的能力培育方案旨在促進阿拉伯政務委員會的培力，並
且和教育部門的主管合作，也和貧窮或不被承認的婦女團體與社
區一起工作；後者包括，摩沙瓦中心的專業工作人員根據當地團
體與社區的狀況來調查其需求，例如家庭需求和健康需求，並且
使他們有能力以倡導來成功地取得經費，以設立像家庭健康診所
這樣的服務。

發展合作暨研究機構（Agency for Co-operation and Research in Development）（ACORD, 2002, p. 8）汲取非洲南部波札那（Botswana）次級行政區歐卡凡果（Okavango）的經驗，區分策略性的能力培育（strategic capacity building）與實踐性的能力培育（practical capacity building）；前者旨在實現地方性的社區組織（community-based organization, CBO）的使命，後者旨在達成 CBO 的目標。在因應趨勢改變之衝擊的能力培育上，Cissé 等人（n.d., p. 1）以撒哈拉以南之非洲地區（sub-Saharan Africa）塞內加爾（Senegal）首都達卡（Dakar）的經驗主張，在開啟一項能力培育計畫之前，首要之務是豎立起機構的制度性架構（institutional framework），好讓不同的夥伴機構與組織之間的關係建立有依循的基礎，並且讓協同行動（concerted action）能夠發生。以制度為本並且聚焦於個體的社群能力培育，藉由許多的積極行動與組織來進行協調。例如，倫敦的難民婦女協會（Refugee Women's Association）為小型的難民婦女組織進行能力培育，好讓他們能夠在自己的社群中協助個別的婦女，並使之培力。該協會擁有來自歐洲各地的經費資助，並且和歐洲其他組織有多年的夥伴合作經驗。在其他的工作項目中，它也開設一些訓練課程，教人如何申請經費、創設與經營組織，以及如何組織志工與服務使用者（www.refugeewomen.org/news/capbuild.htm, accessed 25.11.06）。

　　民眾可能移動的另一個正面方向是比較公開的社區行動。Twelvetrees（1991）以及 Henderson 與 Thomas（1980, pp. 148-86）對於在社區工作過程中涉及的幾個步驟提出一些看法，Twelvetrees（1991, pp. 35-6）指出與社區團體共事的九個步驟（表 8.2）。

表 8.2　與社區團體共事的步驟

步驟	每一步驟的內涵
1. 接觸聯繫	與民眾接觸，分析需求
2. 指認需求	讓民眾聚在一起，協助他們識別出需求，並且激發他們實現這些需求的意願
3. 釐清宗旨	協助民眾了解，實現這些需求必須做的努力
4. 設定目標	與民眾一起設定應該採行之目標
5. 進行組織	產生一個適合實現目標的組織形式
6. 詳細規劃	協助民眾形成一項行動計畫，將廣泛的宗旨分成較小的目標與可達成目標的工作事項
7. 任務執行	協助民眾分工與執行
8. 調整目標	協助民眾進行回饋、評鑑行動的結果，並據此採取新的目標
9. 重複前面的步驟	讓民眾有能力重複步驟 3 到步驟 8 的循環，屆時工作者退到協助的角色

帶動社區打造「預防性」環境（preventive environment）

　　有一個趨勢是：規劃者、建築師和設計者讓獲得培力的社區，參與現有建物與未來建物、現有服務與未來服務的發展規劃。使用服務的個體與團體可能提供他們的意見，這些意見可作為社區投入人群服務之設計與規劃使之發展更好的正向過程。投入的程度也許不高，例如一次性的諮詢（one-off consultation），它可能被負面地視為，一旦計畫獲得同意且開始推展之後，將反對的公共反應降到最低的一種方式；或者，它也可能被處理成公共參與的正面管道。社會工作員在服務使用者之參與的協進角色上，不應該只是門面象徵主義地像公共關係的一部分，而是要大力促成民眾的培力，以改善健康環境以及社會照顧環境。

建築物的設計必須以預防、治療與照顧為目的。有一份做得非常好的研究文獻（全世界有超過七百篇聲譽良好的研究論文）讓有事實根據的設計研究獲得支持，其關鍵指標包括：建築物要以更寧靜為原則；透過降低空氣感染的風險來增進安全；增設方便使用的洗手給皂器與洗手槽，降低接觸感染；以單人房取代多人房來降低感染；設施要有規劃良好的動線，降低工作人員的疲憊，提高效率；採光良好、「房間可觀景」（rooms with a view），以減少憂鬱、壓力與痛苦感，增進情緒的安適狀態（Ulrich, 2006）。

美國已經有研究針對低收入的少數族裔社群，了解他們如何培養起改善具體環境的能力（Saegert & Winkel, 1996）。這個研究針對住房合作社培力過程中的四個層面：

1. 心理層面：個體感覺到培力的程度。
2. 團體層面：合作社活動影響個體生活境況以及合作社擁有權的程度。
3. 生活品質層面：在住房建物中生活品質改善的程度。
4. 社區參與層面：參與公民活動增加的程度。

政治體系培力

個體培力像通往沙漠的一條四線幹道，將個人帶領出來之後卻可能走向無所適從的境地，除非它能被包含在對治理與政治體系進行改變的過程中，成為這個更廣泛過程的一部分。為了證明這個陳述的真實性，我們將要探究婦女如何以小額儲蓄作為小額融資的積極行動，使她們在社區中有能力來購買商品與服務，並從此探究中得出某個關鍵要素。小額融資涉及民眾儲蓄以及借貸小額的金錢，並且個別或集體地累積足夠的資源作為資本，以購買土地或其他資產，使他們的生

活條件獲得改善，透過具有生產性的農業維持他們自己及其家庭的生計。Linda Mayoux（2000）對於愈來愈多以小額融資為策略來對抗貧窮並衍生可持續性的事實證據進行評論與檢討，她論證說，雖然小額貸款真的能使婦女與兒童受益，而且在償還貸款一事上，她們也的確比男人們更可靠，但是，培力與可持續性並不會隨著小額貸款的積極行動自動發生。還需要有其他方面的改善，才能讓婦女的存款花得值得，使其結果還能夠成為推動所規劃之發展過程的助力，否則小額融資「就不太可能對培力有太大的貢獻」（Mayoux, 2000, p. 4）。

為了能肯定社群培力的實力與潛力，我們有必要探究在不同的社群與社會之間的共通基礎，並且將地方環境扣連全球性的政治現實與政策現實。英國的國際發展司（Department for International Development, DFID）在一九九七年出版國際發展白皮書（White Paper on international development）（DFID, 1997），其訴求希望能在二〇一五年之前將生活在赤貧處境下的人數減半，並指出特別有必要強化發展中國家的窮人參與，以及需要人權與婦女組織、非政府組織、合作社以及工會，來促進「讓窮人更能大聲說出心聲」（giving poor people a greater voice）（DFID, 1997, p. 103）。之後，DFID（2000）接著出版一本書，旨在達成政府野心勃勃的國際發展目標，包括從婦女培力到消弭世界貧窮的終極目的。在此過程中，婦女培力被視為DFID消弭世界貧窮與高舉人權之核心目標的根本先決條件（DFID, 2000, p. 26）。讓女孩接受教育以及消弭教育上的性別不平等，被認為是實現這些目標必要進行的根本工作。草根的社區發展，以及「在政策、法律和態度上的根本轉變是必要的」（DFID, 2000, p. 8），這樣才能實現婦女培力與性別平等的連鎖目的（pp. 29-30）。為了達成這些目的，我們有必要了解我們對於公民身分與治理的概念化方式（第七章）如何影響我們對社區發展的觀念。

　　按照 Askonas 與 Stewart（2000, pp. 60-2）提出的包容和權益（stakeholding）的社會契約模式（social contract model）與社會公約模式（social compact model），來思考包容、培力政策和社會工作實踐這些概念之間的關係，對我們的討論會有所助益。他們考量英國在二十一世紀的轉折點上，包容的社會契約模式如何以其具有支配性的影響力，透過市場原則與市場動力的操作加強培力的重要性。不受限制的市場操作降低了服務供給的不平衡，但這之所以能實現的條件是，必須將權力集中在某些人的手中，由他們來決定其他的利害關係人如何部署其利害關係。對照之下，包容的社會公約模式則取決於參與的概念，但這兩位作者觀察到某種諷刺的現象：一方面，社會正義必須讓民眾以培力的參與者投入整個過程；另一方面，參與式實踐卻可能在大家稱頌不同社群和利益群體能以其多樣性過好日子的同時告終，因為每個人都以自己對美好生活的想像排斥其他不同的想像。一如 Askonas 與 Stewart 的後現代立場，各種不同的社群以其各自特有的性質強調一種差異政治（a politics of valuing difference），而非消除不平等政治（a politics of eliminating inequality），這可在表 8.3 獲得說明。在表 8.3 的左上方，社會排除就是缺乏參與式民主；右上方是由社會契約模式主導；左下方則是由社會公約模式主導；右下方是具有超越性的理想狀態，最重視正義與參與，因此旨在實現培力的社會。

表 8.3　在培力社會中的公義和參與

反培力 排除／不正義／ 反培力	社會契約 包容／正義／反培力（其所強調的正義，是對社會中不同人群一體適用的正義）
社會公約 排除／不正義／ 培力、參與	充分的培力 包容／正義／培力（強調在社群中過好生活的過程）

政策培力

讓我們回過頭來考量，在更廣的政治體系中有關培力政策與培力實踐的議題。DFID 指出一個重點：要轉變人們的生活，就必須透過社群發展的草根培力，以及政策和法律的變革，這兩者都是必要的條件；這遠遠超過國家之間的政府施助以及發展贈款：

> 然而，帶來持續改變的不是捐贈者的行動，而是政府的行動，以及最重要的婦女們和男人們自發的行動，那才能帶來性別平等所要求的根本轉變。（DFID, 2000, p. 29）

這樣的轉變取決於以下十個目標的實現：

1. 促進女人與男人在國際權利方面的平等。
2. 實現經濟機會與工作機會。
3. 降低教育與健康方面的性別不平等。
4. 促進婦女更平等地參與所有層面的決策與領導。
5. 提高婦女的人身安全，降低性別暴力。
6. 增進婦女的使能機制，提升她們在政府以及公民社會中的地位。
7. 促進婦女在法律上的平等，終止對婦女的歧視，使其享有公平正義的對待。
8. 降低性別的刻板印象、改變社會態度，善待女性。
9. 發展環境的性別意識管理，保護自然資源。
10. 遵守聯合國兒童權公約（UN Convention on the Rights of the Child, CRC），促進對女童與男童權益的維護（DFID, 2000, pp. 29-30）。

有相當多的研究以及批判性的評論都不斷提出類似的觀點：全世

界五大洲的婦女所經歷的不平等對待，結果對她們產生反培力的影響，尤其是在發展中國家。我們可以把這樣的經驗推論到男人與女人、男童與女童的經驗，只要哪裡有培力的機會，哪裡就會有反培力的阻礙持續存在，這些阻礙通常不脫以下兩個範疇：

1. 政策與法律的性質。

2. 成人與兒童有權利取得相關知識、技能與資源的程度。

有一個好的例子可以用來說明第二個範疇，這是一個叫作非洲資訊協會（African Information Society Initiative）的方案，旨在推進非洲地區資訊與通訊基礎設施的發展，以便活絡社會經濟，這可以利用資訊及通訊科技（ICT），透過電腦以及網際網路做到。然而，在有些地方，有影響力的利益群體阻撓必要的政策與立法變革，使得問題繼續存在。Ruth Ochieng 在非洲性別學會（African Gender Institute）發行的線上期刊中的文章指出，ICT提供給個體與團體知識和互動的機會，但這種潛在的培力性質卻可能藉由限制民眾接觸相關科技的機會而受到封鎖。她說，有些人已經可以取得的知識，卻在「非常根深柢固的結構性與政治性等級制度」中將婦女排拒在外，這種機制「控制著 ICT 過程中的知識」以及「決定各種不同決策形式的影響」（Ochieng, 2002, p. 3）。面對這樣的阻礙，必須有整合的培力計畫，例如在南印度喀拉拉的 Indira Mahila Yojana 的計畫，已經發展成整合式婦女培力計畫（Integrated Women's Empowerment Programme）。這種整合發展的重要意義在於，旨在全面、全人地處理婦女的培力過程，其方式是增進婦女的自信，以及提高她們對自己在各方面地位與處境的批判意識，包括社會、健康、教育、營養、個人衛生、公共衛生、法律權益、經濟進展、儲蓄習慣，並且讓她們有機會取得小額貸款，得以投入地方規劃以及其他服務與活動範圍。

有些像哈姆雷特信託（Hamlet Trust）這樣的組織，致力於服務

使用者與非政府組織的培力，使民眾有能力促進精神衛生領域的政策改變（Bureau & Shears, 2007）。Living Options in Practice（1992）的方案目的在於，協助有嚴重身障與感官障礙的成人設立全面的地方服務，使服務使用者能參與評估服務在計畫、執行、監督與評鑑上要注意的各項細節。某位實務從業人員受命經歷這過程，跨越不同服務供給機構與不同層級之政府當局，以下是七個主要的工作領域（Living Options in Practice, 1992）：

1. 與身障民眾做最初的接觸。

2. 安排並且進行諮詢會議與其他活動。

3. 確認資訊可及於身障民眾。

4. 設立服務使用者團體並使之能維持運作。

5. 確保專業人員與服務使用者之間的聯合工作。

6. 安排與組織適當的訓練，讓民眾有能力充分利用這個過程。

7. 確保身障服務使用者團體能持續取得團體運作所需之經費。

將「培力」、「社群」、「參與式」以及「發展」等字連結在一起，以為就足以處理貧窮和不平等的問題，甚至改變這世界，這樣的想法是危險的。來自紐西蘭梅西大學（Massey University）的 Marilyn Waring（2004）對社區發展的安逸觀提出告誡，我們可以從她的重要著作中摘述兩點：

1. 政府和其他組織以及貧窮民眾之間的夥伴關係要努力實現的，不只是貧窮民眾的經濟利益和社會利益，還有他們的公民利益與政治利益。這是要確保他們的人權不被忽視，不被稀釋成像「公民身分」和「治理」這樣的概念（Waring, 2004, pp. 5-6）。

2. 真正貧窮弱勢民眾的參與式發展總會涉及由草根往上的工作。這樣的工作曠日持久，並且總是容易受到強勢的組織與政府單位的收編，有時候只是徒具發展之名（Waring, 2004, p. 4）。

社區概況評估

社區概況評估是一種以社區為本之積極行動的參與方式（Burton, 1993; Hawtin et al., 1994）。社區概況評估（community profile）可以被定義為，在民眾生活其中的社區層級，由地方民眾參與計畫出來的需求評估。參與和合作就是要讓社區涉入，我們可以從表 8.4 看到，怎樣的社區概況評估過程才能既是參與又能培力。

我們可以從這過程指出特別重要的五點：

1. 在開始之前，一定要徵詢地方機構主管的建議。
2. 有關倫理研究的任何程序，一定要取得相關部門的正式支持與許可。

表 8.4　進行社區概況評估的步驟

步驟	每一步驟的內涵
開始	1. 開始與團體成員開會
準備	2. 準備 3. 挑選資訊蒐集的方法 4. 決定分析的單元 5. 具體指出要蒐集的資訊 6. 徵詢建議以及取得倫理認可 7. 設計研究工具，例如問卷和訪談計畫表
執行	8. 測試研究工具，調整至最適合的狀態 9. 與團體成員進行資料蒐集
分析研究發現	10. 彙整研究發現 11. 對研究發現進行分析，製作口頭報告與書面報告 12. 將研究結果回饋給團體成員
使用研究發現	13. 與團體成員共同決定如何使用這些結果 14. 對社區概況進行評鑑

3. 一定要取得社區概況評估主體的知情同意（informed consent），這裡的主體指的是那些提供訊息的人。

4. 與任何團體的資料蒐集會議地點一定要事先謹慎考量，中立性區域可能會比較適合，但是，有些人可能會比較喜歡在自己的地盤上聚會。

5. 一定要制訂任何團體會議可共同遵守的基本行為規則，並且在會議之前確認所有參與者都清楚且同意這些規則。

結　論

就像社區發展一樣，社群培力絕不能與政治體系脫勾，因為政治體系要不是提供社群培力資源，就是將社群培力隔離於真實的政治力與社會力之外。培力不是在脫離工作者與服務使用者雙方之脈絡的情況下，只是一種像其他經濟資產一般的「好東西」，也不只是在與民眾共事中附加在其他社會工作技巧裡的一項技巧。培力的過程與培力的產物一樣重要。從這些角度來看，培力是一種實現參與式包容與社會正義的理論化方法取徑，而不只是一種使個體受益的技術。要實現的理想是培力的社會，這樣的社會能夠對公民培力與實務從業人員培力的過程與結果有所承諾，並且戮力而為。將個體從其所屬的團體、家庭、組織、社會、政治與經濟脈絡抽離出來，只與個體一起工作，這樣的作法是不充分的。培力實踐必須與民眾生活的社會向度、政治向度以及個人向度勾連在一起，才不致於讓培力實踐與包容、參與以及社會正義脫勾。

❧ 作業練習 ❧

♦ **練習一**

請描述社群培力可能在哪些不同層面發生，並且舉例說明。

♦ **練習二**

請列出社群培力工作可能以哪些方式來抵抗各種不同形式的歧視與壓迫。

♦ **練習三**

請描述社區概況評估的主要特色、優勢以及過程。

延伸閱讀

Barnes, M. and Bowl, R. (2001) *Taking Over the Asylum: Empowerment and Mental Health,* Basingstoke, Palgrave – now Palgrave Macmillan. Chapters 3, 5 and 7 in particular discuss policies, practices and new directions in movements towards empowering people in mental health, including through 'new social movements'.

Burton, P. (1993) *Community Profiling: A Guide to Identifying Local Needs*, Bristol, SAUS. A practice guide to carrying out a community profile.

Community Development Foundation (2000) *Achieving Better Community Development Handbook: A Framework for Evaluating Community Development*, London, Community Development Foundation. Examines practical issues for the evaluation of community development initiatives.

Craig, G. and Mayo, M. (eds) (1995) *Community Empowerment*, London, Zed Books. A stimulating collection of essays illustrating the diversity of community empowerment.

Guijt, I. and Shah, M.K. (eds) (1998) *The Myth of Community: Gender Issues in Participatory Development*, London, Intermediate Technology Publications. Chapters 1 and 2 examine the potential and limitations of participation through development initiatives, although many other chapters are also useful.

Hawtin, M., Hughes, G. and Percy-Smith, J. (1994) *Community Profiling: Auditing Social Needs*, Buckingham, Open University Press. A useful guide to what is involved in carrying out a community profile.

Jacobs, S. and Popple, K. (eds) (1994) *Community Work in the 1990s*, Nottingham, Spokesman. A relevant examination of community work trends and practices up to the early 1990s.

Ledwith, M. (1997) *Community Development: A Critical Approach*, Bristol, Policy Press. Pages 9–29 contain a useful discussion of the policy context of community empowerment initiatives.

CHAPTER 9

培力式研究

我曾經擔任某項研究的顧問，該研究的目標在於，讓使用服務的民眾有能力評鑑其所使用之服務。我從中學習到，要在參與過程免於代庖的誘惑有多困難，要研究者不要在第一次會議之前就準備好任何提案是不容易的，因為這感覺上好像會違反效率原則。我還發現，在方案的進展過程中，在聽民眾訴說他們如何艱難地努力工作的同時，要提醒研究者不要以「別擔心，我來做」回應又是何等困難。我曾經獲得一些有用的回饋，這些回饋讓我明白，在我以為我一切都表現得很培力的同時，我的肢體語言卻反而讓旁人感覺到反培力。即使我正在說的是另一回事，我的同事大概可以猜得到我正在想什麼，他們會問我一些難以回答的問題，讓我去思考我對這份工作的倫理承諾。我從中學習到的是，致力於培力取徑的研究方法，比簽署同意「行為準則」（dos and don'ts）的某些要點來得更加錯綜複雜。我必須對這本書的每一個細節負責，我也必須整全地檢視我的方法取徑，而不只是我說的內容。這經驗提醒我，與反思性實踐緊密相關的，除了進行一連串需要做的事情，還有某種存在狀態（a state of being）。

引　言

　　本章要處理的是，我們如何採取一種培力式的方法取徑來進行社會工作研究。如果你以為這一章主要在討論研究技術，那你就錯了，或許，研究從來就不「只是」關乎技術的學習與應用。Stewart（2003, p. 2）提醒我們，研究總是取決於研究者選取的方法論、價值基礎，以及（研究者必須對其負責的）不同利益群體。

　　讓我們從釐清研究的基礎開始。為什麼要研究社會工作？基於研究目的的差異，我們可以用很多不同的理由來回答這個問題，而理由不同，其相應的研究性質也會不同。然而，我們在這一章所著重的是培力式的研究，我們也將我們的興趣限縮在實踐性的研究。以下這三點是支持實務從業人員針對自身的實踐進行研究的主要理由：

　　1. 有助於實務從業人員對自己的實務經驗進行批判性的反思。

　　2. 可作為針對實務工作品質給予系統性回饋的管道。

　　3. 增強實務從業人員以及其他人改善實務工作的事實性基礎。

　　如果缺少這樣的研究，社會工作實踐就沒有讓它具有可信度的事實性基礎。無論是誰做的培力式研究，實務從業人員、服務使用者或照顧者自己，或者是從「外部」來的研究者，都會對社會工作的培力產生決定性的影響。本章檢視的是如何以培力的方式進行研究，幫助我們釐清不同的方法取徑，並提供一些指導方針，讓我們知道如何以培力的方式來進行研究。

發現的困難：參與是否讓情況變不同？

　　我們很快就會知道，培力式研究的一項重要特色是：有意義地讓民眾投入研究進行的過程，也就是讓民眾參與研究進行的過程；民眾

是培力式研究的主體，也就是資料蒐集的來源。但是，為什麼要回答「參與是否讓民眾的生活變不同」這個問題會這麼難？理由有三（Doel et al., 2007, p. 32）：

1. 為了要做這個判斷，我們就必須明確地知道，對不同的民眾而言，情況要改變到什麼程度才足以滿足他們。

2. 提供經費資助研究的那些機構也許會要求獲取研究的某些立即性回饋，而可能因此對研究造成壓力，因為在短期之內，研究大概採集不到在中期和長期才會發生的改變。

3. 也許在參與上會有類似的障礙存在，而參與又可能攸關研究的成功與否，因此，這時候的目標就在於減緩負面結果的產生，或者不讓情勢繼續惡化下去，而不是取得徹底或立即的改善。

然而，重要的是承認，從研究如何完成的過程中，也可以獲得同研究的最後發現一樣具有說服力的重要訊息。

構成培力式研究的條件

所謂的培力式研究，就是要讓研究的主體──民眾──投入研究的規劃與執行。對培力式研究的指控，經常把培力式研究說成象徵主義或折衷之計。培力式研究必須處理兩個極端之間的張力：一端是沒有讓民眾有充分的投入；另一端則是讓民眾過度投入。假如民眾投入不夠，研究就會變成只是一種象徵性的培力；假如民眾過度投入，研究的目的又可能大打折扣。這凸顯的不只是操作上的問題，也就是方法上的問題，還有理論上的問題，也就是方法論上的問題，以及研究倫理的問題。有關這些方法論以及操作上的看法，已經有一些文章詳細討論過（Barnes & Mercer, 1997; Fetterman, 2000; Fetterman & Wandersman, 2004）；在倫理方面，對於康復者研究的倫理多所著墨的

Faulkener（2004, p. 3）則指出：

> 培力意味著採取一種改變的議程……確保服務使用者的
> 心聲能透過研究而被聽見，並且挑戰那些對精神疾患民眾的
> 刻板態度。它還有一些相當重要的意涵，那就是在研究過程
> 期間，研究參與者被對待以及投入研究的方式。

實務研討

在一九八○年代，我參與了一項評鑑式的研究方案，在此過程中，機構提出一些相當直接的問題，並要求我找出這些有孩子的大人們使用這項服務的看法。研究即將結束時，當時我已經蒐集完資料，並且正在寫報告回饋給工作人員，這時機構有新主管上任，他宣布說，這項研究從一開始就應該讓服務使用者參與規劃與執行，而在將報告呈交給機構之前，初稿必須先讓使用者看過。但是，當時這份報告書寫所使用的語言並不適合服務使用者理解，而在與使用者分享這份報告的過程中，在有趣而且有諸多學習的同時，也引發許多我們在開始之前想都沒想過的問題。當時已經沒有機會重新調整研究的架構、重新做一次，因為研究的時間以及相關資源都已幾乎用盡。我那時候發誓，我絕對不會再犯相同的錯誤，但對於那個處境以及大部分投入進來的參與者而言，這樣的保證顯然為時已晚。

評論

研究實務工作常犯的一個毛病是，在著手進行研究之前，沒有注意到要去思考整個研究執行的方式。有時候我們太看重評

鑑，尤其是有些主管試圖將評鑑強行當作一種洗淨實務品質的工具。Thorpe（1993, p. xv）指出，在教育部門以及私人企業當中，要求品質的壓力可能導致將評鑑重新標定為品質的保證。研究可能是由各級部門主管，或者是從工作環境的外部，強加於實務從業人員和／或服務使用者，因此，他們可能被請求或者被指示，要和某位來訪的訪談者合作，但是卻對於研究的設計、執行、分析，或者，對於那些針對他們的實務工作蒐集的資料的後續使用，可能沒有多少或根本沒有任何調控權。假如研究的方法讓實務從業人員感覺到反培力，那麼，對於這種資料蒐集方法只能逆來順受的服務使用者會如何感受這個過程，顯然可想而知。經常發生的狀況是，在行動已經開始之後才想到要做研究，或者甚至更糟糕的是，在行動結束、已經太遲的時候，才設法要「對我們正在進行的事情造個研究」，而沒有在社會工作的規劃階段，就開始研議與發展研究的相關事宜。而且，在某個研究開始之後，才決定讓身為研究主體的某些服務使用者參與研究的進行，這在倫理上是錯誤的作法，在實際上也是辦不到的。

培力式研究的目的通常可能會是以下這四點的第一點，要不然至少是其他三點中的任何一點：

1. 在研究一開始就將服務使用者與照顧者當作夥伴帶入研究之中，以發掘他們的需求。

2. 提高專業警覺度以及大眾的注意力，關注實務從業人員、服務使用者以及照顧者的需求。

3. 探發弱勢者、被排除者或經歷特殊困難之「鮮為人知」者（例如身障者與精神障礙者）的境況與問題，或許使之凸顯出來，藉此促進他們的培力過程。

4. 利用一些調查與個案研究（也就是實務案例）的方法，批判性地評估實務工作中特別與人相關的一些面向。

有愈來愈多的人認可這樣的想法與作法：對研究有重要貢獻的主體應該獲得與其貢獻程度相當的金錢報酬（INVOLVE, 2006）。這並不是培力式研究的必要條件，或許比較重要的是培力式研究的基本要求：研究的主體，無論是照顧者、服務使用者或其他社會大眾，都應該同實務從業人員一樣，共同擁有執行該研究的調控權（Turner & Beresford, 2005）。

培力式研究的方法取徑

在此考量六種培力式研究的方法取徑：在行動中反思（reflection-in-action）、行動研究（action research）、參與式行動研究（participatory action research）、新典範研究（new paradigm research）、參與式研究（participatory research），以及互動式全人研究（interactive holistic research）（表 9.1）。下頁的表所列的並不是一個完盡或全包的內容，但它已經呈現出培力式研究的主要趨勢。

在行動中反思

研究的起點通常是實務工作者開始針對實務工作發問，一個問題或更多問題都可以。Schön 將反思性的實務從業人員設想成類研究者（quasi-researcher），根據他的描述，反思性實踐的過程在實質上就是一個研究的過程。Schön（1991, pp. 141-53）所使用的這些語彙意指的是，實踐者透過反思行動的過程進行實驗性的實踐。他堅稱，在行動中反思必定涉及實驗，透過對某些行動項目的整個反思過程進行準確的評價，之後再重新安排與組織這些行動項目，這可能會涉及問

表 9.1　培力式研究：作者與方法取徑

作者	研究的方法取徑
Schön, D.	在行動中反思
Lewin, K. Moreno, J. Stenhouse, L.	行動研究
Wadsworth, Y. McTaggart, R.	參與式行動研究
Reason, P. Rowan, J.	新典範研究
Marsden, D. Oakley, P. Holland, J. Blackburn, J. Chambers, R.	參與式研究
Cunningham, I.	互動式全人研究

題的設定（problem-setting）以及對一連串難題的處理（表 9.2）。

　　根據 Schön 的設想，這樣的過程在根本上不同於傳統的研究方法取徑，後者涉及假設檢定實驗（hypothesis-testing experiment），或控制式實驗（controlled experiment）。Schön 指出，在行動中反思違背控制式實驗的基本條件設定（要求研究者要和所觀察的行為保持距離），但其準確性並不亞於控制式實驗，因為在行動中反思的實踐者持續不斷地測試、調整，並且一再測試行動當中的理論與假設，必要的時候還重新調整框架，以便確認假設的適當性，或者更深入地對其進行探究。Schön 的在行動中反思不是傳統的研究，但也不必然是培力式的，它更接近我們稍後要檢視的行動研究。

　　上述兩種傳統的評鑑性研究——假設檢定實驗與控制式實驗——正好與本章的觀點對立，因為培力式的評鑑必須在最開始的步驟中就

表 9.2　在行動中反思

要素	其效應如何產生
實驗的過程	重複地進行行動項目的反思、重新安排與組織這些行動項目、之後再反思……等等
各個要素焦點	緊接著要回答的相關問題
指出問題	我們必須處理的難題或回答的問題是什麼？
確定方法	我們要如何著手解決這個或這些問題？
思索可能的結果	我們的行動可能會帶來什麼結果？
質問附加價值	我們可能從這些結果中獲得什麼？
確認理論的準確性	我們的收穫是否與理論的假設以及實踐的期待具有一致性？
價值檢視	我們的收穫是否能符合我們的價值？
裁定反思的程度	我們是否要讓這樣的反思繼續進行下去？
決定進一步的行動	我們的下一步是什麼？

涉及主要的利益當事者，包括服務使用者。以下，我們要藉由我們所設定的三點有關培力式研究實踐的指導方針，來回應「構成培力式研究的條件是什麼」這個問題。

　　培力式研究：

1. 適合讓參與者親身投入研究的管理與執行，不管參與者是工作者、服務使用者、照顧者，或者都包括在內，都應該被當作研究的共同生產者以及／或參與者，讓他們覺得是在做自己的研究。

2. 應該盡量與服務使用者通力合作，使之得以培力，因為他們是最重要的利益當事者，卻也是最容易在培力研究過程中的關鍵方面被排除的弱勢者。這種合作活動正是第五章提到過 Freire 所謂的對論活動的一部分。

3. 適合讓研究者親身涉入所觀察的現象，並與其產生互動，這麼做並不會使研究因此變得較不嚴謹，因為實踐者對於行動當中的理論與假設持續不斷地進行測試、修正與再測試，必要的時候重新調整框架，以便確認假設是否正確，或者對其進行更深入的探究。

為了連結 Schön 在行動中反思的起源，我們有必要回溯到半個世紀之前的行動研究。

行動研究

行動研究通常會扣連著參與式研究（表 9.3），因為它將研究與社會行動連結在一起，從研究發現與結論中發展出社會行動；行動研究不只是學者為了建立理論、出版更多著作的研究。一般認為，行動研究是由社會心理學家 Kurt Lewin（1890-1947）在二十世紀前半葉「創造」（invented）出來的，他當時試圖發展出一些能善用研究主體能量的方法，將實用性的研究應用到他們的難題當中，例如貧窮與剝奪（Lewin, 1948）。半個多世紀以來，行動研究已經發展出各式各樣不同的版本。

根據本章對於培力式研究的觀點，聚焦在行動研究的時候，不要只是把它當作一種研究技術或方法，這樣的認知是很重要的。只有當研究願意且實際致力於以下事項時，那才能被視為是培力式研究：

- 將民眾視為研究的主體，與之建立合作關係。
- 增強民眾在研究中合作的能力與實力。
- 指認出那些造成他們難題的因素，並對其進行理解。

有人指出三種性質明顯有別的行動研究方法取徑（Masters, 1995）：技術性（technical）、相互性（mutual）以及提升性（enhancement）。其相關內涵分別摘述如下：

表9.3　行動研究與參與式行動研究

	行動研究	參與式行動研究
起源	二十世紀初期社會心理學家 Kurt Lewin（1890-1947）的著作	一九八〇年代社會教育研究者的著作，例如：Wadsworth 與 McTaggart
內涵	有助於降低社會衝突的研究方法取徑	在社會實踐中促進改變的方法取徑
假定	民眾對於自己所做的決定比較能夠貫徹到底，並據此採取行動	民眾能夠在參與社會實踐的研究過程中，增進社會實踐
基本原則	行動研究有賴於團體決策，以促進研究主體之間的合作	參與式行動研究是協力式的（collaborative）研究，因此，那些行動被研究的當事人投入研究過程，並且投入改善研究結果所顯示的那些現象
過程	行動研究的過程是週期循環式的	參與式行動研究涉及持續不斷的螺旋過程

指認出起點

進行反思 ← → 修正起點

進行規劃

蒐集資訊

修改計畫

蒐集更多資訊

繼續這樣做，直到達成目標

1. **技術性的行動研究**：依照科學的方法來進行問題解決，研究者是專家，負責指認出難題之所在及其因應之道，並且與當事人合作一起來解決。

2. **相互性的行動研究**：根本原則是研究者與當事人共同面對難題、指認難題，並一起協調出處理難題的方式，由研究者來執行。

3. **提升性的行動研究**：這是一種解放式的行動研究方法取徑，其根本原則是，研究者與當事人以一種讓當事人培力的方式共同合作，以便在一起進行研究的同時，指認出問題並且著手解決問題。

參與式行動研究

在社會工作中使用參與式行動研究（PAR），這雖然在邏輯上是必然的，但是也必須批判地使用（Healy, 2001），尤其是要確保能做到培力，而不是控制其研究主體——使用服務的民眾。我們依照McTaggart的PAR十六原則（1989），摘述成以下PAR的構成要點：

- 藉由改變來改善社會實踐；
- 政治性的過程；
- 涉及批判性的分析；
- 從小的週期循環為起點；
- 從小團體做起；
- 建立在誠摯的參與基礎上；
- 協力式的合作；
- 扎根於自我批判的社群；
- 系統性的學習過程；
- 讓民眾具體化他們的經驗；
- 讓民眾理論化他們的實踐。

新典範研究

　　新典範研究和參與式研究都和傳統的研究有些共通的重要差異，如表 9.4 所示。參與式研究模糊掉研究者與研究主體之間位置與功能的分割，其兩個目標在於：

　　1. 獲得新的知識與新的理解。

　　2. 實現民眾境況之改變。

表 9.4　新典範研究與參與式研究

關鍵問題	傳統的答案	參與式研究的答案
我們正在為誰做研究？	專業人員、大學、提供服務的機構、主管們	服務使用者、壓力團體
誰對評價進行控管？	研究者、服務提供者、大學、提供研究經費的組織	服務使用者、照顧者、一般社會大眾、地方社群的成員
使用服務的民眾以及牽涉其中的照顧者在研究過程中的位置？	只有在被問問題的時候，才被當作研究的主體	參與整個研究過程，從募款開始，經歷目的與方法的設定、執行、分析、報告的撰寫與流通，以及決定如何因應研究發現

　　新典範研究是 Reason 與 Rowan 自從一九八○年代初期以來，就在其著作中使用的標記。與此關聯的事實是，研究者所徵求的民眾是作為共同研究者（coresearcher）或協力合作者（collaborator）的研究主體。「協力式研究」（collaborative research）這個詞也被用來指涉這樣的方法取徑（表 9.4）（Reason, 1994; Reason & Rowan, 1981）。

參與式研究

提出參與式研究也許不只是將其視為一種研究方法，而是不同的研究典範。參與式研究的理論基礎是，意義與知識是社會建構的，它有雙重的目的：

1. 擴展知識與了解。

2. 利用這些知識與了解來創造改變。

大眾教育與參與式研究中心（Centre for Popular Education and Participatory Research）的觀點認為，參與式研究是整合性的研究與教育，其目標在於實現更公平的社會。發展領域中也有其他人主張，最具生產性的評鑑方法論大概就是參與式研究（Holland & Blackburn, 1998; Marsden & Oakley, 1990）、協力式研究或新典範研究（Reason, 1994; Reason & Rowan, 1981）。Chambers（1997）使用參與式鄉村評估，作為在發展中國家培力民眾的一種方法。在開發中世界的趨勢是，參與式研究通常會透過經濟發展（Carr et al., 1996）、社會發展計畫（Barker et al., 2000; Blackburn & Holland, 1998; Guijt & Shah, 1998; Slocum et al., 1995）或以社區為本的組織，而連結社區工作與培力。

在不損及參與式方法無庸置疑的長處情況下，仍然必須記住，它們不必然能被用來處理政策上更大的結構性問題，這些問題影響到社會中的貧窮與社會排除（Stewart & Wang, 2003）。Stewart（2003）做出以下四個深刻的觀點：

1. 不同的參與式研究方法之間具有議論性，意思是說，彼此之間對同一件事情的看法不見得一致。

2. 有一個難題是：如何決定誰應該參與？為何只有窮人、被排除者可以發聲？不是還有其他利益當事者嗎？

3. 研究評鑑的對象應該包含研究經費的捐贈者（資助者與創辦者）以及經費的接受者。

4. 要對所有情況的複雜性有所認知，而任何研究的起點，無論其參與性有多高，都應該要來評估民眾原本每況愈下的情況是否有所改善、其改善的程度為何。

互動式全人研究

評估是一種培力服務使用者與社會工作員的方法，它不應該被用來鞏固壓迫狀況而使之永久存在。Cunningham（1994, pp. 164-7）條列了幾項有用的原則，以引導他所謂的「互動式全人研究」，這些原則分別為協力（collaborative）、對論（dialogic）、經驗（experiential）、行動（action-based），以及脈絡化（contextualizing）（表9.5）。

表 9.5　互動式全人研究

原則	內涵
協力	由一群人共同進行的聯合評估
對論	以兩個人之間的互動作為資料蒐集的基礎
經驗	聚焦在當事人和／或工作者的直接經驗
行動	行動研究是在這個過程中的主要焦點
脈絡化	將行動置入脈絡中的過程

培力質性方法論

培力式研究會使用到質性方法論，兩者之間有些部分會有所重疊或同時進行。在實務從業人員和／或服務使用者順著履行其他任務的

過程做研究的時候，會使用到一種或更多種的質性方法論，結合量化的統計方法也有，但這相當罕見。**質性方法論**（qualitative methodology）可被定義成，以非傳統的研究方法，蒐集非量化資料並對其進行分析；質性方法論可能根據批判社會科學的假定，透過在研究過程中的主觀涉入，研究者可以成為一個研究工具。質性研究方法可能包括參與觀察（participant observation）、民族誌（ethnography）、個案研究（case studies）或批判式評估（critical appraisal）（Lofland & Lofland, 1984）。

個案研究式的批判式評估

個案研究是質性方法論的一種特殊形式，Patton 大力主張此方法取徑（1982, p. 219）。個案研究涵蓋了培力活動中的形成性研究（formative study）與總結性研究（summative study），這樣的研究比較喜歡依據某一段時期，找出可能排除比較有活力的評鑑方法的其他資源限制。然而，這種研究也有一種真實的危險，那就是可能威嚇到服務使用者，將他們置入相對消極而無力的處境，換言之，就是反培力（表 9.6）。

Key 等人（1976, pp. 10-1）區別兩種方法取徑：

- 硬性路線：較為仰賴科學式評鑑的想法，常見於商業界或自然科學中。
- 軟性路線：較為關心的是印象主義式、主觀式或有經驗基礎的研究發現。

我們認為，像「個案研究」或「批判式評估」這樣的詞比「評鑑」（evaluation）這個詞更好。批判式評估比 Schön 的實驗概念更具有彈性，後者意味著一種為研究與行動事先形成的架構。我們有必要使用比較有彈性的方法取徑。有些評論者使用「批判式評估」一詞

表 9.6　個案研究式的批判評估

特色	每種特色的內涵
質性方法論	主要是仰賴質性方法而非量化方法來蒐集資料
有彈性的過程	因為有彈性，所以在研究進行同時，還可以修改研究的問題、目的以及假設
非結構性的資訊蒐集	就算是那些比較有結構性的資料蒐集，研究者也可能會以某種相對比較不那麼結構性的方式蒐集資料，例如：觀察
反身性的方法	研究者必須有反身性，也就是，利用她或他自己對於某個處境的反應，以此作為資料、進一步反思以及評鑑活動的來源
過程取向	適合了解活動的過程，而不只是在其完成後汲取結論

（參見 Key 等人，1976, pp. 44-6 對該詞所做的細緻描述）來描述一種比較有彈性且實際可行的評鑑方法取向，這樣既不會減低評鑑對於實踐的實質貢獻，也不會有損實踐理論的發展或透過實踐來發展理論的過程。藉此方法，評鑑會有使服務使用者受益的可能性，也可能培養反思實踐者的批判性。

「評估」（appraisal）一詞描述的是，試圖針對人們對於自己正在做的事情、如何做，以及做的「適當性」（well）所提的問題給予一些答案。整體而言，投入培力的那些人可能會遇到的評估，關注的是現在或最近的過去，而不是未來。也就是說，以評估的方法尋求的答案所針對的最常見問題是：「目前為止，我們在這個活動中的表現怎麼樣？」但是，同樣重要的是接下來應該問的問題：「這樣問是什麼意思？」然後是：「我們現在在做什麼？」

研究過程

◆

我們現在要比較仔細地來討論研究的相關工作，以及我們打算如何進行研究。有五個主要的階段必須考量（表9.7）：釐清研究工作、準備研究相關事宜、執行研究、研究之產出與使用，以及評鑑研究做得如何。Steel（2004）已經編輯與更新的第二版有關實務研究的操作事項，可在 INVOLVE 這個由衛生司所資助的全國性顧問團體取得（www.invo.org.uk）。

表 9.7　執行培力式研究的階段

階段	每一階段的內涵
釐清研究工作	與由之取得資料的民眾聯合釐清種種目標
準備研究相關事宜	規劃出研究的工作清單計畫表，決定誰應該做什麼，確保有足夠適當的時間、相關技術以及金錢等資源 決定如何取樣、向誰尋求資料。確認符合倫理標準
執行研究	進行資料蒐集，確保作法嚴謹，遵守評估的參與式原則 與由之取得資料的民眾聯合進行資料分析
研究之產出與使用	與由之取得資料的民眾聯合書寫評估報告
評鑑研究做得如何	根據評估過程中所有利益當事者的看法，來評鑑研究目的的達成度

釐清研究工作

我們一定要從這樣的發問開始：評估一項培力式活動的基本理由是什麼？它對於實現某個目的是否為絕對必要、是否值得這樣做，或

者只是出自於利益的盤算？這是在研究開始以及持續貫徹下去之前就要開始問的問題。在活動改變方向與性質，或在使用質性方法論的情況下，做研究的當事人有必要習慣地將整個研究過程持續不斷地進行詳細的檢查，並且要準備好隨時轉移目標、改變重點以及資料蒐集的領域，並且重新思考分析以及預期的成效。在比較日常性的實際生存層面，反思的過程有必要聚焦在蒐集的資料上。

準備研究相關事宜

一般而言，涉入研究的人會在某個點上感到能做些實際的規劃，並且由此起草某種方案計畫。按照前一段的討論，我們已經明白，雖然要夠堅定才能推動有效的進展，但是也應該有充分的彈性，才能因應任何必要的改變。

執行研究

研究的執行需要將方案計畫轉譯為行動，並且要確實對研究設定某種底線。後面這點很重要，因為我們總是不小心就把研究策劃得太大，以致於難以達成。我們所設定的研究工作，必須在我們能力所及的可控制範圍內。為了達到這個目標，我們就必須為過程中的每一個階段設定實際可行的截止期限，並堅守之，這很重要。

執行量化研究的程序也許可以將這些階段相當分明地劃分清楚，但是在質性研究，何時結束事實資料的蒐集，然後開始進行資料分析，通常沒有一個清楚的分界點。經常發生的是，一旦研究者開始檢查挑選事實資料，並且從中推斷出一些初步的推論，以作為進一步蒐集事實資料之根據時，就已經是開始在分析的過程了。因為這是一個持續不斷的過程，所以，更進一步的反思、重新調整計畫程序以及再繼續蒐集資料，可能都會要反覆進行，一直持續到研究結束。

在最後的階段，總是有必要考慮到，假如研究的結果不是一個皆大歡喜的局面，那麼可能會發生什麼樣的狀況。例如，有一份針對一些婦女批判意識提高團體的研究曾經指出，在對於婦女問題的影響上，這些婦女團體與其他助人團體之間存在著分歧；在心理治療中達成症狀的減輕，在提高批判意識的團體中缺乏對民眾症狀的影響，這兩者之間存在著顯著的對比。雖然在提高批判意識的團體中並不強調特定的成效，但是它們普遍提升了團體成員的自尊與自我價值，卻是顯而易見的影響（Howell, 1981）。

研究之產出與使用

在研究生產與使用之時，各利益當事者——服務使用者、社會工作員、各級主管以及其他人——都有必要扮演適當的角色，發揮應有的功能。假如一切都進行得如理順當，就算沒有完全照著前面提到的計畫走，也還是會有某些事務可以回報給相關人等。這是一個重要的階段。研究產出的提交，可以用投影片簡報的形式，或者是書面報告的形式來呈現。重要的是，要盡可能製作出完成的報告。很常發生的狀況是，研究的結果還留在某人的檔案櫃裡，然後聽他說：「等哪一天有空，我一定會好好把這麼出色的研究寫成完整的報告。」假設我們都有注意到以上這些應注意事項，研究的範圍也不大不小剛剛好，而且也都確實遵守截止日期，那麼，現在需要的主要技巧就是果敢與自信，這樣才能實際讓自己義無反顧地向他人分享研究的結果，不管分享的形式是書面報告或是面對面的會議都可以；重要的是要讓這件事情發生，至於如何做，倒是其次。

大部分的活動最好是能在不同的時機、因著不同的目的、為可能不同的聽眾產出一系列不同的報告。依據這樣的策略形成的計畫，似乎會比單次龐大的報告工程來得更加適當，因為後者可能要歷經多

年，在與此活動相關的每個人隨著曲終而人散許久之後才產製出來（或者，可能永遠都在修訂的狀態中，最後落得永無發表問世的下場）。

研究發現的回饋有必要讓服務使用者一起參與，而這樣做的重要性，就和最初在準備評估研究計畫時，也讓服務使用者一起參與準備工作，其道理是一樣的。當然，在這個過程中絕對有些必要的議題得面對，包括：誰該擁有此評估文件；對於此文件的內容，這些服務使用者擁有怎樣的調控權；在針對內容做些改變的協調上，服務使用者的影響力為何，或者甚至於對不同意的部分，他們能否做出行使否決權的聲明。

現在，我們終於進行到研究執行過程的最後部分，表 9.8 是一份各項問題檢查表，將前述的過程做了一番摘要整理。

表 9.8　在研究執行中的問題檢查表

釐清研究約略的方向
我們想要的是哪一類的評估？
事前是否有事實證據，可以用來說明我們開啟培力活動的正當性？
地方上的條件，是否能支持培力活動的可行性？
在這個地方的這個領域，是否可能有足夠的服務使用者？
正在進行的活動有哪些？
在此特殊的環境中，是否有在行動中培力的情況？其情況與培力的程度又如何？
為了善用這項培力計畫，必須完成哪些工作？
要評估些什麼？
要評估的對象是否為幾個星期或幾個月前發生過的短暫活動，要據此尋求回溯性的資訊？
活動是否正在進行中，或者計畫在近期之內就要開始？

（續下頁）

這是一個新成立的團體，或者是一個萬事皆備的團體？該團體是否是一個單打獨鬥的地方組織，或者是一個全國性聯合團體網絡中的一員？

準備研究的相關工作

需要徵求什麼樣的資訊來源？

可能會以單獨個體活動或團體活動作為資訊來源，或者只是諸多個體或團體活動的一個樣本？

可能尋求的資訊來源只有一種，還是會有各種不同的資訊來源？

我們應該蒐集多少資訊？

1. 我們應該提出一個或一些評估可能將提指的關鍵性問題，並且只蒐集這方面的資訊，以幫助我們回答這些問題。

2. 我們不應該蒐集太多資料，因為那只會讓資料櫃塞滿不必要的檔案，而且往往在我們用不到這些資料的很久以後，它們終究還是被丟入垃圾桶。

3. 我們應該記住，必須寫一份簡短的報告，描述可能要蒐集的資訊，並據此蒐集事實性的證據，千萬不要為蒐集而蒐集。

大概要蒐集什麼樣的事實證據？

大概要在何時蒐集好？

這期間大概會歷時多久？

此評估研究大概會進行多久？只需要在短時間之內，例如兩週，或者要歷經長期時間，例如五年？

研究的可能產出

評估的成果是否只會用來進行個人的反思？

評估的成果是否只會在培力活動中的參與者之間引發經驗的分享與交流？

是否會總結評估的研究發現，並書寫成某種形式的報告？

這份報告是為怎樣的讀者而寫？讀者是誰？

誰會使用這份評估報告？專業人員、服務使用者、學生或一般讀者？

這份產出是一份針對調查發現或問卷結果的正式總結，或者是以短文小品的形式呈現的個案研究？

這份產出要修改成怎樣的程度，才能符合某些外部的要求，例如，如何才能證明這份研究有資格繼續獲得經費資助？

這是否意味著，這份產出比較像是一種出自公共關係的運作，而不只是一份客觀性、批判性的研究？

評鑑研究做得如何

我們有必要在最後的階段之後，確保所有參與研究的民眾都有機會對研究已經達到的目標提出他們的看法。

事例

由伯明罕大學公共政策學院（School of Public Policy at the University of Birmingham）與城堡溪谷住屋行動信託（Castle Vale Housing Action Trust, CVHAT）合作，對英國伯明罕附近的城堡溪谷住宅區（Castle Vale estate）進行社群培力評鑑，這是一個對培力方案進行參與式研究的好例子。這個評鑑的目標在於評價 CVHAT 在住宅再造工作上有關住民培力政策的有效性，並且檢視結束官方管理而由住屋行動信託（Housing Action Trust, HAT）繼承後的進展，結果發現在這兩方面都有重要的進展。有超過四分之一「民意調查」（vox pop，字面的意思是「民眾的聲音」，通常在街頭進行）的受訪者說，他們親身投入促進住宅區的改善（Beazley & Smith, 2004, p. 52）。有些住民感覺到，他們的投入受到限制，其所能影響的範圍只有再造計畫的某些方面（Beazley & Smith, 2004, p. 52）。當住民真的確實參與研究方法的訓練時，很明顯地，研究管理、分析與報告書寫方面的某些工作，比較適合由大學裡的教職員來擔任，這說明了，讓所有的利益當事者（包括研究者與住民）都參與的理想，以及不同參與者有不同技能的現實，這兩者之間存在著張力（Beazley & Smith, 2004, p. 7）。這份評鑑報告的封面上宣稱，這是一份由住民所領導進行的研究（Beazley & Smith, 2004, p. 1），但事實上，可能是先形成一個社區研究團隊，然後，在大學教職員操作研究過程的同

時，由住民來進行大部分的資料蒐集（Beazley & Smith, 2004, p. 3）。

我們必須要問，研究者是否以正式的尺度來建構整個評估工作，好讓評估本身可以被評鑑？而在這種情況下，研究者又給出什麼樣的條件，準備讓服務使用者能夠說出自己（可能是匿名的）對於研究者以及研究的肺腑之言？這是個真相大白的時刻，研究的成功與否從中立判，而在培力活動中參與者之間的權力關係也可能清楚揭露。

我們可以用不同的方式來著手進行培力式研究，那就是考量各種因素如何對研究對象產生影響。表 9.9 是關於這種方法的摘要內容。

Alsop 與 Heinsohn（2005, p. 4）提供了三個在表 9.9 中所使用到的判斷標準，可以用來評鑑培力的實現「程度」（degree），也就是達到的成果。這三個判斷標準的三個角度分別為：

1. 當事人是否有所選擇。

2. 當事人是否善用這些選擇。

3. 當事人究竟實現了這些選擇中的哪些選擇。

這三個成果釐清了影響個體培力的兩個因素：

1. **個人的能動性**（personal agency）——簡單地說，也就是行動力（power to act），這包含了個人在心理、資訊、組織、物質、社會以及人力上的種種資源。

2. **機會**（opportunity）——一個人所擁有的機會，受到在社會中左右行為的法律、常規以及規範的影響。

我們最後要以一個培力式研究的例子來作為這一章的總結。

表 9.9　培力式研究的各個面向

影響培力的因素	培力的範圍		
	當事人是否有不同選擇？	當事人是否利用這些選擇？	當事人是否實現自己所做的選擇？
1.個人的能動性（資源）	我是否擁有培力所需要的各種資源？	我是否充分利用那些可取得的資源？	我是否已實現這些資源能幫我達成的那些目標？
心理的	我能否感覺到培力？	我是否正在善用這份培力感？	我是否正在實現我的潛力？
資訊的	我是否擁有資訊？	我是否正在利用這項資訊？	我是否已經以行動去實現這項資訊？
組織的	各種組織是否提供我各種選擇？	我是否正在利用這些選擇？	我是否已經做到我能力所及的部分？
物質的	物質性的資源是否提供給我各種選擇？	我是否已經善用它們了？	善用這些物質性的資源已經讓我實現了什麼？
社會的	其他的社會性因素是否給我自由？	我善用了這些自由中的哪些自由？	我已經實現這些自由中的哪些自由？
財務的	我的財務獨立狀況如何？	我如何從財務的獨立狀況中受益？	我是否已經實現財務狀況的獨立？以什麼方式實現？
關係的	我在哪些關係中是可以有所選擇的？	我是否在那些關係中善用我的選擇？	我是否在那些關係中實現這些選擇？
2.機會			
在法律上	我在法律上是能夠有所作為的嗎？	我是否正在行使這些權力？	我已經實現了什麼？
在常規上	這些常規是否讓我有各種選擇？	我是否正在使用這些常規中的選擇？	我已經獲得了什麼？
在社會規範上	這些社會規範是否允許我選擇？	我是否正在使用這些社會規範中的選擇？	我已經達成了什麼？

事例

　　有一群漁民的捕魚範圍涵蓋了坦尚尼亞（Tanzania）相當大片的海岸線範圍，他們聽說，政府當局把環境破壞的帳算在他們的頭上，認為他們無知。經過了六天的時間，漁夫和漁婦們錄製了一支影片，整個製作過程都由自己來，就是為了不要被任何介入的人或利益團體所扭曲或接管，好表達出他們自己的經驗與觀點。參與者揭發警方與惡毒的商人涉入大規模破壞魚群以及珊瑚礁漁場生態的惡行。到了影片製作人返回坦尚尼亞進行第二支影片的工作坊時，第一支影片已經動員起當地社區之間不分族群、有信心並且激勵人心的大規模行動。一個在地形成的行動團體利用該支影片來影響環境機構與國會，培力當地民眾為爭取立法與政策上的改變而積極活動（Holland & Blackburn, 1998, pp. 156-7）。

結　論

　　對於實務工作進行培力式的評鑑，必須在評鑑的規劃與執行的過程中，讓那些與受評鑑之服務相關的人都進來參與。上述的例子說明，在使用服務的民眾掌控下，批判式的評估可以變得多麼有影響力，他們可以利用它來達到自己的目的。「批判式評估」一詞更適合用在許多參與式的評鑑上，但是，無論使用什麼樣的標記，評鑑的過程都是相同的。我們已經摘述了參與式研究的幾個主要階段，指出在每一個階段中必須考量的一些關鍵問題與議題。在實踐上，在每一個階段完成、下一個階段開始之前，都要持續不斷地進行「回溯檢視」（looping back），以修正評估的工作及其執行。

☙ 作業練習 ☙

◆ 練習一

請敘述以下的每個名詞：在行動中反思、參與式行動研究、新典範研究。

◆ 練習二

請區別質性研究方法論與量化研究方法論之間的不同。

◆ 練習三

請具體指出培力式研究的幾個主要階段，並且說明每一階段的內涵。

延伸閱讀

Connor, A. (1993) *Monitoring and Evaluation Made Easy: A Handbook for Voluntary Organisations*, Edinburgh, HMSO for the Scottish Office. A practical guide for people wanting to monitor and evaluate the work of the organization.

Fetterman, D.M. (2000) *Foundations of Empowerment Evaluation*, London, Sage. A useful examination of aspects of empowerment evaluation.

Fetterman, D.M. and Wandersman, A. (2004) *Empowerment Evaluation Principles in Practice*, New York, Guildford. Critical discussion of applications of the principles of empowerment evaluation.

Fetterman, D.M., Kaftarian, S.J. and Wandersman, A. (eds) (1996) *Empowerment Evaluation: Knowledge and Tools for Self-Assessment and Accountability*, London, Sage. Fetterman's first essay in this collection (Chapter 1) introduces the theory and practice of empowerment evaluation.

Holland, J. and Blackburn, J. (eds) (1998) *Whose Voice? Participatory Research and Policy Change*, London, Intermediate Technology Publications. A collection of papers on aspects of participatory research.

Marsden, D. and Oakley, P. (eds) (1990) *Evaluating Social Development Projects*, Oxford, Oxfam. A series of chapters critically examining research into social development linked with participatory approaches.

McTaggart, R. (1996) 'Action Research for Aboriginal Pedagogy: Improving Teaching via Investigative Learning', in O. Zuber-Skerritt (ed.) *Action Research for Change and Development*, Aldershot, Avebury, pp.157–78.

McTaggart, R (ed.) (1997) *Participatory Action Research: International Contexts and Consequences*, Albany, State University of New York Press.

Two examples of participatory action research in practice.

Reason, P. (ed.) (1994) *Human Inquiry in Action: Developments in New Paradigm Research*, London, Sage. Illustrations of new paradigm research in a stimulating collection of chapters.

Zuber-Skerritt, O. (ed.) (1996) *Action Research for Change and Development*, Aldershot, Avebury. An examination of what is involved in action research.

CHAPTER 10

在社會工作中
實現培力

引　言

　　我們已經在先前的章節中看到，在理想上，適當的培力實踐架構如何同時接合不同的實踐範域：個別的實務從業人員、社會中的團體與組織，以及服務使用者和照顧者。我們也承認，在這過程中，存在於修辭性的培力與現實性的培力之間的分歧有多大。試圖聚焦在對人產生培力的各種實踐方式，通常是以增進他們的參與為優先考量，這是我們在這本書裡的一種推進方式。在這一章的總結裡，我們將先前章節裡的許多思考以及具有事實性基礎的實踐放在一起，並且以使用服務的民眾與照顧者的參與，作為他們培力的主要載具。本章：

- 提供發展培力式實踐的架構。

- 引用現行的研究，並且建立在有事實性基礎的實踐之上。

- 為了在社會工作中並且透過社會工作實現有意義的培力，我們摘述有必要處理的那些主要領域。

- 對培力式工作進行整合，並且涵蓋培力的幾個範域：個體、團體與組織，以及使用服務的民眾與照顧者。

透過參與產生的培力

自從一九七〇年代以來，為了透過更大的參與來實現民眾培力的普遍目標，已經有許多人做了許多努力，那麼，我們可能從中學習到什麼？我們有以下八點看法：

1. **發展相互的培力**：成功的培力有個重要特色是，諸多個體一起發展出集體力量的能力。發生在印度的 Nyaya Sangamam，意思是群眾運動論壇（第八章），讓民眾為自己倡導，並且以各種資源來充實自己的各項條件，自己幫助自己。類似的情況也發生在英國，照顧者與使用服務的民眾串連而成的論壇與網絡，可以形成地方性、區域性，或者〔特別是像照顧者組織的例子，例如英國照顧者（Carers UK）、公主皇室信託（Princess Royal Trust），或十字路口（Crossroads）〕全國性的規模，而成為諸多個體與小團體之間相互支持與力量的一種重要來源。

2. **培養自我倡導的能力**：民眾透過自我倡導努力地幫助自己，激發出許多的培力行動與效果。雖然在專業人員代表民眾的專業倡導，以及民眾自己的自我倡導之間，存在著一種緊張關係，但是在社會發展的場域中，對這種緊張關係的化解已經取得了特別的進展。在印度的 NESA 積極行動（第八章），開始有意地模糊個體的人權工作與更廣泛的社會經濟發展之間的區別，這使得 NESA 必須停止為各個社群代言，讓他們為自己建立起進行倡導所需的各種技能與資源，為自己的前途而努力。專業

人員與服務使用者之間的關係是否令人滿意，基本上要看服務
使用者如何看待他們與專業人員關係中的活動性質，是整體性
的、協進性的，或者是自主性的。如果是最後一項，那麼就不
需要說太多，因為他們可能不想要專業人員涉入他們的活動
中，而實務從業人員對此也應該予以尊重。然而，如果情況是
屬於在一體性與協進性關係中的活動，服務使用者與實務從業
人員雙方都能從彼此的接觸中有所收穫，Wilson（1986, pp.
84-95）就指出了這些收穫中的許多部分。對服務使用者而言，
這些收穫包括各種資源，例如聚會地點、行政支援、交通工
具、宣傳、志工與學生的額外協助，以及以機構的地址作為聯
絡之處所具有的可靠性；對實務從業人員而言，收穫可能是增
加對服務使用者之需求的了解，以及據此改善服務的機會。

3. **提供非折衷式的專業支持**：雖然服務使用者可能從學習如何與
   現有的機構服務建立有效的連結而受益，但是，被接管與整併
   到這類服務中並不符合他們的利益，因為這樣做的後果，可能
   讓他們失去他們的獨立性，以及許多具有創造力的熱情（Tyler,
   1976, p. 447）。使用服務的民眾與實務從業人員之間的關係，
   應該被看作是一種未定型而必須依不同狀況以不同方式培養的
   關係。在 Evans 等人針對身障兒童之父母的自助團體所做的研
   究調查中（1986），他們發現，當父母開始對於照顧的相關事
   項變得愈來愈熱中且愈來愈果斷時，專業人員反而可能會出現
   防衛的反應。事實上，相互猜疑是難免的。從照顧者提供給實
   務從業人員的活動通訊中，實務從業人員了解到正在發生的事
   情到底是怎麼一回事。在所有的團體當中有兩個團體沒有發生
   什麼難題，究其原因，可能有三：第一，這兩個團體已經存在
   於他們的領域中，對於接納實務從業人員早就有比較好的準

備;第二,這兩個團體對於協調性領導(coordinated leader-ship)是有經驗的;第三,他們更加用心地在準備父母們與實務從業人員之間的聯合會議(Evans et al., 1986, p. 43)。

4. **利用一種專業的反專業方法取徑**:Parsloe(1986, p. 13)指出三種社會工作的技巧:確認服務使用者了解其難題的政治性質與個人性質;將這些必須了解的狀況,確實與相關主管、諮商輔導者與社會大眾進行適當的溝通;捍衛相關的社會服務。這導致Parsloe所謂的「專業的反專業」(professional anti-profes-sional)方法取徑(p. 14),包括將服務使用者視為各種資源,以創造各方開放與共享的經驗,既為他們自己倡導,也代表個人所需的社會服務進行倡導。在追求這目標實現的過程中,必須有社會政策的輔助,透過立法來支持自助的各種努力;應該要有具備諮詢技能的工作人員提供諮詢服務,並且在不讓民眾有被接管之威脅的情況下,願意與民眾的活動串連,並促進其活動。

Tax(1976, p. 450)主張,假如能給予傳統的初級團體(如家庭、教會和鄰里)更多的支持,就不會有因為初級團體的萎縮所出現的真空狀態,而需要新的自助團體來填補。因為自助可能開始於社群本身內部某種程度的自覺(self-awareness),而那完全是在鼓勵團體依其所願而發展,所以,Tax對於在像自助團體事務局(Bureau of Self-help Group Affairs)中組織自助事務的價值就不甚清楚。

5. **根據民眾的技能來實現地方培力**:為要能夠有效,服務使用者需要和實務從業人員有一種通力合作的關係,這種關係肯定服務使用者能做出有別於實務從業人員的貢獻。Gibson(1979, p. 15)主張,小規模、地方性、草根性的行動團體,是對抗箝制

我們、使我們感到痛苦的科層式集權社會的矯正手段。做這件事情的是沒有什麼技能、沒受過特別訓練，甚至因此沒有信心的普通民眾，他們領導這樣的團體，使之得以運作，這顯然和一般大眾所持的信念形成對比（Gibson, 1979, p. 17）。在這過程中，實務從業人員與門外漢之間的關係，可能有必要以有利於後者的方式來重新定義（Gibson, 1979, p. 128）。或許可能的話，應該從社會工作機構中協調出某些訓練、支持與資源，以鞏固類似活動之基礎。

6. **培力法定部門、正式部門與志願部門**：一般而言，志願部門與非正式部門提供支持與鼓勵的方法，會比許多法定部門中的機構來得更有彈性。有些服務使用者導向的活動缺乏任何其他正式的組織性連結或自己的參照點，他們會欣然接受某個志願性組織所提供的支持，甚至可能更喜歡與某個法定機構有所連結。

7. **發展去聖化的實踐**（profane practice）：假如服務是彰顯實務工作神聖原則的具體事例，那麼，由服務使用者和照顧者所發起的創造性積極行動，就有必要表現某種去聖化的東西（something profane），也就是自由地批判，並且凸顯出品質不良的服務。Balloch 等人（1985, pp. 105-6）陳述道，民眾需要工作，也需要解除貧窮與孤立的困境，而不是要我們來規勸他們自己幫助自己。Parsloe（1986）主張，社會工作不應該迴避社會性和政治性的議題，這些議題藉由隱身在個體化（individualization）、民營化（privatization）或科層化（bureaucratization）的趨勢中纏繞著社群中的實踐。或許，使用者培力的領域都有必要避免這種雙重危險：要不是成為某些相對富裕、中產階級、能言善道之人的實踐特區（preserve），就是變成專業服務的替代品。

8. **受益於實務從業人員與服務使用者角色的模糊**：無疑地，在許多協進的情況中，有關實務從業人員與服務使用者之間的權力平衡存在著某種曖昧性，但這種曖昧性並不會比許多參與者的處境更加棘手。例如，我們無法否認，對於 Mowrer 醫生而言，當他在一所精神醫院開始他第一個自助治療整全團體時，要公開承認自己也曾經是精神醫院的住院患者有多困難，但是，這也無損於他在這個團體的開始點上確實是實務從業人員的位置（Mowrer, 1984, p. 108）。Mowrer（1984, p. 145）也表達出更普遍的矛盾性，那是這領域中的活動所具有的徵候。他一方面認為，在精神衛生領域，自助的刺激強烈且前所未有地來自於一般民眾，而不是來自於實務從業人員；但另一方面他也承認 Lieberman 與 Borman（1976）的見解：在許多團體一開始成立以及之後的發展過程中，專業性的重要參與始終未曾缺席（Mowrer, 1984, p. 143）。

雖然社會工作員可能扮演民眾參與行動的啟動者角色，但是一旦活動開始運作，就應該由使用服務的民眾來管理與執行大部分的相關工作。因此，社會工作的支持就比較像是間歇性的，雖然提供資源的程度大幅少於一體式的情況（使用者的活動是構成整體服務供給的必要部分），但社會工作的角色仍然是在民眾參與行動的內部，而不是在外部。但是培力的主要特色，仍然要看當事的社會工作員所提供的專業倡導型態而定。然而，應該強調的是，各種在初期階段屬於協進式的培力活動，後來可能會變成自主式的，因為參與者必然會獲得更多的資源、技能與信心。實務從業人員有必要在不削減培力民眾的整體性目標的情況下，發展出適當的因應技能，以處理發生在提供服務給民眾過程中的緊張狀況。

透過參與過程培力民眾的系統方法取徑

　　我們現在要聚焦在透過民眾參與的提高來發展培力的工作。前面雖然提供了一些實踐要點，但目前創造出的政策與實踐印象仍稍嫌雜亂。Danso 等人（2003, p. 13）論斷說，自從一九九○年代以來，隨著兒童參與度的成長，對該領域之錯綜複雜性的警覺度也跟著一直提高，因此有可能下這樣的結論：使用服務的民眾與照顧者的參與和培力是有點邊緣性（Stickley, 2006），而最好的政策與實踐就是具有挑戰性的，最差的就是不切實際甚至是達不到的（M. Barnes, 2005; Diamond et al., 2003）。但是，這樣的結論可能是錯的。以支持參與的某項政策與組織文化的創造來說，它們都是可以藉由適當的環境因素培養出來的。然而，參與和培力並不是與個人性、社會性、政治性的各種改變境況與可能性脫離的技術性工作，它們只有在被視為是持續不斷的過程才有意義，即使培力的終極目的終究未能實現，也該如此看待。政策與實踐是社會建構的產物，而社會工作的培力過程（Carr, 2003）與健康照護的培力過程（Falk-Rafael, 2001），兩者之間有可類比之處。

　　培力的過程，比較是從建立信心、感覺有用、發展技能，以及獲取進一步的資源等角度，讓民眾直接獲益；當然也有一些間接的收穫，例如：將各種網絡擴展到鮮為人知的民眾、強化現有的網絡，以及增強相互的支持與集體行動的可能性，包括讓觀點具有可見度以及採取行動改善服務。當民眾愈受到培力、參與得愈多，服務就愈有可能切合需要、以品質為導向，並且變得有效（Jackson, 2004, p. 10）。

　　儘管我們必須對參與和培力的障礙有批判性的意識，但是幫助組織改變的最適當方式，卻是評估參與的達成度，並且試圖引導組織來

提升這個部分（Wright & Haydon, 2002）。將個人從其所屬的團體、家庭、組織、社會、政治與經濟等脈絡中抽離出來，進行個別的工作，這樣的作法是不足的。為了使培力潛在的可能性都被實現出來，就必須在所有這些方面予以實踐，並且進行理論化的工作。換言之，培力的實踐需要與民眾生活的社會面向、政治面向以及個人面向接合。假如能達成這些目標，培力實踐就能連帶著落實包容、參與與正義的理想。

　　為了以培力的方式來提高參與，可能會運用許多不同的策略。Pasteur（2001）曾經為開發中國家研發出一本手冊，但其風格也讓書中的訊息得以應用在正試圖進行組織文化改變以發展出參與文化的許多組織。Wright 與 Haydon（2002）以及 Wright 等人（2006）已經發展出一種兒童與青少年參與的方法取徑，讓他們可以參與社會照顧方面的發展，這樣做的重要性在於，確保民眾能透過參與改變組織而感覺到培力（Wright et al., 2006 p. 12）。這個架構已經更廣泛地應用在社會照顧與社會工作的整個跨領域當中，而且，有一本針對成人服務使用者參與（包括年長者）的類似作品，也特別指出了這一點（Moriarty et al., 2006）。他們提出一種系統的方法取徑，從結構、文化、實踐與檢視等相互連結的四個方面來進行改變（表 10.1）。Wright 與 Haydon 強調，這四個方面就像拼圖玩具中相互扣連的每一片拼圖，可能需要同時進行。這四個領域提供一種有用的檢查表，讓我們能對於需要注意的根本事項進行檢視，我們也將它們用作本節的標題，因為這樣使我們能夠利用其他研究來擴展各式各樣的觀點。為了簡潔起見，我們就只會以組織為參照，雖然這本書涵蓋的實踐範域包括個體、團體與社群，都是培力實踐的環境背景。

　　我們有必要對這個系統方法取徑中的四個方面一一說明清楚，以了解在每一個方面透過參與培力民眾的執行內涵，如表 10.2 中所示。

我們在這個表中所做的設想是，在組織中有大量的工作需要進行，才能真正讓使用服務之民眾與照顧者的培力實踐得以穩固。

表 10.1　培力民眾的系統方法取徑

建立結構 如何將培力的政策與實踐嵌進組織中的各個部分及其運作之中，嵌進對所有培力參與者所提供的資源與支持之中	發展培力的實踐文化 工作人員、使用服務的民眾、照顧者以及其他人如何能對培力的價值抱持共通的信念，並且共同致力於培力的實務工作
實踐／執行 投入培力活動的工作人員、使用服務的民眾、照顧者以及其他人，如何使用各種方法與技能一起工作	檢視／評鑑 所有在培力中具有利害關係的人或單位，如何都能參與監督與評鑑，以督促與了解培力實現的程度

資料來源：改寫自 Wright 與 Haydon（2002）。

表 10.2　落實服務使用者與照顧者參與的系統策略

系統策略的構成面向	執行該面向策略的內涵
發展一種參與的文化	讓所有工作人員持續不斷地致力於政策的更新過程
發展支持參與的各種基本支撐條件	在組織中的各個部分建立起各適其所、實際可行的方式，以推動政策向前
發展實際的參與	與各主管以及各實務從業人員合作，以確保能產生組織性的改變
發展檢視的有效機制	建立各種各適其所的檢視系統，以檢視執行的狀況

建立培力的結構

我們有必要在組織中的關鍵工作人員之間引發足夠的動機,使得培力和參與能進展開來。我們在表 10.3 中指出的六個主要方面,是在這過程中有必要考量的重點:發展整合性的結構;投以充足的資源支撐這些結構;發展系統性的策略,以支持這個過程;發展夥伴連結;找出有能力改變、有動機改變的人〔通常稱為「鬥士」(champions)〕;以及最後,以適當的資源支持整體發展(Adams et al., 2005)。

表 10.3　制訂培力政策的主流傾向

政策的移轉	內涵
整合性的結構	應該將參與和培力相關的種種結構整合在組織的運作當中,以免工作人員未予以理會,或將之視為無關緊要。這些結構不應該被理解為本分工作之外的額外事務,或是像「外掛組件」(bolt-ons)一樣,只是附加在主要結構的依附性存在(Wright et al., 2006, p. 21)
以資源支撐這些結構	應該對這些結構投以充足的資源,不使之被視為虛晃一招的「擺飾」(window-dressing)(Wright et al., 2006, p. 21)
發展系統性的策略	應該將參與和培力的成文策略(written strategy)予以發表公布,並且強調參與是多層次的,會影響整個組織(Kirby et al., 2003a, pp. 144-5)。在這個部分應該列入考量的參照重點包括: • 參與的各個層面的重點在於如何、何時,以及在哪裡做出相關決策 • 要決策的種類有哪些 • 設想得到的參與和培力方式有哪些類型

(續下頁)

政策的移轉	內涵
	• 參與和培力活動的頻率、時間的安排以及為期多久 • 為打算納入的範疇與團體命名 （Wright et al., 2006, p. 22）
發展夥伴連結	應該將合作團體與組織的夥伴關係，建立在一種強調結構創造的角色作用上（Kirby et al., 2003b, p. 31; Wright et al., 2006, p. 23），這有助於在組織中發生的改變能具有可靠性與現實性
找出鬥士	我們可能會發現，鬥士在組織中有助於促進參與和培力的議程，他們活像是組織的良知。我們不僅應該找出現有的鬥士，也應該設法儲備生力軍（Kirby et al., 2003b, p. 27），但是作法要有彈性而不是強制規定，才可能產生正面的影響；因為在組織的某些部分中，鬥士──不是儲備或揀選來的──可能會在執行進展的過程中自然出現，而確保最後可能有更具生產性的成果
有助於支持整體發展的各項資源	組織中可用資源的變動可能令人厭煩，又如果變動性太高、太具挑戰性，也可能成為主管們什麼都不做的推託之詞。然而，如果沒有組織所指定的某些資源用於其上，像這類的創新活動就難以為繼。Wright 等人列出所需要的資源：為工作人員、照顧者以及使用服務的民眾量身訂做的訓練（也許用「發展」來表達更好）；提供照顧者與使用服務的民眾各式各樣的支持（例如，對於照顧者的喘息服務，可能在他們參加活動的同時被遺忘），提供給那些參與者適當的補助，讓大家都能參加所有的活動；提供翻譯者、簽名者的相關協助，以及所有資料的語言翻譯（包括視障者的點字法）

　　這份頗具企圖心的議程要求我們考量，為了讓民眾參與，哪些結構是必要的。假如沒有這些必要的結構，就很難在參與和培力的發展方向上引發顯著的改變。為了確保參與和培力的新政策能夠成功，高

階管理的支持是不可或缺的（Kirby et al., 2003b, p. 30）。結構的議題可能涵蓋了整個組織，舉凡具有代表性的重要決策，以及管理、行政和實務等方面的工作，皆涉及結構的議題。組織有必要發展出策略，為此，組織應該確立一個前進的方向，並將此方向轉譯成政策、流程與步驟。再以成文的方式公告出來，讓整個組織都知道，這個必要的作法將高階主管對於參與的看法傳遞給所有工作人員。試圖透過內部的政策、引導以及步驟程序，盡可能將參與和培力建制化（institutionalize）是重要的（Kirby et al., 2003b, p. 40）。在謹記參與政策的情況下，步驟程序可能需要包含對於如何掌握與安排諮詢、會議、調查工作日、訓練課程，以及其他事件進行引導。要一直到組織能夠設置適當的政策來確保與補償民眾有充分接近事件的參與機會，接著才談得上參與政策的執行。然而，參與和培力不應該被看成一群工作人員得以將其他人排除在外的特權，而應當看成是每一個人的責任。如此一來，這樣的政策才可能成為主流的發展。

發展一種培力式的文化

　　組織文化對於民眾的參與可能是阻礙（Wright et al., 2006, p. 13），也可能是機會（Hutton, 2004）。一如我們在第七章看到的，激發組織改變的一種方式是在組織中的不同層面鼓吹改變的觀念，使其變成「學習型組織」，由高層主管鼓勵工作人員發展一種參與式的文化（Kirby et al., 2003b, pp. 23-4）。重要的是要認知到，一個組織的文化是該組織內部的個體與團體的信念與態度的混合體，因此，期待它會在一夜之間突然改變是不切實際的。透過參與來實現培力絕對不是每一個人都能達成的目標，它會一直是一個目標，而我們所能擁抱的最大期待是讓改變的過程一直運轉下去，希望在經歷過一段時間之後，能對組織產生影響。根據 Wright 等人（2006, p. 6）的看法，

組織文化有六個重要的構成要素，是我們自始至終都可著力的地方（表 10.4）。雖然這些要點是分別獨立的，但是組織中的文化對於全人方法取徑的需求並不因而有所稍減。早期的重要目標之一，通常是使用某種社會工作的工具——重新調整框架——設法激勵關鍵的工作人員，將組織的文化理解成有助於服務發展的一個領域，而不將它看作是一種阻礙（Wright et al., 2006, p. 14）。

表 10.4　組織文化六面觀

各個面觀	特徵
共同的理解	在所有參與者之間——各級主管、實務從業人員、照顧者和使用服務的民眾，發展出一種對於「參與文化」（culture of participation）（Wright et al., 2006, p. 15）的共同理解，鼓勵所有的參與者一起來討論、釐清彼此對於參與和培力的理解和詮釋，並且希望大家能取得共識。重要的是，工作人員要改變自己對於弱勢者與受排除者的刻板印象，例如，他們沒有能力對組織做出有效的貢獻
激勵主管	以關鍵的管理角色主動提供工作人員有效的支持。指出現有的理解與資源，是否足以支持參與和培力目的之實現。在繼續進行之前，可能需要對現有的情況進行通盤的了解，這樣做的好處是，了解組織中有哪些優勢、哪些不足，以優勢之處來協助不足之處的發展，而不只是著眼於未來進一步發展可能增益的那些方面〔避免用弱點或缺點（weakness）之類的詞〕
激勵工作人員	將工作人員帶到他們被指定的適當位置，這是一個讓所有層級的工作人員都能與政策接軌的過程。工作人員在執行與完成工作的同時，也確立他們在這方面的工作所具有的知識與技能的程度。有些工作人員可能不是那麼有信心，有些也可能會有明顯的焦慮，這些都需要在執行的初期階段設法處理

（續下頁）

各個面觀	特徵
建立一套憲章	建立一套憲章,或者,對相關原則與政策的正式聲明。並不是所有工作人員都會自明地認為需要有一套成文的策略,這是一個可作為工作人員獻策之目標而予以實現的機會,同樣也是照顧者與使用服務的民眾獻策的機會。這個部分必須和結構、實踐與檢視放在一起同時考量(Wright et al., 2006, p. 19)
分享有益的實踐	指出所有人正參與到組織工作不同方面的事實證據,以顯示對於特定政策與文件的落實。協助組織對其現有工作的進展、與夥伴機構的合作做出公開的正式聲明,讓組織外部的世界得以了解。這有助於組織文化的改變,使之轉向參與和培力的方向發展
公告成果	盡量在組織中公布已經完成的工作,同樣重要的是,組織要在其內部刊出參與和培力在政策與實踐上的細節,讓大家了解到目前的發展程度

透過參與落實培力

各項措施的採行,必須能確保對所有參與者都具有代表性,而不能只是因為偏袒某些人而投其所好,這些人只能代表自己,不能代表其他人。這關係到上面提到過的有關政策與程序的要點,雖然在這些要點中可能會明白指出包容的目標,但在實際的作為中卻可能排除某些民眾群,特別是那些所謂的「鮮為人知者」。與工作人員一起完成能力培育,這會是重要的工作,假如沒有先做好這個部分,當他們在面對實務工作上的議題時就會出現困難。相關措施包括:讓工作人員有時間與照顧者及服務使用者會面,傾聽他們的想法;提供入門的材料與經驗;在員工會議以及督導時間中討論參與和培力的工作;支持工作人員實驗新的作法,並且反覆向他們保證這是一種「不責難」的文化,使他們可以在嘗試中安全無虞地犯錯;讓工作人員有機會討論

在組織內和組織外的實踐經驗，最後將這樣的實踐經驗寫成文字，寫下從中獲得的學習（Kirby et al., 2003b, p. 36）。

此外，實務從業人員也有必要培育照顧者和使用服務之民眾的能力，好讓他們能充分利用機會參與，並且培力自己。為了做到這一點，必須提供一個安全的環境，確保共事的方式並不排除或者推遲任何人。更重要的是，要認可民眾以行動和言語來評斷實務從業人員以及各級主管，因為有時候組織的政策說的是一回事，而民眾感受到的卻是另一回事。例如，照顧者和使用服務的民眾可能到了某棟建築物要來開會，但卻因為各種原因而找不到會議地點；這就涉及所謂創造一個「對人友善的」（people-friendly）環境（Wright et al., 2006, p. 34）。同樣地，他們可能在會議的最後一分鐘或當天才收到會議通知書，這對視障者或有學習困難的民眾而言都太遲了，因為他們沒有時間仔細考慮要不要參加會議，更沒有時間研究若是參加會議，能在會議上提出哪些討論議題。又或者，會議在最開始可能沒有先安排一段讓與會者彼此互動的社交時間，沒有考慮到要讓新進者能適應會議的進行方式與事項，而使得會議可能進行得太快，無法讓所有參與者都跟得上討論。這些只是在實務工作上需要考慮的諸多事務中的某些例子，它們可能會在執行上使得參與和培力的策略失敗。根據 Wright 等人（2006, p. 27）的觀察，「劣質的參與式實踐（poor participatory practice）是最常被引以說明對參與造成種種阻礙的例證。」國家青年機構（National Youth Agency, 2004）舉出幾個關鍵性的安全要素，為參與組織工作的人提供最基本限度的品質標準，如表 10.5 中之摘述。

表 10.5　最基本限度的品質標準

標準	判斷的準則
知會同意	要讓那些參與者在將自己交託出來之前，被充分地告知自己必須投身參與的基本理由與程度，這樣他們才能做出所謂的知會同意
風險預防措施	對身體與社會的界線以及活動舉行的範圍予以充分地保護，以確保參與者的安全
適當的可及性	活動區域的距離是適當的；時間的安排也是適當的（不是在一大早），會議中間安排有幾段適當的休息時間，而且整個會議時間不會太長
給付政策	對於給付給參加民眾的費用與開支，組織要有成文的政策可循；給付要適當且即時，必要的時候可以事先給，例如住宿費，事後給付的項目也必須合情合理；所有安排都應該有益，不會因為補助參與的民眾，就不必要地阻礙了其他利益
活動參與回饋	在任何活動之後，應該請參與者提供立即、適當的回饋，不管是書面、口頭，或者必要的時候以其他形式（例如點字法，假如參與者是視障者的話）的回饋都可以

接著，我們有必要進一步做出以下六項要點：

1. 必須能在參與式的活動運作當中觀察得到適應性（flexibility），這樣才能確保所有人能夠持續參加這些活動（Wright et al., 2006, p. 36）。

2. 機會的創造必須是為了所有投入組織中的參與者——工作人員、照顧者以及使用服務的民眾，讓大家一起來參與員工發展、新員工招募，以及可能的宣傳活動（Wright et al., 2006, pp. 39-40）。應該鼓勵所有的工作人員多與照顧者及使用服務的民眾會面（Kirby et al., 2003b, p. 35），將這樣的政策與實踐做成正式的聲明，反覆在組織裡的不同情境中強調。這樣做的重

要性在於，可以在會面的場合中，不斷重複宣說參與和培力的相關訊息及其益處。各種事件的舉行應該是為了宣傳政策以及提高批判意識，使大家能了解到有改變的必要（Kirby et al., 2003b, p. 27）。

3. 應該讓使用服務的民眾和照顧者參與研究，不管是扮演顧問的角色或者參與整個研究的過程，都可能會對研究有所助益（見第九章）。

4. 在組織或情境中創造適當的空間，讓參與者能在其中承認那些與參與以及培力政策的執行有關聯的難題、障礙、抗拒以及衝突（Kirby et al., 2003b, p. 37）。與此相關的實例，可以在針對組織的不同職責進行討論時，被當作學習的重點，並且針對狀況想辦法解決，但是千萬不要對個別或是集體的工作人員進行價值判斷。抗拒與衝突的困難可以被討論，可以請工作人員提供解決衝突的方法以及如何繼續的相關建議。應該討論如何處理障礙以及協調在進展上缺乏遠見的領域，找出可行的方法，並且應該在有需要對工作給予支持以降低抗拒與衝突之處，善用資深的工作人員這樣的資源。如果工作人員的態度確實具有破壞性，就應該對其提出質疑（Kirby et al., 2003b, p. 38）。在這整個過程中，應該對照顧者和使用服務的民眾提供不變的支持，因為他們總是處於任人擺布的位置以及結構性弱勢的處境，也因此，他們在組織或情境中投下的努力，就難免會比工作人員更容易受到侵損。

5. 在具體的組織內外，個體和團體都可以參加決策活動。在這些活動中，開會顯然是重要的，但並不是決策的唯一機制。將潛在的參與和培力領域窄化成只有會議是錯誤的，別忘了還存在著許多其他投入的機會，例如：一次性的諮詢、視訊會議、電

話會談、對書信的回應、電子郵件、網站的會議空間與部落格。藉用資訊科技創造虛擬的組織環境，已經在相當的程度上縮短地理上接觸的障礙。參與的照顧者與使用服務的民眾也可能取得手機、個人電腦或筆記型電腦，對於聽障者或視障者也有適合其使用的輔助軟體。

6. 進展順利的事件通常會帶給工作人員與照顧者以及使用服務的民眾雙方正向的參與和培力經驗；反過來，這種雙方的正向經驗也會使得事件進展得順利。應該以工作的獎勵來激發員工的動機，尤其是對那些在實務工作上已經取得重要進展的工作人員，更應如此。

檢視：監督與評鑑

Robson 等人（2003）論斷，比較有可能產生培力式改變的服務，通常會在服務中對有關參與的政策與實踐持續進行監督與檢視，因為參與是一種能使培力的附加效益凸顯出來的活動。Wright 等人（2006，p. 8）提到，必須在適當的地方以對的方式來監督與評鑑所有上述的這些領域。為了讓這些措施能夠有重要的意義，所有參與的人也都必須參加反思的過程──監督與評鑑，以了解他們透過參與而感覺到培力的程度有多高。Kirby 等人（2003b, p. 39）在一份以實踐為基礎的報告中，以活動的形式指出反思與自我評鑑的幾種方式。

根據指導原則，必須明白指出參與和培力的政策與實務工作要達到的成果，如果沒有這些目標的設定，就不可能會有有效的監督與評鑑（Wright et al., 2006, p. 46）。研究顯示，有必要確實做出基準評價陳述（bench-marking statement），並且對整個組織上上下下聲明與公布這些標準，將其併入監督與評鑑的程序步驟之中（Kirby et al., 2003b, p. 39）。需要提供給檢視的系統足夠而適當的資源，也就是提

供充分的時間與空間給所有相關的人，讓他們能漸漸熟悉一切相關細節，並且準備與分配必要的支持文件（Wright et al., 2006, p. 47）。Howard 等人（2002, pp. 3-6）檢視了評鑑參與的不同方法取徑，並且指出 Shier（2001）的模式優於 Hart 的階梯式參與（見第三章），後者所設定的五個梯級是根據有助於培力過程的三階段，Shier 將此三階段稱為「開頭、機會與承擔義務」（openings, opportunities and obligations）。開頭的投入程度是最不主動的，其提問是：「你準備好傾聽（那）人說話了嗎？」機會以這樣的問題呈現：「你是否以某種方式使得你有能力傾聽（那）人說話？」承擔義務則會問這樣的問題：「必須傾聽（這）人說話是一種政策的規定嗎？」（Howard et al., 2002, p. 5）。Lee Jackson（2004）檢視了幾種評鑑參與的模式，並且提到 Rocha（1997）的模式比較直截了當地同時呈現參與的程度與培力的程度，她的模式將基礎建立在五級的階梯上，與本書第三章所確立的幾個範域一致。將此二者結合起來，就產生出一種評鑑培力實現程度的模型（表 10.6）。

　　成功地使用監督與評鑑工具的關鍵在於，一定要能問出準確而具有批判性的問題。對組織和實務從業人員提出高標準的問題，請他們回答有關參與和培力實現程度的問題（例如我們在表 9.9 中所做的示範），是一個好的點子。Wright 等人（2006, p. 48）以三個層級來描繪執行的過程：出現（emerging）、確立（established）或進步（advanced），而這些層級可粗略地和前面提到的 Howard 等人（2002）的投入三階段相提並論。它們可以被劃分成由 Wright 與 Haydon（2002）所指出的服務發展與傳輸的四個核心領域，因此產生出一種可用來評鑑執行狀況的參照框架（grid）（表 10.7）。

表 10.6　培力的實現程度

層級或範域	評斷實現程度的判準
社群與政治性培力	參加社群與政治性活動的人能給出事實性的證據，以說明正對民眾產生培力影響的過程與／或成果
組織性培力	個別的服務使用者、照顧者、實務從業人員以及主管能給出事實性的證據，以說明組織培力民眾的具體方式
團體培力	服務使用者與照顧者埋首致力於團體的活動，並且藉由這些活動感覺到培力
個體培力	服務使用者與照顧者和專業人員一起參加活動；為各種決定獻策
自我培力	個體感覺到有信心；能致力於自我發展；能規劃與執行參與式的活動

表 10.7　透過參與評鑑培力

服務發展與傳輸的領域	依這些判斷準則，以決定組織是否：		
	出現	確立	進步
透過參與建立對培力的承諾	所舉行之會議的事實性證據	所討論之計畫細節的事實性證據	同意繼續進行的事實性證據
對參與進行規劃與發展	計畫草案的事實性證據	計畫細節的事實性證據	執行計畫的事實性證據
工作的方式	以這些工作方式來進行規劃的事實性證據	在實踐中嘗試這些工作方式的事實性證據	規律地使用這些工作方式的事實性證據
民眾與實務從業人員須具備的技能、知識和經驗	確認需要哪些相關技能的事實性證據	民眾與實務從業人員獲得相關技能的事實性證據	民眾和實務從業人員使用相關技能的事實性證據

　　截至目前為止，我們已經從組織演進的觀點來處理評鑑，此外，我們還需要同時用一種不同的工具，從照顧者與使用服務的民眾的觀點來進行監督與評鑑。決定性的問題是，對於照顧者或使用服務的人

而言，成果是什麼？為了回應以下這些具有啟發性的問題，以及隨著每個問題可能接著提出的更多新問題，我們需要了解使用者的經驗：

1. 你是否曾經被告知即將發生的是什麼事？

2. 你是否曾經有時間考慮這件事？

3. 你是否曾經被問到：你想不想參加？

4. 你是否有能力從參加的諸多方式中選出你要的方式？

5. 你是否有能力建議你自己要的參加方式？

6. 你是否有機會依照經驗改變你的看法？

7. 你是否在參加的時候注意聽人說話？

8. 你是否在參加之後接收到回饋？

9. 是否有任何事情由於你的參加而改變？

10. 假如有的話，是什麼事情由於你的參加而改變？

結　論

我們已經在這一章了解到，發展一種培力式實踐的全人方法取徑的價值有多麼重要。在我們看來，結構性的方法取徑有益於社會工作，它能體諒不同的利益群之間的分化與衝突所具有的被建制化與根深柢固的性質。這雖然不是一種普世的觀點，但它是從我過去這四年來與人們共事的經歷中產生出來的，這些人包括成人、小孩和青少年，他們都是照顧者以及使用健康與社會照顧服務和社會工作服務的民眾。基本上，我認為聯合起來一起工作是可能的，而且，它確實有助於我們真切地體認到這樣的事實：我們所關切的利益有所不同。以我自身為例，四肢健全（able-bodied）、白人、男性的大學講師或教授，這樣的境況、位置具有相對的結構性權力，在這種狀況下對某個照顧者或使用服務的人做出任何諸如「我們是平等的夥伴」之類的表

達，這聽起來的感覺最多也就是一種修辭上的誠意，但最糟的可能結果卻是讓人感覺到言不由衷。我們最好能夠開誠布公地承認我們的狀況，並且對我們的差異之爭做出暫時的停戰協定，建立相互配合、通力合作的共識。

為了能做到這一點，我已經在本章盡可能明白地展示，在社會工作的組織或情境中執行一項參與和培力策略時，可能會遭遇到一組典型的議題與因應措施。它的重要性並不在於對一套規則或技術的應用，而是致力於一種不同的過程，有時候，那是一種鬥爭，是在對個人性的、物理性的以及財務性的資源進行爭取的積極行動。一經啟動，它將永無休止地在其行進的路上持續不斷地累積動力。培力實踐就是這樣一個無止境的過程，旨在消除權力與資源分配上持續發生的區隔與不平等，因為那讓如此眾多的民眾無法完全實現他們的潛力。

☙ 作業練習 ☙

◆ 練習一

請明確指出，透過參與來實現民眾培力的系統性方法取徑，有哪四個主要的構成面向？

◆ 練習二

請詳細說明，當你在實行一種培力的參與式方法取徑時，你會特別注意到哪些主要的事項？

◆ 練習三

請明確說出，在面對檢視與評鑑一項培力的參與式方法取徑時，你預料可能會被問到的主要問題有哪些？

延伸閱讀

Barker, G., Knaul, F., Cassaniga, N. and Schrader, A. (2000) *Urban Girls: Empowerment in Especially Difficult Circumstances*, London, Intermediate Technology Publications. A critical discussion of empowerment initiatives in a variety of settings.

Danso, C., Greaves, H., Howell, S. et al. (2003) *The Involvement of Children and Young People in Promoting Change and Enhancing the Quality of Social Care*, London, National Children's Bureau. An examination of the practice of participation by young people.

Franklin, A. and Sloper, P. (2006) *Participation of Disabled Children and Young People in Decision-making Relating to Social Care*, DfES 2119, York, University of York. A discussion of the components of participation by disabled children and young people.

Kay, E., Tisdall, M., Davis, J.M. et al. (eds) (2006) *Children, Young People and Social Inclusion: Participation for What?*, Bristol, Policy Press. A stimulating collection of essays on aspects of empowerment, participation and social inclusion of children and young people.

Kirby, P., Lanyon, C., Cronin, K. and Sinclair, R. (2003a) *Building a Culture of Participation: Involving Children and Young People in Policy, Service Planning, Delivery and Evaluation: The Research*, London, Department for Education and Skills. Wide-ranging research into theories and practice of bringing about participation by children and young people.

Kirby, P., Lanyon, C., Cronin, K. and Sinclair, R. (2003b) *Building a Culture of Participation: Involving Children and Young People in Policy, Service Planning, Delivery and Evaluation: The Handbook*, London, Department for Education and Skills. Practical guide, copiously illustrated with examples, showing how participation by children and young people may be enhanced.

Moriarty, J., Rapaport, P., Beresford, P. et al. (2006) *Practice Guide: The Participation of Adult Service Users, Including Older People, in Developing Social Care*, London, SCIE. Guidance on work with adults which uses a similar framework to that developed by Kirby et al. in empowering participation with children.

Wilcox, D. (1994) *A Guide to Effective Participation*, York, Joseph Rowntree Foundation. A highly relevant guide, containing many hints on practice.

參考文獻

ACORD (Agency for Co-operation and Research in Development) (2002) Capacity Building for Community Based Organisations, Gumare, Botswana, Acord, PO Box 431, Gumare, Botswana, acord@mail.com.

Adams, R. (1981) 'Pontefract Activity Centre', in R. Adams, S. Allard, J. Baldwin and J. Thomas (eds) *A Measure of Diversion: Case Studies in Intermediate Treatment*, Leicester, National Youth Bureau, pp. 211–47.

Adams, R. (1990) *Self-help, Social Work and Empowerment*, London, BASW/Macmillan – now Palgrave Macmillan.

Adams, R. (1991) *Protests by Pupils: Empowerment, Schooling and the State*, Basingstoke, Falmer.

Adams, R. (1992) *Empowering Clients* (video in Social Work Theories series) Brighton, Pavilion.

Adams, R. (1994) *Prison Riots in Britain and the USA* (2nd edn) Basingstoke, Macmillan – now Palgrave Macmillan.

Adams, R. (1996) *The Personal Social Services: Clients, Consumers or Citizens?*, Harlow, Addison Wesley Longman.

Adams, R. (1997) 'Empowerment, Marketisation and Social Work', in B. Lesnik (ed.) *Change in Social Work*, Aldershot, Arena.

Adams, R. (1998a) *Quality Social Work*, Basingstoke, Macmillan – now Palgrave Macmillan.

Adams, R. (1998b) 'Empowerment and Protest', in B. Lesnik (ed.) *Challenging Discrimination in Social Work*, Aldershot, Ashgate.

Adams, R., Dixon, G., Henderson, T. et al. (2005) *A Strategy for Bringing about Participation by Service Users in the Work of Skills for Care*, Middlesbrough, University of Teesside.

Afshar, H. (ed.) (1998) *Women and Empowerment: Illustrations from the Third World*, Basingstoke, Macmillan – now Palgrave Macmillan.

Agel, J. (ed.) (1971) *Radical Therapist: The Radical Therapist Collective*, New York, Ballantine Books.

Aldridge, J. (2007) 'Picture This: The Use of Participatory Photographic Research Methods with People with Learning Disabilities', *Disability and Society*, **22**(1): 1–17.

Alsop, R. and Heinsohn, N. (2005) Measuring Empowerment: Structuring

Analysis and Framing Indicators, policy research working paper 3510, Washington DC, World Bank.

Altman, D. (1986) *AIDS and the New Puritanism*, London, Pluto Press.

Andrews, J., Manthorpe, J. and Watson, R. (2004) 'Involving Older People in Intermediate Care', *Journal of Advanced Nursing*, **46**(3): 303–10.

Arnstein, S. (1969) 'A Ladder of Citizen Participation', *Journal of the American Institute of Planners*, **35**(4): 216–22.

Asian Resource Centre (1987) *Annual Report 1986–87*, Birmingham, Asian Resource Centre.

Askheim, O.P. (2003) 'Empowerment as Guidance for Professional Social Work: An Act of Balancing on a Slack Tightrope', *European Journal of Social Work*, **6**(3): 229–40.

Askonas, P. and Stewart, A. (eds) 2000) *Social Inclusion: Possibilities and Tensions*, Basingstoke, Macmillan – now Palgrave Macmillan.

Atkinson, D. (2004) 'Research and Empowerment: Involving People with Learning Difficulties in Oral and Life History Research', *Disability and Society*, **19**(7): 691–702.

Atkinson, R. and Willis, P. (2006) Capacity Building: A Practical Guide, paper no. 6, Housing and Community Research Unit, Hobart, University of Tasmania, www.utas.edu.au/sociology/HACRU/.

Aves, G. (1969) *The Voluntary Worker in the Social Services*, London, Allen & Unwin.

Bagguley, P. (1991) *From Protest to Acquiescence: Political Movements of the Unemployed*, Basingstoke, Macmillan – now Palgrave Macmillan.

Baistow, K. (1994) 'Liberation and Regulation? Some Paradoxes of Empowerment', *Critical Social Policy*, **42**(14 3): 34–46.

Balloch, S., Hume, C., Jones, B. and Westland, P. (eds) (1985) *Caring for Unemployed People*, London, Bedford Square Press.

Bamford, T. (1982) *Managing Social Work*, London, Tavistock.

Bamford, C. and Bruce, E. (2000) 'Defining the Outcomes of Community Care: The Perspectives of Older People with Dementia and Their Carers', *Ageing and Society*, **20**(5): 543–70.

Bannister, A. and Huntington, A. (eds) (2002) *Communicating with Children and Adolescents: Action for Change*, London, Jessica Kingsley.

Barber, J.G. (1991) *Beyond Casework*, London, BASW/Macmillan – now Palgrave Macmillan.

Barker, G., Knaul, F., Cassaniga, N. and Schrader, A. (2000) *Urban Girls: Empowerment in Especially Difficult Circumstances*, London, Intermediate Technology Publications.

Barnes, C. (2005) Notes on Capacity Building for Local Service Provider Organisations Controlled and Run by Disabled People Often Referred to as CILs, leeds.ac.uk/disability-studies/archiveuk/ Barnes/IL%20Zone.pdf.

Barnes, C. and Mercer, G. (eds) (1997) *Doing Disability Research*, Disability Press, University of Leeds.

Barnes, C. and Mercer, G. (2006) *Independent Futures: Creating User-led Disability Services in a Disabling Society*, Bristol, Policy Press.

Barnes, C., Mercer G., and Din, I. (2003) Research Review on User Involvement in Promoting Change and Enhancing the Quality of Social Care Services for Disabled People, Centre for Disability Studies, University of Leeds, http://www.leeds.ac.uk/disability-studies/ archiveuk/index.html.

Barnes, M. (2005) 'The Same Old Process? Older People, Participation and Deliberation', *Ageing and Society*, **25**(2): 245–59.

Barnes, M. and Bowl, R. (2001) *Taking Over the Asylum: Empowerment and Mental Health*, Basingstoke, Palgrave Macmillan.

Bar-On, A. and Prinsen, G. (1999) 'Planning, Communities and Empowerment: An Introduction to Participatory Rural Appraisal', *International Social Work*, **42**(3): 277–94.

Beazley, M. and Smith, M. (2004) A Resident-led Evaluation of Community Empowerment on the Castle Vale Estate Including Key Aspects of the Effectiveness of Intervention, Community Capacity, Succession and Sustainability, School of Public Policy, University of Birmingham, http://www.cvhat.org.uh/pir/empowerment%20&%20 resident%20Involvement.pdf.

Begum, N. (2006) Doing it for Themselves: Participation and Black and Minority Ethnic Service Users, participation report 14, London, Social Care Institute for Excellence and Race Equality Unit.

Beresford, P. (1999) 'Making Participation Possible: Movements of Disabled People and Psychiatric System Survivors', in T. Jordan and A. Lent (eds) *Storming the Millennium: The New Politics of Change*, London, Lawrence & Wishart.

Beresford, P. (2001) 'Service Users, Social Policy and the Future of Welfare', *Critical Social Policy*, **21**(4): 494–512.

Beresford, P. and Croft, S. (1986) *Whose Welfare: Private Care or Public Services?*, Brighton, Lewis Cohen Urban Studies.

Beresford, P. and Croft, S. (1993) *Citizen Involvement: A Practical Guide for Change*, London, BASW/Macmillan – now Palgrave Macmillan.

Beresford, P. and Croft, S. (2001) 'Service Users' Knowledges and the Social Construction of Social Work', *Journal of Social Work*, **1**(3): 295–316.

Berger, P. and Luckman, T. (1966) *The Social Construction of Reality: A Treatise in the Sociology of Knowledge*, New York, Doubleday.

Biestek, F. (1961) *The Casework Relationship*, London, Allen & Unwin.

Blackburn, J. and Holland, J. (eds) (1998) *Who Changes? Institutionalizing Participation in Development*, London, Intermediate Technology Publications.

Bonhoeffer, D. (1966) *I Loved this People*, London, SPCK.

Botchway, K. (2001) 'Paradox of Empowerment: Reflections on a Case Study from Northern Ghana', *World Development*, **29**(1): 1135–53.

Boushel, M. and Farmer, E. (1996) 'Work with Families where Children are at Risk: Control and/or Empowerment?', in P. Parsloe (ed.) *Pathways to Empowerment*, Birmingham, Venture, pp. 93–107.

Burton, P. (1993) *Community Profiling: A Guide to Identifying Local Needs*, Bristol, SAUS.

Brandon, D. (1995) *Advocacy: Power to People with Disabilities*, Birmingham, Venture.

Brandon, D. and Brandon, A. (1988) *Putting People First: A Handbook in the Practical Application of Ordinary Living Principles*, London, Good Impressions.

Brandon, D. and Brandon, T. (2001) *Advocacy in Social Work*, Birmingham, Venture.

Brannelly, T. (2006) 'Negotiating Ethics in Dementia Care: An Analysis of an Ethic of Care in Practice', *Dementia: the International Journal of Social Research and Practice*, **5**(2): 197–212.

Braye, S. and Preston-Shoot, M. (1995) *Empowering Practice in Social Care*, Buckingham, Open University.

Bureau, J. and Shears, J. (eds) (2007) *Pathways to Policy: A Toolkit for Grassroots Involvement in Mental Health Policy*, London, Hamlet Trust.

Burke, B. and Dalrymple, J. (2002) 'Intervention and Empowerment', in R. Adams, L. Dominelli and M. Payne (eds) *Critical Practice in Social Work*, Basingstoke, Palgrave Macmillan, pp. 55–62.

Burke, P. and Cigno, K. (eds) (2000) *Learning Disabilities in Children*, Oxford, Blackwell.

Burns, D., Williams, C.C. and Windebank, J. (2004) *Community Self-help*, Basingstoke, Palgrave Macmillan.

Burns, T. and Stalker, G.M. (1961) *The Management of Innovation*, New York, Quadrangle Books.

Cantley, C., Woodhouse, J. and Smith, M. (2005) *Listen to Us: Involving People with Dementia in Planning and Developing Services*, Newcastle, Dementia North.

Carr, E.S. (2003) 'Rethinking Empowerment Theory Using a Feminist Lens: The Importance of Process', *Affilia*, **18**(1): 8–20.

Carr, M., Chen, M. and Jhabvala, R. (eds) (1996) *Speaking Out: Women's Economic Empowerment in South Asia*, London, Intermediate Technology Publications.

Carr, S. (2004a) *Has Service User Participation Made a Difference to Social Care Services?*, position paper 3, London, Social Care Institute for Excellence.

Carr, S. (2004b) 'Just an Illusion', *Care and Health*, **57**: 24–5.

Chamberlain, M. (1981) *Old Wives' Tales*, London, Virago.

Chambers, R. (1997) *Whose Reality Counts? Putting the First Last*, London, ITDG Publishing.

Chan, C.L.W., Chan, Y. and Lou, V.W.Q. (2002) 'Evaluating an Empowerment Group for Divorced Chinese Women in Hong Kong', *Research on Social Work Practice*, **12**(4): 558–69.

Charlton, J.I. (2000) *Nothing About Us Without Us: Disability, Oppression and Empowerment*, Berkeley, CA, University of California Press.

Chesner, A. and Hahn, H. (eds) (2001) *Creative Advances in Groupwork*, London, Jessica Kingsley.

Cheston, R., Bender, M. and Byatt, S. (2000) 'Involving People who Have Dementia in the Evaluation of Services: A Review', *Journal of Mental Health*, **9**(5): 471–9.

Chiu, L.F. (2004) 'Critical Engagement: The Community Health Educator Model as a Participatory Strategy for Improving Minority Ethnic Health', paper presented at 'Hospitals in a Culturally Diverse Europe' conference, 9–11 December, Amsterdam.

Cissé, M.K., Sokona, Y. and Thomas, J.P. (n.d.) Environnement et Développement du Tiers-Monde, Dakar, Senegal, ENDA-TM Energy Programme, http://www.enda.sn, accessed 25.11.06.

Clarke, J., Cochrane, A. and McLaughlin, E. (eds) (1994) *Managing Social Policy*, London, Sage.

Clarke, M. and Stewart, J. (1992) *Citizens and Local Democracy: Empowerment: A Theme for the 1990s*, Luton, Local Government Management Board.

Cohen, J. and Emanuel, J. (2000) *Positive Participation: Consulting and Involving Young People in Health-related Work: A Planning and Training Resource*, London, Health Development Agency.

Connor, D.M. (1988) 'A New Ladder of Citizen Participation', *National Civic Review*, **77**(3): 249–57.

Cornwall, A. and Jewkes, R. (1995) 'What is Participatory Research?' *Social Science and Medicine*, **41**(12): 1667–76.

Coulshed, V. (1991) *Social Work Practice: An Introduction*, London, BASW/Macmillan – now Palgrave Macmillan.

Craig, G. (1989) 'Community Work and the State', *Community Development Journal*, **24**(1): 3–18.

Craig, G. (1992) *Cash or Care: A Question of Choice?*, Social Policy Research Unit, University of York.

Craig, G. and Mayo, M. (eds) (1995) *Community Empowerment*, London, Zed Books.

Crawford, M., Rutter, D. and Thelwall, S. (2003) User Involvement in Change Management: A Review of the Literature, Report to NHS Service Delivery and Organisation Research and Development Programme.

Croft, S. and Beresford, P. (2000) 'Empowerment', in M. Davies, (ed.) *The Blackwell Encyclopaedia of Social Work*, Oxford, Blackwell, pp. 116–18.

Cunningham, I. (1994) 'Interactive Holistic Research: Researching Self-managed Learning', in P. Reason (ed.) *Human Inquiry in Action: Developments in New Paradigm Research*, London, Sage, pp. 163–81.

Cutler, D. (2002) *Taking the Initiative: Promoting Young People's Involvement in Public Decision Making in the USA*, London, Carnegie Young People's Initiative.

Danso, C., Greaves, H., Howell, S. et al. (2003) The Involvement of Children and Young People in Promoting Change and Enhancing the Quality of Services: A Research Report for SCIE from the National Children's Bureau, London,.

Darvill, G. and Munday, B. (1984) *Volunteers in the Personal Social Services*, London, Tavistock.

Dearden, C. and Becker, S. (2004) *Young Carers in the UK: The 2004 Report*, London, Carers UK.

Deegan, P.E. (1997) 'Recovery and Empowerment for People with Psychiatric Disabilities', *Social Work Health Care*, **25**(3): 11–24.

DFID (Department for International Development) (1997) *Eliminating World Poverty: Making Globalisation Work for the Poor*, White Paper, Cm 5006, London, TSO.

DFID (Department for International Development) (2000) *Poverty Elimination and the Empowerment of Women: Strategies for Achieving the International Development Targets*, London, DFID.

Dew, J.R. (1997) *Empowerment and Education in the Workplace: Applying Adult Education Theory and Practice for Cultivating Empowerment*, Westport, CT, Quorum Books.

Diamond, B., Parkin, G., Morris, K. et al. (2003) 'User Involvement: Substance or Spin?' *Journal of Mental Health*, **12**(6): 613–26.

Doel, M., Carroll, C., Chambers, E. et al. (2007) *Developing Measures for Service User and Carer Participation in Social Care*, London, Social Care Institute for Excellence.

Dominelli, L. (1997) *Sociology for Social Work*, Basingstoke, Macmillan – now Palgrave Macmillan.

Dominelli, L. (2002) *Feminist Social Work Theory and Practice*, Basingstoke, Palgrave Macmillan.

Donnan, L. and Lenton, S. (1985) *Helping Ourselves: A Handbook for Women Starting Groups*, Toronto, Women's Press.

Dorcey, A.H.J. and British Columbia Round Table on the Environment and the Economy (1994) Public Involvement in Government Decision Making: Choosing the Right Model: A Report of the B.C. Round Table on the Environment and the Economy, Victoria, BC, the Round Table.

Dryden, W. and Feltham, C. (1992) *Brief Counselling: A Practical Guide for Beginning Practitioners*, Buckingham, Open University Press.

European Parliament (2000) Charter of Fundamental Rights, EU 2000/C 364/01, Strasbourg, European Parliament.

Evans, L., Forder, A., Ward, L. et al. (1986) *Working with Parents of Handicapped Children: A Guide to Self-help Groups and Casework with Families*, London, Bedford Square Press.

Falk-Rafael, A.R. (2001) 'Empowerment as a Process of Evolving Consciousness: A Model of Empowered Caring', *Advances in Nursing Science*, **24**(1): 1–16.

Faulkener, A. (2004) *The Ethics of Survivor Research: Guidelines for the Ethical Conduct of Research Carried out by Mental Health Service Users and Survivors*, Bristol, Policy Press.

Fetterman, D.M. (2000) *Foundations of Empowerment Evaluation*, London, Sage.

Fetterman, D.M. and Wandersman, A. (2004) *Empowerment Evaluation Principles in Practice*, New York, Guildford.

Fielding, N. (1989) 'No More Help for Self-helpers', *Community Care*, **755**: 7.

Florin, D. and Dixon, J. (2004) 'Public Involvement in Health Care', *British Medical Journal*, **328**: 159–61.

Follett, M.P. (1918) *The New State*, New York, Longmans, Green and Co.

Follett, M.P. (1924) *Creative Experience*, New York, Longmans, Green and Co.

Francis, J. and Netten, A. (2004) 'Raising the Quality of Home Care: A Study of Service Users' Views', *Social Policy and Administration*, **38**(3): 290–305.

Franklin, B. (ed.) (1986) *The Rights of Children*, Oxford, Basil Blackwell.

Franklin, B. (ed.) (2001) *The New Handbook of Children's Rights: Comparative Policy and Practice*, London, Routledge.

Franklin, H.B. (1978) *Prison Literature in America*, Westport, CT, Lawrence Hill.

Freire, P. (1972, reprinted 1986) *Pedagogy of the Oppressed*, Harmondsworth, Penguin.

Freire, P. (1973) *Education for Critical Consciousness*, New York, Continuum.

Freire, P. (1990) 'A Critical Understanding of Social Work', *Journal of Progressive Human Services*, **1**(1): 3–9.

Gartner, A. and Riessman, F. (1977) *Self-help in the Human Services*, London, Jossey-Bass.

General Social Care Council, the Commission for Social Care Inspection, Skills for Care and the Social Care Institute for Excellence (2005) *Eight Principles for Involving Service Users and Carers*, London, SCIE.

Gibson, T. (1979) *People Power: Communities and Work Groups in Action*, Harmondsworth, Penguin.

Gladstone, F.J. (1979) *Voluntary Action in a Changing World*, London, Bedford Square Press.

Goffman, E. (1963) *Asylums: Essays on the Social Situation of Mental Patients and Other Inmates*, Harmondsworth, Penguin.

Gould, N. and Baldwin, M. (eds) (2004) *Social Work, Critical Reflection and the Learning Organisation*, Aldershot, Ashgate.

Green, D. (1991) *Empowering the Parents: How to Break the Schools Monopoly*, London, Inner London Education Authority Health and Welfare Unit.

Gramsci, A. (1971) *Selections from the Prison Notebooks*, New York, International Publishers.

Griffiths, K. (1991) *Consulting with Chinese Communities*, London, King's Fund.

Guijt, I. and Shah, M.K. (eds) (1998) *The Myth of Community: Gender Issues in Participatory Development*, London, Intermediate Technology Publications.

Gutierrez, L., Parsons, R. and Cox, E. (eds) (2003) *Empowerment in Social Work Practice: A Sourcebook*, Belmont, CA, Wadsworth.

Habermas, J. (1977) 'Hannah Arendt's Communications Concept of Power', *Social Research*, **44**(1): 3–24.

Hallowitz, E. and Riessman, F. (1967) 'The Role of the Indigenous Non-professional in a Community Mental Health Neighbourhood', *American Journal of Orthopsychiatry*, (37): 766–78.

Hardy, C. and Leiba-O'Sullivan, S. (1998) 'The Power Behind Empowerment: Implications for Research and Practice', *Human Relations*, **51**(4): 451–83.

Harris, R. (2002) 'Power', in M. Davies (ed.) *The Blackwell Companion to Social Work*, Oxford, Blackwell.

Hart, R. (1992) Children's Participation: From Tokenism to Citizenship, UNICEF Innocenti Essays, no. 4, Florence, International Child Development Centre.

Hawtin, M., Hughes, G. and Percy-Smith, J. (1994) *Community Profiling: Auditing Social Needs*, Buckingham, Open University Press.

Healy, K. (2001) 'Participatory Action Research and Social Work: A Critical Appraisal', *International Social Work*, **44**(1): 93–105.

Heikkilä, M. and Julkunen, I. (2003) *Obstacles to an Increased User Involvement in Social Services*, Strasbourg, Council of Europe.

Heller, T., Reynolds, J., Gomm, R. et al. (eds) (1996) *Mental Health Matters: A Reader*, Basingstoke, Macmillan – now Palgrave Macmillan.

Henderson, P. and Thomas, D. (1980) *Skills in Neighbourhood Work*, London, Allen & Unwin.

Heron, J. (1990) *Helping the Client: A Creative Practical Guide*, London, Sage.

Heslop, M. (2002) *Participatory Research with Older People: A Sourcebook*, London, HelpAge International.

Hilton, M. (2003) *Consumerism in Twentieth Century Britain: The Search for a Historical Movement*, Cambridge University Press.

Hilton, M., Chessel, M.E. and Chatriot, A. (2006) *The Expert Consumer: Associations and Professionals in Consumer Society*, Aldershot, Ashgate.

Holdsworth, L. (1991) *Empowerment: Social Work with Physically Disabled People*, Social Work Monographs, no. 97, University of East Anglia, Norwich.

Holland, J. and Blackburn, J. (eds) (1998) *Whose Voice? Participatory Research and Policy Change*, London, Intermediate Technology Publications.

Holme, A. and Maizels, J. (1978) *Social Workers and Volunteers*, London, Allen & Unwin.

Howard, S., Newman, L., Harris, V. and Harcourt, J. (2002) 'Talking About Youth Participation – Where, When and Why?', Australian Association for Research in Education Conference, 2–5 December, University of Queensland, http://www.aare.edu.au/02pap/how02535. htm, accessed 15.12.06.

Howell, E. (1981) 'Psychotherapy with Women Clients: the Impact of Feminism', in E. Howell and M. Bayes (eds) *Women and Mental Health*, New York, Basic Books, pp. 509–13.

Hugman, R. (1991) *Power in Caring Professions*, Basingstoke, Macmillan – now Palgrave Macmillan.

Humphries, B. (ed.) (1996) *Critical Perspectives on Empowerment*, Birmingham, Venture.

Humphry, D. (1996) *Final Exit: The Practicalities of Self-deliverance and Assisted Suicide for the Dying*, New York, Dell.

Hurvitz, N. (1974) 'Peer Self-help Psychotherapy Groups: Psychotherapy without Psychotherapists', in P.M. Roman and H.M. Trice (eds) *The Sociology of Psychotherapy*, New York, Jason Aronson, pp. 84–137.

Hutchings, A. and Taylor, I. (2007) 'Defining the Profession? Exploring an International Definition of Social Work in the China Context', *International Journal of Social Welfare*, **16**(4): 382–90.

Hutton, A. (2004) What Works in Children and Young People's Participation, unpublished, Ilford, Barnardo's.

Illich, I. (1975) *Medical Nemesis: The Expropriation of Health*, London, Caldar & Boyars.

INVOLVE (2006) *A Guide to Reimbursing and Paying Members of the Public Who are Actively Involved in Research*, London, DH, www.invo.org.uk.

Jack, R. (ed.) (1995) *Empowerment in Community Care*, London, Chapman & Hall.

Jackson, L. (2004) 'Citizenship Education through Community Action', Citizenship and Teacher Education (citizED), winter 2004/5, www.citized.info, accessed 15.12.06.

Jacobs, S. and Popple, K. (eds) (1994) *Community Work in the 1990s*, Nottingham, Spokesman.

Janzon, K., and Law, S. (2003) Older People Influencing Social Care: Aspirations and Realities, research review on User Involvement in Promoting Change and Enhancing the Quality of Social Care Services, final report for SCIE.

Johansson, H. and Hvinden, B. (2005) 'Welfare Governance and the Remaking of Citizenship', in J. Newman (ed.) *Remaking Governance: Peoples, Politics and the Public Sphere*, Bristol, Policy Press, pp. 101–18.

Johnson, A. (2006) 'Community Engagement in Determining Health Policy:

Perpetual Allure, Persistent Challenge', lecture to Doctors Reform Society, Australia, Department of Public Health, Flinders University, Adelaide.

Kabeer, N. (1999) 'Resources, Agency, Achievements: Reflections on the Measurement of Women's Empowerment', *Development and Change*, **30**(3): 435–64.

Kam, P.K. (2002) 'From Disempowering to Empowering: Changing the Practice of Social Service Professionals with Older People', *Hallym International Journal of Aging*, **4**(2): 161–83.

Katz, A.H. and Bender, E.I. (1976) *The Strength in Us: Self-help Groups in the Modern World*, New York, New Viewpoints/Franklin Watts.

Kemshall, H. and Littlechild, R. (eds) (2000) *User Involvement and Participation in Social Care: Research Informing Practice*, London, Jessica Kingsley.

Kesoy, M. (2005) 'Retheorising Empowerment-through-Participation as a Performance in Space: Beyond Tyranny to Transformation', *Signs: Journal of Women in Culture and Society*, **30**: 2037–65.

Key, M., Hudson, P. and Armstrong, J. (1976) *Evaluation Theory and Community Work*, London, Young Volunteer Force Foundation.

Kiden, M. (2004) Evaluation/Appraisal of South Sudan Women Concern Capacity Building Programme, www.baringfoundation.org. uk/intevalSSWC.pdf, accessed 25.11.06.

Killilea, M. (1976) 'Mutual Help Organisations: Interpretations in the Literature', in G. Caplan and K. Killilea (eds) *Support Systems and Mutual Help: Multidisciplinary Explorations*, New York, Grune & Stratton, pp. 37–87.

Kirby, P., Lanyon, C., Cronin, K. and Sinclair, R. (2003a) Building a Culture of Participation: Involving Children and Young People in Policy, Service Planning, Delivery and Evaluation, Research Report, London, Department for Education and Skills.

Kirby, P., Lanyon, C., Cronin, K. and Sinclair, R. (2003b) *Building a Culture of Participation: Involving Children and Young People in Policy, Service Planning, Delivery and Evaluation, The Handbook*, London, Department for Education and Skills.

Kleiman, M.A., Mantell, J.E. and Alexander, E. S. (1976) 'Collaboration and its Discontents: The Perils of Partnership', *Journal of Applied Behavioural Science*, (12) Part 3: 403–10.

Knight, B. and Hayes, R. (1981) *Self-help in the Inner City*, London, London Voluntary Service Council.

Kropotkin, P. (1902) *Mutual Aid: A Factor in Evolution*, Boston, Porter Sargeant.

Krzowski, S. and Land, P. (1988) *In our Experience: Workshops at the Women's Therapy Centre*, London, Women's Press.

Kuhn, T.S. (1970) *The Structure of Scientific Revolutions* (2nd edn) University of Chicago Press.

Kumar, G.P. (2004) *From Involvement to Empowerment: People Living with HIV/AIDS in Asia Pacific*, Colombo, Sri Lanka, United Nations Development Programme, www.youandaids.org/unfiles/frominvtoemp.pdf.

Labonte, R. (1993) *Health Promotion and Empowerment: Practice Frameworks*, Toronto, Centre for Health Promotion/Participation/ Action.

Lawson, M. (1991) 'A Recipient's View', in S. Ramon (ed.) *Beyond Community Care: Normalisation and Integration Work*, London, Mind/Macmillan – now Palgrave Macmillan, pp. 62–83.

Leadbetter, M. (2002) 'Empowerment and Advocacy', in R. Adams, L. Dominelli and M. Payne (eds) *Social Work: Themes, Issues and Critical Debates* (2nd edn) Basingstoke, Palgrave Macmillan, pp. 200–8.

Lee, J.A.B. (2001) *The Empowerment Approach to Social Work Practice: Building the Beloved Community* (2nd edn) New York, Columbia University Press.

Leonard, P. (1997) *Postmodern Welfare: Reconstructing and Emancipatory Project*, London, Sage.

Lerner, M.P. (1979) 'Surplus Powerlessness', *Social Policy*, Jan/Feb, pp. 19–27.

Lewin, K. (1948) 'Action Research and Minority Problems', in G.W. Lewin (ed.) *Resolving Social Conflicts: Selected Papers in Group Dynamics*, New York, Harper Row, pp. 201–16.

Lieberman, M. and Borman, L.D. (1976) 'Self-help and Social Research', *Journal of Applied Behavioural Science*, **12**, Part 3: 455–63.

Lindenfield, G. (1986) *Assert Yourself*, London, Thorson.

Lindenfield, G. and Adams, R. (1984) *Problem Solving Through Self-help Groups*, Ilkley, Self-Help Associates.

Linhorst, D.M. (2006) *Empowering People with Severe Mental Illness*, Oxford, Oxford University Press.

Living Options in Practice (1992) Achieving User Participation, project paper no. 3, London, King's Fund.

Lofland, J. and Lofland, L. (1984) *Analysing Social Settings*, Belmont, CA, Wadsworth.

Lord, J. and Hutchison, P. (1993) 'The Process of Empowerment: Implications for Theory and Practice', *Canadian Journal of Community Mental Health*, **12**(1): 5–22.

Lowry, M. (1983) 'A Voice from the Peace Camps: Greenham Common and Upper Heyford', in Thompson, D. (ed.) *Over Our Dead Bodies: Women Against the Bomb*, London, Virago, pp. 73–7.

Lukes, S. (1974) *Power: A Radical View*, Basingstoke, Macmillan – now Palgrave Macmillan.

Lupton, C. and Nixon, P. (1999) *Empowering Practice? A Critical Appraisal of the Family Group Conference Approach*, Bristol, Policy Press.

Masters, J. (1995) 'The History of Action Research', in I. Hughes (ed.) Action Research Electronic Reader, University of Sydney, http://www.behs.cchs.usyd.edu.au/arow/reader/masters.htm, accessed 28.9.2007.

McTaggart, R. (1989) 'Sixteen Tenets of Participatory Action Research', paper presented to 3er Encuentro Mundial Investigacion Participatva, Managua,

Nicaragua, 3–9 September.

McTaggart, R. (ed.) (1997) *Participatory Action Research: International Contexts and Consequences*, Albany, State University of New York Press.

McTaggart, R. (1999) 'Reflection on the Purposes of Research, Action and Scholarship: A Case of Cross-cultural Participatory Action Research', *Systemic Practice and Action Research*, **12**(5): 493–511.

McWhirter, E.H. (1997) 'Empowerment, Social Activism and Counselling', *Counselling and Human Development*, **29**(8): 1–14.

Manville, B. and Ober, J. (2003) 'Beyond Empowerment: Building a Company of Citizens', *Harvard Business Review*, **81**(1): 48–53.

Marieskind, H.I. (1984) 'Women's Self-help Groups', in A. Gartner and F. Riessman (eds) *Self-help in the Human Services*, London, Jossey-Bass, pp. 27–32.

Marsden, D. and Oakley, P. (eds) (1990) *Evaluating Social Development Projects*, Oxford, Oxfam.

Mayer, J. and Timms, N. (1970) *The Client Speaks*, London, Routledge & Kegan Paul.

Mayo, M. (2000) *Cultures, Communities, Identities: Cultural Strategies for Participation and Empowerment*, Basingstoke, Macmillan – now Palgrave Macmillan.

Mayoux, L. (2000) Micro-finance and the Empowerment of Women: A Review of the Key Issues, e paper, www.ilo.org/public/english/ employment/finance/download/wpap23.pdf.

Meetham, K. (1995) 'Empowerment and Community Care for Older People', in N. Nelson and S. Wright (eds) *Power and Participatory Development: Theory and Practice*, London, Intermediate Technology Publications, pp. 133–43.

Mezirow, J. (1983) 'A Critical Theory of Adult Learning and Education', in M. Tight (ed.) *Adult Learning and Education*, London, Croom Helm, pp. 124–38.

Moeller, M.L. (1983) *The New Group Therapy*, Princeton, NJ, Van Nostrand.

Mohan, G. and Stokke, K. (2000) 'Participatory Development and Empowerment: The Dangers of Localism', *Third World Quarterly*, **21**(2): 247–68.

Mok, B.H., Cheung, Y.W. and Cheung, T.S. (2006) 'Empowerment Effect of Self-help Group Participation in a Chinese Context', *Journal of Social Service Research*, **32**(3): 87–108.

Moriarty, J., Rapaport, P., Beresford, P. et al. (2006) *Practice Guide: The Participation of Adult Service Users, Including Older People, in Developing Social Care*, London, SCIE.

Morris, J. (1993) *Independent Lives? Community Care and Disabled People*, Basingstoke, Macmillan – now Palgrave Macmillan.

Morris, J. (1997) 'Care or Empowerment? A Disability Rights Perspective', *Social Policy and Administration*, **31**(1): 54–60.

Morse, R.S. (2007) 'Mary Follett, Prophet of Participation' *International Journal of Public Participation*, **1**(1): 1–16.

Mowrer, O.H. (1984) 'The Mental Health Professions and Mutual Help Programs: Co-optation or Collaboration?', in A. Gartner and F. Riessman (eds) *The Self-help Revolution*, New York, Human Sciences Press, pp. 139–54.

Mullender, A. and Ward, D. (1991) *Self-directed Groupwork: Users Take Action for Empowerment*, London, Whiting & Birch.

Nairne, K. and Smith, G. (1984) *Dealing with Depression*, London, Women's Press.

National Youth Agency (2004) *Involving Children and Young People: An Introduction*, Leicester, National Youth Agency.

Nelson, G., Lord, J. and Ochocka, J. (2001) 'Empowerment and Mental Health in the Community: Narratives of Psychiatric Consumers/ Survivors', *Journal of Community and Applied Social Psychology*, **11**(2): 125–42.

Newman, J. (2005) 'Participative Governance and the Remaking of the Public Sphere', in J. Newman (ed.) *Remaking Governance: Peoples, Politics and the Public Sphere*, Bristol, Policy Press, pp. 119–38.

Ng, S.M. and Chan, C.L.W. (2005) 'Intervention', in R. Adams, L. Dominelli and M. Payne (eds) *Social Work Futures: Crossing Boundaries, Transforming Practice*, Basingstoke, Palgrave Macmillan.

OECD (2005) 'Evaluating Public Participation in Policy Making' *Governance*, **2005**(21): 1–130.

Ochieng, R. (2002) 'Information and Communication Technologies as a Tool for Women's Empowerment and Social Transformation', in inaugural issue of Feminist Africa, online journal of African Gender Institute, January, pp. 1–6, www.feministafrica.org.

Ohri, A., Manning, B. and Curno, P. (eds) (1982) *Community Work and Racism*, London, ACW/Routledge.

Oka, T. (1994) 'Self-help Groups in Japan: Trends and Traditions', *Prevention in Human Services*, **2**(1): 69–95.

Oliver, M. (1990) *The Politics of Disablement*, Basingstoke, Macmillan – now Palgrave Macmillan.

Orme, J. (2001) *Gender and Community Care: Social Work and Social Care Perspectives*, Basingstoke, Palgrave Macmillan.

O'Sullivan, T. (1994) 'Why Don't Social Workers Work in Partnership With People?', unpublished paper, University of Humberside, Hull.

Owusu-Bempah, K. (2001) 'Racism: An Important Factor in Practice with Ethnic Minority Children and Families', in P. Foley, J. Roche and S. Tucker (eds) *Children in Society: Contemporary Theory, Policy and Practice*, Basingstoke, Palgrave – now Palgrave Macmillan, pp. 42–51.

Page, R. (1992) 'Empowerment, Oppression and Beyond: A Coherent Strategy? A Reply to Ward and Mullender', *Critical Social Policy*, **12**(35): 89–92.

Page, R. and Clark, G.A. (1977) *Who Cares? Young People in Care Speak Out*, London, National Children's Bureau.

Parsloe, P. (1986) 'What Skills do Social Workers Need?', *in Skills for Social Workers in the 1980s*, Birmingham, BASW, pp. 7–15.

Parsloe, P. (ed.) (1996) *Pathways to Empowerment*, Birmingham, Venture.

Pasteur, K. (2001) *Changing Organisations for Sustainable Livelihoods: A Map to Guide Change*, Brighton, Institute of Development Studies, University of Sussex.

Patmore, C. (2001) 'Can Managers Research their own Services? An Experiment in Consulting Frail, Older Community Care Clients', *Managing Community Care*, **9**(5): 8–17.

Pattie, C., Seyd, P. and Whiteley, P. (2004) *Citizenship in Britain: Values, Participation and Democracy*, Cambridge, Cambridge University Press.

Patton, M.Q. (1982) *Practical Evaluation*, Beverly Hills, Sage.

Payne, M. (1991) *Modern Social Work Theory: A Critical Introduction*, Basingstoke, Macmillan – now Palgrave Macmillan.

Payne, M. (1997) *Modern Social Work Theory* (2nd edn) Basingstoke, Macmillan – now Palgrave Macmillan.

Payne, M., Adams, R. and Dominelli, L. (2002) 'On Being Critical in Social Work', in R. Adams, L. Dominelli and M. Payne (eds) *Critical Practice in Social Work*, Basingstoke, Palgrave Macmillan, pp. 1–12.

Pedler, M., Burgoyne, J. and Boydell, T. (1996) *The Learning Company: A Strategy for Sustainable Development*, Maidenhead, McGraw-Hill.

Peled, E., Eisikovits, Z., Enosh, G. and Winstok, Z. (2000) 'Choice and Empowerment for Battered Women Who Stay: Towards a Constructivist Model', *Social Work*, **45**(1): 9–25.

Perkins, D.P. and Zimmerman, M.A. (1995) 'Empowerment Theory, Research and Application', *American Journal of Community Psychology*, **23**(5): 569–79.

Phillips S. and Orsini, M. (2002) Making the Links: Citizen Involvement in Policy Processes, discussion paper, Ottawa, Canadian Policy Research Networks, info@cprn.org.

Phillipson, J. (1992) *Practising Equality: Women, Men and Social Work*, Improving Social Work Education and Training, no. 10, London, CCETSW.

Plummer, D. (2001) *Helping Children to Build Self-esteem: A Photocopiable Activities Book*, London, Jessica Kingsley.

Preston-Shoot, M. (1987) *Effective Groupwork*, London, BASW/Macmillan.

Price, J. (1996) 'The Marginal Politics of Our Bodies? Women's Health, the Disability Movement, and Power', in B. Humphries (ed.) *Critical Perspectives on Empowerment*, Birmingham, Venture, pp. 35–51.

Pugh, G. and De Ath, W. (1989) *Working Towards Partnership in the Early Years*, London, National Children's Bureau.

Pugh, G., Aplin, G., De Ath, E. and Moxon, M. (1987) *Partnership in Action: Working with Parents in Pre-school Centres*, London, National Children's Bureau.

Rajani, R. (2001) *The Participation Rights of Adolescents: A Strategic Approach*, New York, UNICEF.

Ramcharan, P., Roberts, G., Grant, G. and Borland, J. (eds) (1997) *Empowerment in Everyday Life*, London, Jessica Kingsley.

Rappaport, J. (1984) 'Studies in Empowerment: Introduction to the Issue', *Prevention in Human Services*, **3**(2/3): 1–7.

Reason, P. (ed.) (1994) *Human Inquiry in Action: Developments in New Paradigm Research*, London, Sage.

Reason, P. and Rowan, J. (eds) (1981) *Human Inquiry: A Sourcebook of New Paradigm Research*, Chichester, John Wiley.

Rees, S. (1991) *Achieving Power: Practice and Policy in Social Welfare*, London, Allen & Unwin.

Rissel, C. (1994) 'Empowerment: The Holy Grail of Health Promotion?', *Health Promotion International*, **9**(1): 39–47.

Robinson, D. and Henry, S. (1977) *Self-Help and Health: Mutual Aid for Modern Problems*, New York, Jason Aronson.

Robson, P., Begum, N. and Locke, M. (2003) *Developing User Involvement: Working Towards User-centred Practice in Voluntary Organisations*, Bristol, Policy Press.

Rocha, E.M. (1997) 'A Ladder of Empowerment', *Journal of Education, Planning and Research*, (17): 31–44.

Rogers, A., Pilgrim, D. and Lacey, R. (eds) (1993) *Experiencing Psychiatry: Users' Views of Services*, Basingstoke, Macmillan/Mind.

Rogers, E.S., Chamberlin, J., Ellison, M.L. and Crean, T. (1997) 'A Consumer-constructed Scale to Measure Empowerment among Users of Mental Health Services', *Psychiatric Services*, **48**(8): 1042–7.

Rojek, C. (1986) 'The "Subject" in Social Work', *British Journal of Social Work*, **16**(1): 65–79.

Rose, D., Fleischmann, P., Tonkiss, F. et al. (2003) Review of the Literature: User and Carer Involvement in Change Management in a Mental Health Context, report to NHS Service Delivery and Organisation Research and Development Programme.

Roulstone, A., Hudson, V., Kearney, J. et al. (2006) *Working Together: Carer Participation in England, Wales and Northern Ireland*, SCIE position paper 5, Bristol, Policy Press.

Rowbotham, S., Segal, L. and Wainwright, H. (1980) *Beyond the Fragments: Feminism and the Making of Socialism*, London, Merlin.

Rutherford, J. (ed.) (1990) *Identity: Community, Culture, Difference*, London, Lawrence & Wishart.

Saegert, S. and Winkel, G. (1996) 'Paths to Community Empowerment: Organising at Home', *American Journal of Community Psychology*, **24**(4): 517–50.

Sainsbury, E. (1989) 'Participation and Paternalism', in S. Shardlow (ed.) *The Values of Change in Social Work*, London, Tavistock/Routledge, pp. 98–113.

Salaman, G., Adams, R. and O'Sullivan, T. (1994) *Learning How to Learn: Managing Personal and Team Effectiveness, Book 2, Management Education Scheme by Open Learning*, Milton Keynes, Open University Press.

Saleeby, D. (ed.) (2005) *The Strengths Perspective in Social Work Practice*, London, Allyn & Bacon.

Salmon, P. and Hall, G.M. (2004) 'Patient Empowerment or the Emperor's New Clothes', *Journal of the Royal Society of Medicine*, **97**(2): 53–6.

Sarbin, T.R. and Adler, N. (1971) 'Self-reconstitution Processes: A Preliminary Report', *Psychoanalytic Review*, **57**, Part 4: 599–615.

Scheel, M.J. and Rieckmann, T. (1998) 'An Empirically Derived Description of Self-efficacy and Empowerment for Parents of Children Identified as Psychologically Disordered', *American Journal of Family Therapy*, **26**(1): 15–27.

Schlossberg, M. and Shuford, E. (2005) 'Delineating "Public" and "Participation" in PPGIS', *URISA Journal*, **16**(2): 15–26.

Schön, D. A. (1973) *Beyond the Stable State: Public and Private Learning in a Changing Society*, Harmondsworth, Penguin.

Schön, D.A. (1991) *The Reflective Practitioner: How Professionals Think in Action*, Aldershot, Avebury.

Scraton, P., Sim, J. and Skidmore, P. (1991) *Prisons under Protest*, Milton Keynes, Open University Press.

Sedgwick, P. (1982) *Psychopolitics*, London, Pluto Press.

Seligman, M.E.P. (1975) *Helplessness: On Depression, Development and Death*, San Francisco, Freeman.

Servian, R. (1996) *Theorising Empowerment: Individual Power and Community Care*, Bristol, Policy Press.

Shera, W. and Wells, L.M. (eds) (1999) *Empowerment Practice in Social Work*, Toronto, Canadian Scholars Press.

Shier, H. (2001) 'Pathways to Participation: Openings, Opportunities and Obligations', *Children and Society*, **15**(2): 107–17.

Shor, I. (1992) *Empowering Education: Critical Teaching for Social Change*, London, University of Chicago Press.

Simces, Z. (2003) *Exploring the Link Between Public Involvement/ Citizen Engagement and Quality Health Care: A Review and Analysis of the Current Literature*, Ottawa, Health Canada, Human Resources Strategies Division.

Simon, B.J. (1994) *The Empirical Tradition in American Social Work: A History*, New York, Columbia University Press.

Sinclair, E. (1988) 'The Formal Evidence', in *National Institute for Social Work, Residential Care: A Positive Choice*, London, HMSO.

Sixsmith, J. and Boneham, M. (2003) 'Older Men's Participation in Community Life: Notions of Social Capital, Health, and Empowerment', *Ageing International*, **28**(4): 372–88.

Sleeter, C. (1991) *Empowerment Through Multi-cultural Education*, Albany, State University of New York Press.

Slocum, R., Wichhart, L., Rocheleau, D. and Thomas-Slayter, B. (eds) (1995) *Power, Process and Participation: Tools for Change*, London, Intermediate Technology Publications.

Smiles, S. (1875) *Thrift*, London, Harper & Bros.

Smiles, S. (1890) *Self-help: With Illustrations of Conducts and Perseverance*, London, John Murray.

SSI (Social Services Inspectorate) (1991) *Women in Social Services: A Neglected Resource*, London, HMSO.

Solomon, B.B. (1976) *Black Empowerment: Social Work in Oppressed Communities*, New York, Columbia University Press.

Solomon, B.B. (1986) 'Social Work with Afro-Americans', in A. Morales and B. Sheafor (eds) *Social Work: A Profession of Many Faces*, Boston, Allyn & Bacon, pp. 501–21.

Spreitzer, G.M., Kizilos, M.A. and Nason, S.W. (1997) 'A Dimensional Analysis of the Relationship between Psychological Empowerment and Effectiveness, Satisfaction and Strain', *Journal of Management*, **23**(5): 679–704.

Stanton, A. (1990) 'Empowerment of Staff: A Prerequisite for the Empowerment of Users?', in P. Carter, T. Jeffs and M. Smith (eds) *Social Work and Social Welfare Yearbook 2*, Buckingham, Open University Press, pp. 122–33.

Steel, R. (2004) *Involving the Public in NHS, Public Health, and Social Care Research: Briefing Notes for Researchers* (2nd edn) Eastleigh, INVOLVE (first edition Hanley et al. 2003) available: Support Unit, Wessex House, Upper Market Street, Eastleigh, Hants, SO50 9FD, tel. 02380 651088, admin@invo.org.uk.

Steeves, H.L. and Melkote, S.R. (2001) *Communication for Development in the Third World: Theory and Practice for Empowerment* (2nd edn) London, Sage.

Steiner, C. (1974) 'Radical Psychiatry: Principles', in Radical Therapist/ Rough Times Collective (eds) *The Radical Therapist*, Harmondsworth, Pelican, pp. 15–19.

Steiner, C. (ed.) (1975) *Readings in Radical Psychiatry*, New York, Grove Press.

Stevenson, O. (1996) 'Old People and Empowerment: The Position of Old People in Contemporary British Society', in P. Parsloe (ed.) *Pathways to Empowerment*, Birmingham, Venture, pp. 81–91.

Stewart, A. (1994) *Empowering People*, London, Pitman.

Stewart, F. (2003) 'Evaluating Evaluation in a World of Multiple Goals, Interests and Models', conference paper, 5th biennial conference, 'Evaluation and Development', 15–16 July, Washington DC, World Bank Support Unit.

Stewart, F. and Wang, M. (2003) *Do PRSBs Empower Poor Countries and Disempower the World Bank or Is It the Other Way Round?*, Oxford, Queen Elizabeth House.

Stewart, R. and Bhagwanjee, A. (1999) 'Promoting Group Empowerment and Self-reliance through Participatory Research: A Case Study of People with Physical Disability', *Disability and Rehabilitation*, **21**(7): 338–45.

Stickley, T. (2006) 'Should Service User Involvement be Consigned to History? A Critical Realist Perspective', *Journal of Psychiatric and Mental Health Nursing*, **13**(5): 570–7.

Stokes, B. (1981) *Helping Ourselves: Local Solutions to Global Problems*, London, Norton.

Survivors Speak Out (1988) *Self-Advocacy Action Pack – Empowering Mental Health Service Users*, London, Survivors Speak Out.

Swift, C. and Levin, G. (1987) 'Empowerment: An Emerging Mental Health Technology', *Journal of Primary Prevention*, **8**(1/2): 71–94.

Tax, S. (1976) 'Self-help Groups: Thoughts on Public Policy', *Journal of Applied Behavioural Science*, (12) Part 3: 448–54.

Taylor, G. (1999) 'Empowerment, Identity and Participatory Research: Using Social Action Research to Challenge Isolation for Deaf and Hard of Hearing People from Minority Ethnic Communities', *Disability and Society*, **14**(3): 369–84.

Tew, J. (2006) 'Understanding Power and Powerlessness', *Journal of Social Work*, **6**(1): 33–51.

Thomas, M. and Pierson, J. (1995) *Dictionary of Social Work*, London, Collins Educational.

Thomas, K.W. and Velthouse, B.A. (1990) 'Cognitive Elements of Empowerment: An Interpretive Model of Intrinsic Task Motivation', *Academy of Management Review*, **15**: 666–81.

Thompson, N. and Thompson, S. (2004) 'Empowering Older People: Beyond the Care Model', *Journal of Social Work*, **1**(1): 61–76.

Thompson, N. (1993) *Anti-discriminatory Practice*, London, BASW/Macmillan – now Palgrave Macmillan.

Thompson, N. (1997) *Anti-discriminatory Practice* (2nd edn) London, BASW/Macmillan – now Palgrave Macmillan.

Thompson, N. (1998) *Promoting Equality: Challenging Discrimination and Oppression in the Human Services*, Basingstoke, Macmillan – now Palgrave Macmillan.

Thorpe, M. (1993) *Evaluating Open and Distance Learning* (2nd edn) Harlow, Longman.

Thursz, D., Nusberg, C. and Prather, J. (eds) (1995) *Empowering Older People: An International Approach*, Westport, CT, Greenwood Publishing.

Tibbitts, F. (2002) 'Understanding What We Do: Emerging Models for Human Rights Education', *International Review of Education*, **48**(3/4): 159–71.

Towell, D. (ed.) (1988) *An Ordinary Life in Practice*, London, King Edward's Hospital Fund.

Tracy, G.S. and Gussow, Z. (1976) 'Self-help Groups: A Grassroots Response to a Need for Services', *Journal of Applied Behavioural Science*, (12) Part 3: 381–96.

Tully, C.T. (2000) *Lesbians, Gays and the Empowerment Perspective*, New York, Columbia University Press.

Turner, M. and Beresford, P. (2005) *User Controlled Research: Its Meanings and Potential*, Eastleigh, Hants, INVOLVE.

Twelvetrees, A. (1991) *Community Work* (2nd edn) London, BASW/Macmillan – now Palgrave Macmillan.

Tyler, R.W. (1976) 'Social Policy and Self-help Groups', *Journal of Behavioural Science*, (23) Part 3: 444–8.

Ulrich, R.S. (2006) 'Evidence-based Design for Better Healthcare Buildings', Joined Up Management: Development, Diversity, Delivery, annual conference of Institute of Healthcare Management, Manchester.

United Nations (1989) *Convention on the Rights of the Child*, Geneva, United Nations.

User-Centred Services Group (1993) *Building Bridges Between People Who Use and People Who Provide Services*, London, NISW.

Walker, H. and Beaumont, B. (1981) *Probation Work: Critical Theory and Socialist Practice*, Oxford, Blackwell.

Wallerstein, N. (1992) 'Powerlessness, Empowerment and Health: Implications for Health Promotion Programs', *American Journal of Health Promotion*, **6**(3): 197–205.

Ward, D. and Mullender, A. (1991) 'Empowerment and Oppression: An Indissoluble Pairing for Contemporary Social Work', *Critical Social Policy*, **32**(11 2): 21–30.

Waring, M. (2004) 'Civil Society, Community Participation and Empowerment in the Era of Globalization', *Spotlight*, (1), 1–8 May.

Watt, S., Higgins, C. and Kendrick, A. (2000) 'Community Participation in the Development of Services: A Move Towards Community Empowerment', *Community Development Journal*, **35**: 120–32.

Weber, M. (1997) *The Theory of Social and Economic Organisation*, New York, Free Press.

Weeks, L., Shane, C., MacDonald, F., Hart, C. and Smith, R. (2006) 'Learning from the Experts: People with Learning Difficulties Training and Learning from Each Other', *British Journal of Learning Disabilities*, **34**(1): 49–55.

Whitaker, D.S. (1985) *Using Groups to Help People*, London, Tavistock/Routledge.

Wiedemann, P.M. and Femers, S. (1993) 'Public Participation in Waste Management Decision Making: Analysis and Management of Conflicts', *Journal of Hazardous Materials*, **33**(3): 355–68.

Wilcox, D. (1994) *A Guide to Effective Participation*, York, Joseph Rowntree Foundation.

Wilkes, L., White, K. and O'Riordan, (2000) 'Empowerment through Information: Supporting Rural Families of Oncology Patients in Palliative Care', *Australian Journal of Rural Health*, **8**(1): 1–46.

Wilkinson, M.D. (2004) 'Devolving Governance: Area Committees and Neighbourhood Management', report of a seminar held in March, The Mansion House, Doncaster, York, Joseph Rowntree Foundation.

Williams, V. (2003) 'Has Anything Changed? User Involvement in Promoting Change and Enhancing the Quality of Services for People with Learning Difficulties', final report for SCIE.

Wilson, J. (1986) *Self-help Groups: Getting Started – Keeping Going*, Harlow, Longman.

Wilson, J. (1988) *Caring Together: Guidelines for Carers' Self-help and Support Groups*, London, King's Fund.

Wise, S. (1995) 'Feminist Ethics in Practice', in R. Hugman and D. Smith (eds) *Ethical Issues in Social Work*, London, Routledge.

Wolfendale, S. (1992) *Empowering Parents and Teachers: Working for Children*, London, Cassell.

Wolfenden, Lord (1978) *The Future of Voluntary Organisations: Report of the Wolfenden Committee*, London, Croom Helm.

Wolfensberger, W. (1972) *The Principle of Normalisation in Human Services*, Toronto, National Institute on Mental Retardation.

Wolfensberger, W. (1982) 'Social Role Valorisation: A Proposed New Term for the Principle of Normalisation', *Mental Retardation*, **21**(6): 234–9.

Women in MIND (1986) *Finding Our Own Solutions: Women's Experience of Mental Health Care*, London, MIND.

Wood, G.G. and Middleham, R.R. (1992) 'Groups to Empower Battered Women', *Affilia*, **7**(4): 82–95.

Wood, G.G. and Tully, C.T. (2006) *The Structural Approach to Direct Practice in Social Work: A Social Constructionist Perspective* (3rd edn) New York, Columbia University Press.

Wright, P. and Haydon, D. (2002) *Taking Part Toolkit: Promoting the Real Participation of Children and Young People*, Ilford, Barnardo's.

Wright, P., Turner, C., Clay, D. and Mills, H. (2006) *Guide to the Participation of Children and Young People in Developing Social Care*, London, SCIE.

Yip, K.-S. (2004) 'The Empowerment Model: A Critical Reflection of Empowerment in Chinese Culture', *Social Work*, **49**(3): 478–86.

Zimmerman, M. and Rappaport, J. (1988) 'Citizen Participation, Perceived Control and Psychological Empowerment', *American Journal of Community Psychology*, **16**(5): 725–50.

Zweig, M. (1971) 'Is Women's Liberation a Therapy Group?', in J. Agel (ed.) *Radical Therapist: The Radical Therapist Collective*, New York, Ballantine Books.

國家圖書館出版品預行編目（CIP）資料

培力、參與、社會工作／Robert Adams 著；
陳秋山譯. -- 初版. -- 臺北市：心理，2010.10
面； 公分. --（社會工作系列；31032）
參考書目：面
譯自：Empowerment, participation, and social
work
ISBN 978-986-191-387-2（平裝）

1. 社會工作 2. 社會參與

547 99017265

社會工作系列 31032

培力、參與、社會工作

作　　者：Robert Adams
譯　　者：陳秋山
執行編輯：林汝穎
總 編 輯：林敬堯
發 行 人：洪有義
出 版 者：心理出版社股份有限公司
地　　址：台北市大安區和平東路一段 180 號 7 樓
電　　話：(02) 23671490
傳　　真：(02) 23671457
郵撥帳號：19293172 心理出版社股份有限公司
網　　址：http://www.psy.com.tw
電子信箱：psychoco@ms15.hinet.net
駐美代表：Lisa Wu（Tel: 973 546-5845）
排 版 者：龍虎電腦排版股份有限公司
印 刷 者：正恒實業有限公司
初版一刷：2010 年 10 月
Ｉ Ｓ Ｂ Ｎ：978-986-191-387-2
定　　價：新台幣 350 元